중년에 읽는 손자병법

중년에 읽는 손자병법

리더들을 위한 성공 전략의 고전

손자 지음·우신 엮음

화담출판사

  오늘날 급변하는 경영 흐름 속에서 많은 대기업들의 변화가 이루어
지고 있는 시점에서 비즈니스상의 전략과 전술, 경영자의 리더십, 조직
체계의 활성화와 직원과의 유대관계를 원만하게 이끄는 통솔력, 업무
의 효율성을 체계적으로 수립하여 추진할 수 있도록 기업의 경영자는
변화되어야 한다는 것이다. 직원들을 신뢰하고, 객관적인 입장에서 상
황을 판단하여 참을성 있게 기다릴 줄 알아야 하고, 독단적인 행동을
취하기보다는 인재를 고루 양성하여 그들 각각의 능력을 최대한 발휘
하도록 하는 것이다. 경영의 어려움이 닥치더라도 과감한 결단성을 발
휘하여 어려움을 극복해야하는 경영자로서는 뛰어난 자질을 고루 갖
추어야 한다는 것이다. 또한 낡은 전통이나 매너리즘에 빠진 경영자는
뿌리부터 과감하게 변혁시킬 수 있는 인재가 있고, 없다는 것이 기업의
성패를 좌우하게 되는 것을 생각하고, 성공적인 경영을 이루기 위해서
는 우선 인재를 가려낼 줄 아는 능력과 이를 다스릴 수 있는 경영자로

서의 역량이 절대적으로 요구된다. 그 동안 많은 기업 경영인들은 생존 차원의 혁신 운동에서 밀레니엄 경영에 이르기까지 다양한 캐치프레이즈를 내세우며 직원들이 변화를 수용하고 따라오기를 바라고 있었다. 그러나 경영자 자신이 먼저 솔선수범하기 보다는 직원들에게 일방적으로 강요를 했기 때문에 실패하는 원인이 되고 말았던 것이다. 그러나 경영자만이 변하는 것이 아니라 직원들의 변화도 함께 이루어져야 한다. 직원들은 기업이 원하는 전략과 전술을 철저히 분석하고, 자신들의 역량을 최대한 발휘하여 기업의 성공에 뒷받침을 해주어야 한다는 것이다.

손자병법은 2,500년 전에 손자가 저술하여 총13편 6,109자로 구성되어 있다. 사상은 경제적 전쟁론, 정치적 전쟁론, 과학적 전쟁론, 백성 중심의 전쟁론이다. 손자의 전쟁론은 국가 경제는 물론 백성의 생활에 해로움이 되는 것을 방지하는데 있으므로, 부득이 전쟁을 할 경우는 속전속결을 주장했고, 무기를 사용하여 싸우는 것보다는 싸우지 않고 이기는 것이 최상의 것이라고 말하고 있다.

우리가 알고 있는 손자병법에서 가장 중요한 말은 적을 알고 나를 알면 백번을 싸워 백번을 이긴다는 것이지만, 백전백승(百戰百勝)이란 원문은 없으며, 백번을 싸워도 위태롭지 않다는 백전불태(白戰不殆)가 있다. 이것은 적을 알고 나를 안다는 것만으로 승리를 하는데 충분하지 않다는 것이며, 승리에는 적과 나를 안다는 것 외에 지형지물을 이용한다는 것이 포함되어야 한다는 것이다. 또한 승리가 아닌 위태롭지 않다는 것은 싸워서 승리하기 보다는 패배하지 않는다는 것을 손자는 더 중요하게 말하고 있는 것이다. 오늘날 자신보다 강한 자들이 아주 많이 있으며, 약한 자들을 찾기에는 매우 어렵다. 그들과 싸워서 이기기보다는 지지 않고 살아남는 것이 중요하다. 그래서 손자는 무한경쟁에서 살아가는데 있어서 싸움의 기술이 아닌 생존의 기술을 말하고 있다는 것일지도 모른다.

이 책은 원문과 해석으로 이해를 도왔으며, 삼국시대 및 세계의 전쟁, 한국 역사의 전쟁을 병법에 맞는 대표적인 사례와 전쟁에 대한 전략 전술을 비교분석하여 이해하기 쉽도록 하였으며, 무한경쟁 시대의 현대 기업이 성공할 수 있는 방법은 어떠한 것인가? 또한, 개인이 이 사회에서 살아가기 위해서는 어떠한 자세로 행동하고 실천해야 성공할 수 있는가를 다시 한 번 생각하게 만드는 책이다.

우리의 인생은 정확히 몇 세가 초년, 청년, 중년, 장년, 말년으로 구분되지는 않지만, 의학이 발전되지 않는 시대에 환갑(還甲)은 만 60세의 생신을 축하하는 한국의 전통 문화로서 회갑(回甲)이라고도 하였으며, 한국의 평균 수명이 짧았기 때문에 환갑을 맞이하는 것은 장수(長壽)를 의미하는 것으로 중요하게 생각하여 집안 행사를 대대적으로 크게 하였다. 그러나 오늘날에는 평균수명이 늘어 환갑에 대한 의미도 달라졌다. 한국에서 예전에는 환갑을 노인(말년)의 기준점으로 보았으나, 인생은 100세 시대라고 하여 초년은 10대, 청년은 20대, 중년은 3~40대, 장년은 5~60대, 말년은 70대라고 구분지어 말하고 있다. 이렇게 말하는 것은 아직 인생이란 짧다고 생각하면 짧고, 길다고 생각하면 길게 느껴진다고 하지만, 나에게 주어진 하나뿐인 인생을 성공전략과 경영철학을 활용하여 성공적인 삶을 이끌어 적극적으로 성공하기를 진심으로 바라는 마음이다.

차례

孫子兵法

──────────── 손자병법의 해설 ────────────

| 시대적 배경 |

BC 770년, 은(殷)나라를 멸망시킨 무왕이 주(周)나라의 주왕조(周王朝)의 시대가 도래되었다. 점차 세력이 약화하여 BC 221년 진(秦)나라 진시황(秦始皇)이 중국을 통일하기까지를 춘추전국시대라 일컫는다.

춘추시대(春秋時代)란 동주시대(東周時代)의 다른 이름이다. 공자(孔子)가 편찬한 노(魯)나라의 편년체 사서 "춘추(春秋)"라는 이름을 따서 춘추시대라 하고, 유향(劉向)이 편찬했다고 전해지는 책사들의 기록서인 "전국책(戰國策)"에서 이름을 가져온 시기를 전국시대라고 한다.

춘추시대(BC 770 ~ 403)는 주왕조의 세력이 약해지자, 중원(中原) 지방의 제후들이 반독립적인 상태로 100여 개국이 넘는 독립국을 형성하여 정권을 확립하고 회맹(會盟)외교를 통해 상호간의 세력과 균형을 도모했다. 제후국 말기에는 10여 개국으로 감소했지만 지배권은 불안정하였다. 그리고 중원의 최고 지배자가 되려고 했던 제의 환공, 진의 문공, 초의 장왕, 오왕 합려, 월왕 구천을 춘추 5패라 하고 이시기를 춘추시대라고 부른다.

전국시대(BC 403 ~ 221)로 접어들자, 난립해서 다투던 작은 나라들은 점점 세력이 약화하여 통합되어진다. 진(晉)에서는 한(韓), 위(魏), 조(趙)의 3씨(氏)가 구요(苟瑤)를 멸망시키고 국가를 3등분했다. 이때 중국에는 제(齊), 연(燕), 진(秦), 초(楚), 한(韓), 위(魏), 조(趙)의 7개의 국가는 전국7웅(戰國七雄)이라는 큰 세력을 형성하고 서로 패권을 다투었다.

7개의 국가 중에서도 세력이 가장 우세한 나라는 진나라로, 강력한 국력을 배경으로 다른 여섯 나라를 차례차례로 정복하여, 드디어 서기 221년에 진시황(秦始皇)이 천하를 통일하게 된다.

| 손자(孫子)에 대하여 |

세계 병학(兵學)의 비조(鼻組)라고 부르는 보통 손무(孫武) 또는 손무의 후예 손빈(孫臏)에 대하여 존칭하여 손자라 한다. 손자(孫子)는 춘추시대 제(齊)나라의 사람으로, 자는 장경(長卿)이다. 그는 고대 중국의 전쟁 체험의 집대성으로 일컬어지는 병서(兵書) "손자병법"을 저술하였다.

천하의 인재를 구하던 오자서(伍子胥)에 의해 오왕(吳王) 합려(闔閭)에게 추천되었다. 합려는 손자의 용병술을 시험하고자 궁녀들로 구성된 군사를 지휘하게 하였다. 손자는 합려가 가장 총애하는 궁녀를 대장으로 임명하여 훈련하였으나, 훈련에 따르지 않고 장난처럼 여겨, 군령에 의해 대장 궁녀 둘을 처형토록 하였다. 그러자 합려는 용서해 줄 것을 간청하였으나, 손자는 군령은 왕명보다 중요하다고 말하고 처형하였다. 그리고 다시 궁녀 둘을 대장으로 임명하여 훈련을 시키자, 모든 궁녀들은 일사불란하게 움직였다. 합려는 기분이 상하여 손자를 낮게 평가했지만, 그 후 손자를 군사(軍師)로 임명하여 강건하고 규율있는 군대를 새롭게 조직하였다. 사마천(司馬遷)이 저술한 "사기(史記)"에 오나라 왕 합려는 손자의 예리한 판단력과 강력한 지도력으로 오초대전(吳楚大戰)을 승리로 이끌었다는 기록이 있다. 또한 제나라나 진나라에 대해 그 위세를 과시하여 여러 제후들 사이에 오나라가 유명하게 된 것은 손자의 활약에 크게 힘을 입었던 것이다. 그 후 합려는 월나라와의 전투에서 부상으로 사망하였다. 후계자 부차(夫差)를 도와 국력을 키워 다시 월나라를 공격하여 크게 승리하였다. 부차가 패자가 될 무렵 손자는 은퇴하여 이후의 생애는 알려져 있지 않고 있다.

| 손빈(孫臏)에 대하여 |

손빈은 손자가 죽고, 100여년 뒤에 제(齊)나라에서 태어났다. 전국시대의 전략가이며 "손빈병법(孫臏兵法)"을 저술하였다. 손빈은 손자의 후손으로 귀곡선생(鬼谷先生)에게서 방연(龐涓)과 함께 병법을 배웠다고 한다. 방연은 뒤에 위(魏)나라 혜왕(惠王)의 장군이 되었다. 손빈의 재능이 자기보다 뛰어나다고 생각하여 혜왕에게 모함하여 손빈의 정강이뼈를 도려내는 빈형(臏形)과 얼굴에 먹물로 죄명을 새겨 넣는 묵형(墨形)을 하였다. 뿐만 아니라 다른 나라에서 손빈의 재능을 이용할까 두려워 나라 안에 감금해 놓고 있었다.

우연히 위나라에 온 제나라의 사자가 손빈이 병법의 대가임을 알고, 몰래 자기 수레에 태워 제나라로 데리고 돌아왔다. 제나라의 장수인 전기(田忌)는 몹시 기뻐하며, 손빈을 군사(軍師)로 임명하여 우대하였다.

이윽고 위나라가 조(趙)나라를 공격하였다. 조나라는 위태로운 지경에 빠지자 제나라에 도움을 요청했고, 구원요청을 받은 제나라의 위왕(威王)은 손빈을 구원군의 장수로 삼으려 했지만, 손빈은 두 다리가 없는 사람이 장수 노릇을 할 수 없다고 하여 전기를 장수로 임명하고, 손빈을 군사로 삼아 출정시켰다.

제나라의 군대가 조나라의 도읍인 한단(邯鄲)을 포위하고 있는 위나라의 방연이 이끄는 군대의 배후를 공격하려 하자, 손빈은 아군의 방향을 바꾸어 위나라의 도읍인 대량(大梁)을 공격하도록 전기에게 말하였다. 위나라의 군대는 조나라 원정에 나가 있었기 때문에 도읍의 방위는 허술하기 짝이 없었다. 허를 찔린 방연의 군대는 급히 본국으로 돌아와 계릉(桂陵)에서 제나라 군대와 싸웠지만 대패하고 말았다. 결국 제나라는 조나라를 구원하고 강적인 위나라 군대를 격파하여 일석이조의 성공을 거두었던 것이다.

이로부터 13년 뒤에 위나라는 조나라와 연합하여 한(韓)나라를 공격하였다. 한나라의 구원 요청에 제나라는 또 전기를 장수로 삼아 위나라의 도읍인 대량을 공격하게 하였고, 위나라의 장수인 방연은 급히 군대를 돌려 제나라 군대를 추격하였다.

손빈은 전기에게 계책을 알려주었다.

"위나라 군대는 지금 제나라 군대를 업신여기고 교만하게 굴고 있소. 지금은 한번 그 교만함을 키워서 역이용하여 공격하는 계책을 해야 합니다."

그리하여 제나라 군대에서는 날마다 취사하는 아궁이 수를 줄여갔던 것이다. 첫 날에는 10만 명분, 다음날에는 5만 명분으로 줄이고, 그 다음날에는 3만 명분으로 줄이며 전진하였다. 방연은 예상대로 제나라 군대의 뒤를 따라오면서 사흘 동안 제나라 군대가 진을 쳤던 자리에서 아궁이의 수를 세었다. 그리고는 생각했던 대로 제나라 군대에는 도망치는 병사가 속출하여 불과 사흘 동안에 3분의 1로 줄어들었다고 판단하여 좋아했다. 그래서 주력부대인 본진을 주둔시키고, 기병부대만을 이끌고 밤낮으로 제나라 군대를 추격하였다.

손빈은 그날 밤 늦게 방연이 마릉(馬陵)에 도착할 것으로 예상하고, 이 지형은 자리가 좁고 양쪽에는 나무들로 울창하여 매복하기에는 안성맞춤이었다. 손빈은 큰 나무의 껍질을 벗기고 '방연, 이 나무 아래에서 죽는다.'라고 쓰고서 활의 명수들을 길 양편에 매복시켰다. 그리고 '밤이 되어 누군가 이 나무 아래에서 횃불을 켜거든 일제히 사격하라.'고 명령하였다. 과연 방연은 그날 밤 마릉에 도착하여 큰 나무에 무언가 쓰인 것을 보았다. 그러나 너무 어두워서 잘 보이지 않았기 때문에, 그 글씨를 확인하기 위하여 횃불을 켜게 되었다. 그때 매복했던 활의 명수들이 일제히 화살을 발사했다. 위나라 군대는 순식간에 전멸하고 말았다. 방연은 미처 손쓸 사이도 없이 "기어코 그 녀석이 천하에 이름을 떨치게 만들었구나!"라고 탄식한 후에 자결을 했다고 한다. 제나라 군대는 위나라의 본국을 습격하여 전멸시키고, 태자 신(申)을 포로로 압송하였다. 손빈은 이 싸움으로 이름이 천하에 알려지고, 그 병법을 "손빈의 병법"이라고 하여 많은 사람들의 칭송을 받게 되었던 것이다. 손빈의 말년은 역사에 기록이 남아있지 않다.

| 손자병법에 대하여 |

손빈은 손자와 같이 병법서를 저술하였지만, 손자의 오손자(吳孫子)와 구별하여 손빈의 제손자(齊孫子)등으로 불리고 있었다. 그러나 후에 손빈병법이 사라져 손자병법이 손빈이 저술한 것이 아닐까하고 추정하였다. 그러면 과연 손자병법은 과연 누가 쓴 것인가?

손자와 손빈은 그 품위가 전혀 다르다. 손자가 오나라 궁중에서 궁녀 2명을 처형시킨 이야기와 손빈이 위나라의 대군을 격파하고, 방연을 자살하게 한 이야기만 비교해 보아도 그 품위가 다름을 알 수 있다. 만일 이 이야기가 손빈의 병법을 상징하는 것이라면 이것은 손자병법에서 보면 결점에 불과하다 하겠다. 단지 손빈은 손자병법의 사상을 계승하여 발전시켰다고 볼 수 있는 듯하다.

1972년 4월에 중국 산동성 임기현 남쪽에 있는 은작산(銀雀山)에서 한나라의 무덤을 발굴하자 한 무더기의 죽간이 발견되었다. 손자병법의 13편은 종래의 손자가 지었다는 13편과 거의 비슷하고, 손빈의 병법은 이것과는 전혀 별개의 것이라는 것이 밝혀졌다. 그래서 손자병법은 춘추시대에 살았던 손자가 쓴 것으로 병법서 중에서 가장 오래된 것이라 할 수 있다.

孫子兵法

1

시계편
始計篇

시계란 최초의 기본적인 계획이란 뜻이다. 시계편에는 전쟁에 일으키기
위해서는 다섯 가지 기본적인 요건과 그리고 일곱 가지 계책으로 상호간
의 정세를 분석하고 검토하여야 한다.

전쟁을 일으키기 전에 계산하라

❖

孫子曰, 兵者 國之大事 死生之地 存亡之道 不可不察也
손 자 왈, 병 자 국 지 대 사 사 생 지 지 존 망 지 도 불 가 불 찰 야

전쟁은 국가의 중요한 일로 국민의 생사와 국가의 존망이 걸려 있으니 신중히 살피지 않을 수 없다.

손자병법 첫머리에는 손자의 전쟁관을 보여주고 있다. 전쟁이란 국가의 중요한 일일뿐 아니라 국민들의 생사가 달려 있으며, 국가의 존망이 좌우되기 때문에 함부로 일으켜서는 안 되는 것이다. 그래서 국가경제, 국민생활의 안정을 도모해야하며 부득이 전쟁을 할 경우에는 속전속결을 주장했다. 특히 칼로 싸우는 것보다는 정치를 올바르게 하여 싸우지 않고 이기는 것이 최상이라고 말한다. 또한 전쟁을 시작하려면 그 싸움에 대한 대의명분이 있어야 한다는 것이다. 그래서 명분을 세우는 것이 무엇보다 매우 중요하다. 하지만 개인적인 사리사욕이 먼저 앞선 억지의 명분을 부가시켜서는 안 된다.

기업에 비교하여 생각한다면 그것이 상도덕에 맞는지 그렇지 아니한지 판단하고, 여러 사람의 공동 이익에 도움이 되는지 먼저 생각해야 하는 것이다. 즉, 사회복지가 되는 일인지 어떠한지 보다, 사회복지에 반드시 필요한 일인지 아닌지의 판단이다.

현재에 사는 사람들은 무한한 경쟁사회에서 마치 전쟁을 방불케 하듯 살고 있다. 그러면 이 무한한 경쟁사회에서 승리를 쟁취하려면 어떻게 해야 것일까?

전쟁의 5가지 원칙

故, 經之以五事 校之以七計 而索基情
고, 경 지 이 오 사 교 지 이 칠 계 이 색 기 정

一曰道 二曰天 三曰地 四曰將 五曰法
일 왈 도 이 왈 천 삼 왈 지 사 왈 장 오 왈 법

　그러므로, 전쟁은 5가지 원칙과 7가지 기준을 가지고 적과 아군의 실정을 정확하게 비교하고 분석해야 할 것이다.

　5가지 원칙이란 도(道), 천(天), 지(地), 장(將), 법(法)이다.

　첫째, 도(道)는 도의로서 백성들이 군주와 같이 일치단결하여 생사를 함께 할 수 있으며, 어떠한 위급함도 두려워하지 않도록 하는 것이다.

　도는 조직 내의 단결을 뜻한다. 백성이 군주를 위해 목숨을 바칠 수 있게 하기 위해서는 평소 군주는 정치가 공명정대해야 하며, 공을 세운 자에게 포상을 주고, 법을 어긴 자에게는 반드시 처벌이 따라야 한다. 능력이 있는 인재를 등용하고, 옳고 그름을 판단하여 그 근본을 다스려야 한다. 거짓을 버리고 진실을 밝히며 예의로서 백성을 대할 때 비로소 군주와 백성이 뜻을 함께 할 수 있으며, 이에 백성들은 공동운명체에 대한 소속감으로 기꺼이 군주와 함께 죽음과 위험을 무릅쓰고 전쟁터에 달려 나가게 되는 것이다.

　둘째, 천(天)은 하늘로서 낮과 밤, 추위와 더위 같은 계절과 기상의 변화 등 시간적인 제약이다.

　중국 고대 철학에서 발생한 우주 법칙과 만상을 지배한다는 음양설

(陰陽說)에 따른 것이 아닌가 생각되지만, 이 경우는 더 좁게 해석해서 종교나 미신적인 색채가 전혀 없는 글자 그대로의 자연환경을 말한다. 인간이 생물인 이상, 기상 및 기후에 크게 지배를 받는 것은 당연한 일이다. 이것을 크게 해석하면 자연의 법칙을 무시해서는 안 된다는 말이 된다. 천의 변화는 사람의 의지에 따라 변하는 것이 아니라 계절의 변화와 자연환경의 규칙에 따라 아군에게 유리한 전략을 세우는 것이 중요하다.

손자 시대의 천체 관측술은 미비하였지만 현대에는 아주 우수한 기상학이 발달되고 있다. 현재 기업가중에는 태양흑점의 변화에 관심을 가지고 있는 사람은 아마도 적을 것이다. 그러나 이제는 기업가들의 필수조건으로 기상 관측에 대한 지식을 갖추어야 한다는 것이다.

셋째, 지(地)는 땅으로 거리의 멀고 가까움, 지형의 험한 곳과 평탄함, 넓은 곳과 좁은 곳, 죽을 자리인지 살 자리인지 등 지리적인 조건이다.

산악이나 구릉의 분포, 평지의 넓고 좁음, 하천이나 바다의 폭, 동서남북의 방위 등 자연 지리학적인 조건이나 이들 자연 환경에 위치하는 시설, 구조물, 인구의 밀도, 교통 등의 조건, 또 그들 상호간의 관계 등 인문 지리학적인 지식, 또는 지반의 강약, 토질 등 지질학적인 점에 대해서도 충분히 조사 연구가 필요한 것이다. 또한 지리적 지식으로만 끝나서는 안 되고, 이를 활용하여 승리로 이끌 수 있는 전술을 펼치는 것이 중요하다. 훌륭한 장수는 지식적인 부분 외에도 땅에 대처하는 육감도 있어야 한다.

넷째, 장(將)은 장수로서 지혜, 신의, 인애, 용기, 엄정함을 갖추어야 한다는 것이다.

전쟁에서 어떤 전략과 전술을 세워야하고, 적국과 아군이 얻게 될 이

익과 손실이 무엇인지 정확하게 파악해 내는 것은 모두 장수의 지혜에
달려있다. 공이 있는 자는 상을 주고, 죄를 지은 자는 벌을 받는 신상필
벌(信賞必罰)에 대한 신뢰가 있을 때 장수의 명령을 믿고 따를 것이다.
전쟁을 두려워하지 않고 대담하게 밀고 나가는 용기, 자신의 이익을 우
선으로 생각하지 않으며 진격하면서 자신의 명예를 구하지 않고, 후퇴
하면서 오명을 살까 걱정하지 않는 용기가 진정한 장수의 용기다. 장수
가 엄격함과 위엄을 갖추어야 군기가 어지러워지지 않을 수 있으니 장
수는 반드시 상과 벌을 엄정하게 다스려 경외감을 갖게 해야 한다. 손
자는 이 문장을 통해 진정한 장수는 아무나 할 수 있는 것이 아님을 강
조하고 있다.

다섯째, 법(法)은 군대의 조직편제와 각 지휘관의 규율, 군수물자의
조달과 공급을 말한다.

법이란 단순히 군법만을 의미하는 것이 아니다. 손자가 말한 법은
전쟁하기 전에 어느 편의 조직 관리 능력이 더 우월한지를 나타내고
있는 것이다. 법제를 오늘날의 기업체에 비유하여 말하면 효율을 위해
나누어진 조직과도 같다. 분명하고 합리적으로 갖춰진 조직이 활성화
되면 그 기업체는 계속 성장해 나아갈 수 있다. 곧 규칙으로 질서를 가
리킨다. 올바른 질서가 없는 곳에서는 효율은 커녕 번거로울 뿐이다.

이상 5가지 원칙은 군대의 통솔자라면 누구나 숙지하지 않으면 안
된다. 이것을 알고 실천하는 자 만이 승리하고, 그렇지 못한 자는 패전
을 면치 못할 것이다. 자기편의 조건으로서 열거한 오사(五事)이다. 도,
하늘, 땅, 장수, 법 이것이 손자병법의 머리말이요, 범론이다.

기업체의 리더가 경쟁사를 비교하는 원칙으로도 활용할 수 있다.

① 직원들에게 올바른 비전을 제시하고 있는가?

② 직원들에게 필요한 지원과 기회를 아끼지 않으며, 경쟁을 하기 위한 적절한 시기를 예측하고 있는가?

③ 경쟁 시장에 대한 철저한 사전 조사와 대비책을 갖추었는가?

④ 리더로서 리더십과 능력을 갖추고 있는가?

⑤ 명확한 경영방침과 효율적인 시스템을 구축하고자 노력하고 있는가?

전쟁의 7가지 기준

❖

故, 校之以七計 而索基情 曰 主孰有道 將孰有能 天地孰得
고, 교 지 이 칠 계 이 색 기 정 왈 주 숙 유 도 장 숙 유 능 천 지 숙 득

法令孰行 兵衆孰强 士卒孰鍊 賞罰孰明 吾以此 知勝負矣
법 령 숙 행 병 중 숙 강 사 졸 숙 련 상 벌 숙 명 오 이 차 지 승 부 의

그러므로, 7가지 기준을 가지고 적군과 아군의 실정을 파악해야 한다.

1) 군주는 어느 편의 통치자가 훌륭한 정치를 바르게 잘 하는가?

2) 장수는 지휘는 어느 편이 유능한가?

3) 천시(天時)와 지리(地利)는 어느 편이 더 유리한가?

4) 법령은 어느 편이 더 엄격하고 공정하게 시행되는가?

5) 군대는 어느 편이 더 많으며 강한가?

6) 병사들은 어느 편이 더 잘 훈련되어 있는가?

7) 상과 벌은 어느 편이 더 공정하게 시행하고 있는가?

손자는 적군과 아군의 전력을 7가지 기준에 의해서 비교해 보면 싸

우기 전에 미리 승패를 알 수 있다고 한다.

현재의 기업과 관련시켜 생각하면 다음과 같이 말할 수 있다.

1) 사장은 회사를 잘 운영해 나가고 있는가?

2) 간부들의 지략은 어느 정도 유능한가?

3) 자본이나 시설 등과 여건은 어느 정도 갖추고 있는가?

4) 회사의 규율은 철저하게 지키고 있는가?

5) 사원들의 능력은 어느 정도 강한가?

6) 사원들이 회사를 위하는 마음과 사기는 충분한가?

7) 급여와 상여금, 포상금 등은 충분히 공정하게 지급되고 있는가?

이러한 7가지 기본조건을 검토해 본다면 그 회사의 미래에 대하여 유망한 기업인지 아닌지 판단할 수 있다.

전쟁의 핵심은 속임수이다

兵者, 詭道也 故, 能而示之不能 用而示之不用 近而示之遠
병 자, 궤 도 야 고, 능 이 시 지 불 능 용 이 시 지 불 용 근 이 시 지 원

遠而示之近 利而誘之 亂而取之 實而備之 强而避之 怒而撓之
원 이 시 지 근 이 이 유 지 난 이 취 지 실 이 비 지 강 이 피 지 노 이 요 지

卑而驕之 佚而勞之 親而離之 攻其無備 出其不意
비 이 교 지 일 이 로 지 친 이 리 지 공 기 무 비 출 기 불 의

此, 兵家之勝 不可先傳也
차, 병 가 지 승 불 가 선 전 야

전쟁은 속임수다. 그래서 능력이 있어도 없는 척하고, 공격하면서도 안 하는 척하고, 가까이 있어도 멀리 있는 것처럼 보이고, 멀리 있어도 가까이 있는 척 해야 한다. 미끼로 적군을 유인하고, 혼란시켜 놓고 공격한다. 적이 튼튼하면 수비만 하고, 적이 더 강할 때는 싸움을 피한다. 적을 성나게 하여 어지럽히고, 비굴하게 굴어서 교만하게 만드는 방법이다. 적이 쉬면 괴롭히고, 적들이 친밀하면 이간질시킬 일이다. 그리고 공격은 예상하지 못한 시점에 그것도 방비가 없는 곳에 하는 방법이다. 이것이 승리의 비법인데 막상 싸우기 전에는 미리 알려서는 안 된다.

정치에도 도덕정치와 권도정치가 있다. 도덕정치란 원칙에 따라 다스리는 정치이고, 권도정치란 음기응변의 방법으로 다스리는 정치이다. 그러므로 유리한 기본조건 밑에서 큰 세력을 잡아, 이를 활용하여 임기응변으로 처리해 나갈 수 있는 것이다. 기본원칙에 충실한 것은 좋은 일이지만 원칙만 지키고는 성공하지 못하는 경우가 있다. 승리를 거두기 위해서는 기본원칙과 적절한 응용방법을 잘 활용하여야 한다.

서기 228년 촉한(蜀漢)의 제갈공명이 위나라로 진격했을 때, 참모인 마속(馬謖)을 선봉군의 장군에 임명했다. 그런데 마속은 가정(街亭)에서 적군을 만났다. 마속은 부관들의 만류를 뿌리치고 산꼭대기에 진을 치고 적군을 맞아 싸웠다. 손자병법에도 '군대는 높은 곳을 좋아하고 낮은 곳을 싫어한다. (행군편(行軍篇))'라는 말이 있다. 진을 칠 때는 높은 곳에 치는 것이 원칙이다. 마속은 이 원칙에 충실했던 것이다.

그런데 적군의 장군 장합(張郃)은 마속이 산꼭대기에 진을 친 것을 보고 산을 몇 겹으로 포위한 다음, 물과 식량의 보급로를 차단하고 장기적인 지구전에 돌입하였다. 물과 식량이 없으면 견딜 도리가 없다. 이내 마속은 앉아서 죽음을 기다리기보다는 차라리 전군에 명을 내려 산을 달려 내려가도록 했다. 그러나 곳곳에 매복되어 있는 적군에게 무참히 병사들은 죽어갔다. 마속은 기본 원칙에만 충실하였기 때문에 패배를 하였던 것이다.

전쟁은 어차피 상도에서 벗어난 행위이다. 오직 이기는 것만이 최고의 목표이다. 전쟁에는 규칙이 없다. 규칙이 없는 것이 규칙이며, 속임수는 기본이다. 승리를 위해서라면 반칙도 허용되는 것이 전쟁터이다. 그러므로 손자는 용병(用兵)이란 속임수라고 언급하고 있다. 이것은 손자병법 13편의 핵심적 개념이기도 하다.

원칙은 책에서도 얼마든지 배울 수 있지만, 응용하는 기술을 터득하려면 실제로 경험을 쌓아야만 한다. 이와 같은 일은 오늘날의 기업에서도 무수히 일어나고 있다.

전쟁을 하기 위한 아군의 조건이 갖추어지고 또 적국의 상황을 검토하여 승산이 서게 되면 군통수권을 장악하고 있는 지배자는 선전포고를 하게 될 테지만, 정정당당하게 전쟁을 하는 것만이 능사는 아닐 것이다. 임기응변의 조치를 취해야 할 것이며, 막상 전투가 시작되면 무자비하고 참혹하게 적군을 격파하지 않으면 안 된다. 승리를 쟁취하기 위해서는 수단방법을 가릴 필요가 없는 것이다. 그래서 손자는 이 병법을 '기만술'이라고 한 것이다.

이러한 기만술은 목적을 달성하기 위한 임기응변의 술책이다

1) 능력이 있으면서도 능력이 없는 것처럼 위장한다.

2) 필요하면서도 필요치 않는 것처럼 위장을 한다.

3) 가까운 곳을 노리면서도 먼 곳을 노리는 것처럼 한다.

4) 먼 곳을 노리면서도 가까운 곳을 노리는 것처럼 한다.

5) 적에게 이익을 주어 유인한다.

6) 적을 혼란시켜 놓고 공격한다.

7) 적의 군비가 충실하면 서두르지 말고 수비만 한다.

8) 적이 강하면 싸움을 피한다.

9) 적을 흥분하게 하여 판단을 흐리게 한다.

10) 낮은 자세로 나아가 적을 교만하게 만든다.

11) 적이 쉬려고 하면 괴롭혀 피로하게 만든다.

12) 적이 단합되어 있으면 이간시켜 분열시킨다.

13) 적의 무방비한 곳을 선택하여 공격한다.

14) 적이 생각하지 못한 곳을 노려야 한다.

이것은 병법가의 승리를 거두는 비결이며, 따라서 사전에 계획이 누설되지 않도록 보안에 철저하여야 한다. 전쟁을 시작하기 전에 가장 중요한 일은 정부 요인 및 군의 수뇌부에서 양편 전력의 분석 및 비교를 철저히 하여야 한다.

기만술을 이용한 전쟁의 기본적 요소는 5가지 조건으로도 충분할 것이다. 그리고 기만술을 가지고 전쟁을 하게 되면 전력이 배 이상 증가되리라는 것을 잊어서는 안 될 줄로 안다. 손자는 기만술의 형태를 하나하나 열거하고 있는데, 그 첫 번째는 '사실은 할 수 있으면서도 하지 못하는 것처럼 위장을 하라'는 것이다.

육도(六韜)에도 '성인이 마침내 거사하려 할 때는 바보 같은 태도를 취하고, 맹수가 마침내 싸우려 할 때는 귀를 드리우고 땅에 엎드린다.'고 말하고 있지만, 능력이 충분히 있으면서도 없는 체하며 바보처럼 행세를 하여 상대편으로 하여금 아군의 의도나 실력을 알지 못하도록 가장하여 적절한 기회를 포착하여 공격하라는 것이다.

맹수가 마침내 싸우려고 할 때 겁쟁이처럼 땅에 엎드리는 등 하는 예는 우리 역사상에도 얼마든지 있다. 가령 대원군을 들 수 있는데, 당쟁의 제물이 되지 않고 생명을 보전하며 더욱이 기회를 기다리면서 자기 자식을 왕으로 옹립하고, 또한 정권을 장악하기 위해서 거의 반평생을 바보나 미치광이 행세를 한 예는 너무나도 유명하다.

손자는 두 번째 기만술로서는 '필요하면서 필요치 않은 것처럼 위장하라.'는 말이 있다. 이러한 기만술은 국제간의 스파이전에서 흔히 볼 수 있는데, 가령 스파이를 적국으로 파견해야 될 경우에 스파이로 파견하고자 하는 인물을 공식적으로 사형집행을 한 뒤에 그 인물을 적국에 파견하는 예가 그것이다.

프랑스 혁명 후의 유럽, 1798년 나폴레옹은 이집트 원정 중에 프랑스 국내의 정치가 부패하여 공화정치 체제의 기초가 동요되어 반듯이 파멸되리라는 것을 간파하고 있었다. 그래서 1799년 8월 심복 장교들과 함께 전선에서 탈주하여, 10월 초순 국민의 환호 속에 귀국하여 혁명을 통해서 정권을 획득했다. 그리고 교전 중이었던 러시아 및 오스트리아와 휴전을 하였다. 그러나 나폴레옹은 비록 휴전은 했지만 전쟁은 불가피하다는 것을 알고 있었다. 다만 표면상으로는 전쟁을 할 필요가 없다는 것을 러시아와 오스트리아에게 확인시키고 그들을 안심시킬 필요가 있었기 때문이었다. 이를테면 이 휴전은 하나의 전략이었던 것이다.

나폴레옹은 새로이 군대를 모집하여 비밀리에 훈련을 시키고 있었다. 그러나 러시아나 오스트리아를 비롯한 인접 여러 나라에서는 나폴레옹의 일거수일투족에 대해서 주의를 했고, 무수한 스파이를 파견하여 전쟁준비 여부를 염탐하고 있었다. 그럼에도 불구하고 나폴레옹은 교묘한 방법으로 그들의 염탐을 피하고 오직 전력의 향상에 충실을 기하여 전쟁준비에 몰두하고 있었다. 물론 상대국의 스파이 작전에 대해서도 모르는 체 시치미를 떼고 있었다. 그리하여 군의 편성이나 장비 그 밖의 준비가 완료되자, 마침내 병력을 인솔하여 알프스를 비밀리에 넘어 롱발지의 평야에 도착하여 오스트리아군을 말렝고에서 섬멸시키고 말았다.

손자는 또 세 번째 전략으로 '가까운 곳을 노리면서도 먼 곳을 지향하는 것처럼 하라'고 말하고 있다. 그 대표적인 예를 우리는 보불전쟁 당시의 몰트케의 전략에서 볼 수 있을 것이다.

라인강의 왼편에 위치하는 팔츠를 향해서 진군하고 있던 프로이센군은 1870년 8월 국경 부근 와이센불히에서 프랑스국의 정찰대를 보기 좋게 격파하고 계속 진격하고 있었는데, 이외에도 벨토에서 적군의 전략적 전위부대와 충돌하게 되었다. 막마혼이 지휘하는 프랑스군은 용감하게 대항했지만 프로이센군에게 참패하고 말았다. 이제 프로이센군은 적국 수도 파리로 향하는 진격이 용이하게 되었다. 곧장 서쪽으로 진격하면 파리가 있다. 그것이 파리로 가는 가장 가까운 코스였다. 그런데 의외로 프로이센의 몰트케 장군은 서쪽으로 진군하지 않았던 것이다. 가까운 곳을 노리면서도 먼 곳을 지향하려는 것처럼 하려는 전략이었던 모양이다.

몰트케 장군은 바제느 원수가 인솔하는 20만의 적군을 멧츠 서쪽의 전투에서 격파한 뒤, 이 대군을 멧츠의 요새 안에 봉쇄해 버리고 말았다. 이와 같이 적의 야전군의 주력부대를 사실상 재기할 수 없도록 막대한 타격을 주었음에도 불구하고 몰트케 장군은 여전히 파리의 진격을 서두르지 않았다. 그는 막마혼의 잔류부대 행방을 호시탐탐 찾고 있었던 것이다. 마침내 막마혼 원수의 10만여 군사가 나폴레옹 3세의 근위 사단까지 포용하고 멀리 벨지움 국경 방면에서 대기 중이라는 정보를 입수하게 되었다. 몰트케는 파리로 진격하기는커녕 엉뚱한 방향, 더욱이 먼 곳에 있는 벨지움 국경을 향하여 진격하고, 9월 세단의 전투에서 막마혼군을 공략하고 말았다. 프랑스측은 야전군을 거의 전부의 전력을 잃은 셈이었다.

그리하여 비로소 몰트케는 제2기 작전에 들어가게 되었는데, 9월 4일 제일 먼저 노리고 있던 파리를 향해서 진격하였던 것이다.

이상과 같이 몰트케 장군은 곧장 파리로 진격하지 않고, 적군의 주력부대를 멀리 찾아다니면서 섬멸한 다음, 이 주력부대를 찾아다니는 거리적으로 보면 먼 것이 되겠지만 정략적으로 보면 가장 가깝고 유리한 작전을 먼저 처리하고, 그 다음 비로소 처음부터 노리고 있던 파리를 공략하기 위해서 진군한 것이다.

몰트케의 엉뚱한 전략과는 반대로 먼 곳을 노리면서도 가까운 곳을 지향하는 것처럼 엉큼한 심모원책(深謀遠策)을 쓰는 작전도 있다. '먼 곳을 노리면서도 가까운 곳을 지향하는' 기만술과 '가까운 곳을 노리면서 먼 곳을 지향하는' 전략은 서로가 표리(表裏)일체의 관계에 있다는 사실이다. 거리적으로는 가깝더라도 이를 멀리하고 적으로 간주하는 반면에 거리적으로 먼 곳에 있으면서도 이를 가까이하여 동맹으로 하는 경우도 있기 때문이다. 이것은 바로 원교근공(遠交近攻)의 전략이다. 일본 · 영국 동맹과 프랑스 · 러시아 동맹이며, 독일 · 오스트리아 ·

이탈리아의 3국 동맹이 그것이며, 1차 대전 당시의 영국·프랑스·이탈리아·일본의 협상과 독일·오스트리아 동맹도 그러한 예가 될 것이다.

전쟁 당시에는 말할 것도 없거니와 적국이나 군부의 내부를 교란시켜 스스로 붕괴하도록 하면 전쟁을 하지 않더라도 공략할 수가 있을 것이다.

육도(六韜)에는 문벌(文伐)이라고 하여 전쟁을 하지 않고서 지모를 가지고 공략하여 승리하는 방법으로 다음 12가지를 열거하고 있다.

1) 적장의 취미며 기호를 조장시키는 한편 오만하게 만들어 모략이 효과를 거둘 수 있는 구멍을 뚫어 놓는다.
2) 적국의 중신을 포섭한다.
3) 적장과 그 참모를 매수한다.
4) 적장에게 미녀와 주옥을 선사하고, 음탕한 생활이 극에 이르도록 간계를 쓴다.
5) 적국의 사자를 회유하여 적을 기만하기 위해서 이간책을 쓴다.
6) 적국의 조정 내부를 붕괴시키기 위해서 안팎을 이간시킨다.
7) 적국 군주의 중신이나 측근을 매수하여 정치를 태만하게 만들며 적군을 타락시킨다.
8) 배신행위가 성공한 후의 높은 처우를 미끼로 하여 음모를 꾸민다.
9) 적장을 우쭐하게 만들어 패배시킨다.
10) 적국의 심장부에 파고 들어가 자멸을 기다린다.
11) 정보망을 도처에 펴고 적국을 봉쇄한다.
12) 적국 안에 난신(亂臣)을 두어 자멸을 초래하도록 꾸민다.

이것은 내부교란에 관한 교과서처럼 보인다. 특히 현대에 와서 약소국에 대한 여러 제국주의적 국가들의 교묘하고도 세련된 술책으로서 자주 사용되고 있는 것이다.

　적군의 군비가 견고하며 충실하고 전의가 충천하여 있을 때는 함부로 서두르지 말고 아군도 대항할 수 있는 실력을 갖출 때까지 정세를 관망하라고 손자는 말하고 있다. 전쟁이나 전투를 하는데 경거망동한 행동은 절대로 하지 말라는 것이다. 국가의 존망이 좌우되며 장병이나 시민의 생명을 좌우하는데 함부로 행동할 수는 없다. 또 '적이 강하면 정면충돌을 회피하라'고 말하고 있는데, 적군이 강하면 전투를 회피하라는 전략적인 의미와 강한 곳은 공격하지 말고 가급적 피하라는 전술적인 두 가지의 의미가 있다고 생각된다. 아군이 적에게 약하다는 것이 알려지게 되면 공격을 받을 가능성이 높기 때문에 먼저 아군의 군비를 강화하여 적의 공격을 미연에 방지하지 않으면 안 된다.

　적을 분노하게 하여 혼란에 빠트리는 전술도 있다. 대인관계에 있어서도 자신은 어디까지나 냉정을 잃지 않는 동시에 상대방의 분통을 쑤셔놓고 틈을 이용하여 유리한 해결책을 만드는 경우가 있다. 전쟁도 마찬가지이다. 적장의 마음을 살살 건드려 분노를 폭발시켜 분별심을 잃고 사태를 냉정하게 판단하지 못하도록 하여 승리를 획득하는 경우도 있는 것이다.

　항우의 초군과 유방의 한군은 오랫동안 서로 대치한 채 승패가 쉽게 끝나지 않았다. 그래서 항우와 유방은 광무산(廣武山) 골짜기에서 회견하기로 했다. 유방은 항우의 다음과 같은 죄상을 들어 그를 분노하게 하였다.

"너는 그 옛날 관중(關中)을 평정한 자가 왕이 되기로 협정하고서도 나를 배신했는데 그것이 첫 번째 죄가 된다. 너는 또 장군 송의(宋義)를 속여 죽이고 제멋대로 높은 자리를 차지했다. 그것이 두 번째 죄다. 너는 또 조(趙)를 구원했을 때 마땅히 돌아와서 왕에게 보고해야 했을텐데 제후를 협박하고 관중으로 들어갔으니 세 번째 죄다. 너는 또 진(秦)의 궁전에 방화했고, 시황제의 능을 도굴하여 재물을 먹어치웠다. 이것이 네 번째 죄이며, 더욱이 항복한 진의 사병들을 속여 생매장하기를 20만이나 하였으니 이것이 다섯 번째 죄다"

그리고 자기는 정의를 위하여 전쟁을 하고 있으며, 너 같은 극악무도한 자는 자기가 죽이지 않아도 다른 피해자들이 처단하리라는 것이었다. 이 말을 듣고 있던 항우는 격분하여 숨겨 두었던 화살로 유방을 쏘았다. 그러나 유방은 병석에 눕거나 냉정을 잃지 않고 휘하부대를 격려하며 돌아다니고 있었다. 원래 성질이 급한 항우는 더욱 격분하여 사리분별을 하지 못하고 여러 차례 유방을 공격해 왔다. 유방은 호를 깊이 파고 방어에만 열중하였는데 이것도 항우의 분통을 건드리기 위해서였을지도 모른다.

기원전 202년 유방은 마침내 항우군과 승패를 결정하게 된다. 유방의 군사는 30만, 항우의 군사는 10만인데, 유방은 공격을 하지 않고 게릴라전으로 항우의 군사를 괴롭히고만 있었다. 항우는 분노가 머리끝까지 치솟아 올랐다. 그런데 어디선지 초의 노랫가락이 들려왔다. 흥분한 항우는 천하가 초군의 점령 아래 있는 것으로 착각하기에 이르렀다. 항우는 노랫소리가 들려오는 곳으로 말을 달렸다. 그러나 이 노랫소리는 한군의 기만술에 불과했고, 걸핏하면 분노하여 사리분별을 잃는 항우는 죽음을 당하고 말았던 것이다.

초 · 한의 이 전쟁에서 항우가 처음 공격해 왔을 때 유방군은 호를 파고 방어에만 주력하고 있었는데, 이것은 보기에 따라서는 일종의 저자세를 취한 것이라고 해석할 수도 있을 것이다. 후에 그러한 한군이 반격해 왔을 때는 지금까지의 한군의 태도로 볼 때 항우가 그들을 경멸하고 자기를 과대평가한 나머지 노랫소리만 듣고도 자신의 천하가 된 것이라고 착각하도록 유인한 것이 아닐까. 그렇다면 유방의 전략은 '저자세를 취하여 적 항우를 교만하게' 만든 예라고 해석할 수도 있을 것이다. 적국의 군신 사이며, 고급관료의 사이, 혹은 동맹국 사이를 반목 이간시켜 내부에 분란이 일어나게 함으로써 상대국을 약화 시키는 전략 및 정략도 있다.

마지막으로 손자는 적이 '무방비 상태에 있을 때 공격하고 뜻하지 않았을 때 쳐야한다'고 결론짓고 있다. 적이 전혀 전쟁준비를 하지 않았거나 혹은 그 대책이 불충분함을 이용하여 전혀 예상하지 않았을 때 급습하라는 것이다. 어느 전략은 적을 혼란에 빠뜨리고 그 전의를 감소시키는데 막중한 효과가 있을 테지만, 특히 아군이 열세에 있을 경우에 기습을 한다는 것은 국가의 운명을 걸고 전쟁을 하는 것이 그야말로 유효한 전법이 아닐 수 없는 것이다.

그러한 전법을 이용하는 국가에 일본이 있다. 2차 대전 당시에 유명한 진주만 공격이 그것이다. 세계정세는 이미 대전에 기울어가고 있었지만, 일본의 노무라(野村)대사는 워싱턴에 있으면서 일본은 평화를 염원하고 있다고 선전공세를 취하여 미국을 방심시킨 다음에 돌연 일요일을 택하여 선전포고와 동시에 진주만을 기습, 미국 태평양 함대를 격파한 예가 그것이다.

전쟁은 다양한 전략으로 결정된다

夫未戰而廟算 勝者, 得算多也 未戰而廟算 不勝者, 得算少也
부 미 전 이 묘 산 승 자, 득 산 다 야 미 전 이 묘 산 불 승 자, 득 산 소 야

多算勝 少算不勝 而況於無算乎? 吾以此觀之 勝負見矣
다 산 승 소 산 불 승 이 황 어 무 산 호? 오 이 차 관 지 승 부 견 의

전쟁 전에 묘산(廟算)을 하여 승리를 확신할 수 있는 것은 승리의 조건이 많이 갖추었기 때문이다. 승리를 확신하지 못하는 것은 승리의 조건을 갖추지 못했기 때문이다. 묘책이 많으면 승리할 것이고, 적으면 승리하지 못할 것이다. 나는 이런 것으로 승패를 미리 알 수 있다.

손자는 전쟁 전에 묘산(廟算)을 해야 한다고 말했다. 묘산이란 묘당에서 정부 지도자와 군 수뇌부들이 모여 전쟁의 방침과 계략을 의논하는데 산가지를 하나씩 올려 쌍방의 전력을 비교하여 아군의 산가지가 적군보다 많다면 승산의 조건이 많이 갖추어졌다는 것이고, 적으면 승산의 조건이 부족하다는 의미이다. 5가지의 원칙과 전력을 비교하는 7가지 기준인 7계, 그리고 목적을 달성하기 위한 임기응변 술책을 이용하여 치밀한 전략을 세우는 중요한 단계이다.

이렇게 정확한 비교 분석으로 전쟁의 승패는 사전에 미리 알게 된다는 것이 손자의 말이다. 그렇기 때문에 묘산은 승리를 하는데 중요한 핵심이라 할 수 있다.

🏢 기업 경영에 준하여

　사업에 있어서 가장 중요한 것은 치밀한 계획성이다. 사업이 합리적으로 성립되기 위해서는 우선 5가지 원칙이 필요하다.

　1) 도(道) 즉 명분이니, 그 사업이 사회발전을 위하여 필요성이 있는가?

　2) 천(天) 즉 하늘이니, 그 사업이 시대에 어느 정도 적합한가?

　3) 지(地) 즉 땅이니, 그 사업이 사회적으로 어느 정도 적합한가?

　4) 장(將) 즉 장수이니, 사장이하 간부들의 인격과 지략이 어느 정도 완전한가?

　5) 법(法) 즉 운영방침이니, 그 회사의 조직과 사업의 운영방침이 회사를 꾸려나가는데 있어 어느 정도 적당한가?

　이상을 오사(五事), 5가지가 모두 합리적이어야 한다.

　그리고 사업을 운영함에 있어서는 7계(七計), 7가지 기본조건이 갖추어져 있어야 한다.

　1) 사장은 회사를 얼마나 잘 운영하고 있는가?

　2) 간부들이 어느 정도 유능한가?

　3) 그 사업이 시대적으로 어느 정도 유리한가?

　4) 회사의 질서가 어느 정도 철저한가?

　5) 간부와 사원들의 사기는 어느 정도인가?

　6) 사원들은 어느 정도 유능한가?

　7) 급여와 상여금을 어느 정도 공정하게 지급하고 있는가?

　이상의 5사와 7계를 검토해 보면, 그 회사의 장래를 미리 내다볼 수 있다. 5사와 7계가 합리적이라면, 다음에는 태세를 갖추어 이를 이용하고 활용해야 한다.

　사업을 운영해 나감에 있어서는 임기응변의 방법을 활용하여 원칙을 보조하는 수단으로 이용할 필요가 있다. 여기에는 모두 14가지의 방법이 있다.

　1) 유능하면서도 무능한 체하라.

　2) 어떤 방법을 쓰면서 쓰지 않는 체하라.

　3) 가까이 있으면서 멀리 있는 체하라.

　4) 멀리 있으면서 가까이 있는 체하라.

　5) 작은 이득을 보여 상대방을 유혹하라.

　6) 상대방을 혼란시킨 다음 공격하라.

　7) 상대방이 견실하면 이쪽도 태세를 정비하라.

　8) 상대방이 강하면 도전을 피하라.

　9) 상대방을 화나게 하여 혼란 시켜라.

　10) 무력한 체하여 교만하게 만들어라.

　11) 상대방이 안정되어 있거든 신경을 쓰게 하여 피로하게 만
　　　들어라.

　12) 상대방이 화친하거든 이간작전을 쓰라.

　13) 정비되지 않았을 때 공격하라.

　14) 뜻밖의 허점을 찌르라.

　이상과 같은 임기응변의 방법들은 승리하기 위하여 채택하는 것이니, 사전에 상대에게 알려지게 해서는 안 된다.

2

작전편
作戰篇

작전편에서는 전쟁을 하는 데는 막대한 경비와 인력이 소요되므로 시
간과의 싸움이다. 빈틈없는 전략으로 속전속결의 원칙을 제시하고, 군
수품이나 군량은 적의 것을 빼앗아야 한다는 것 등을 서술하고 있다.

전쟁은 하루에 천금이라는 비용이 든다

---- ❀ ----

孫子曰 凡用兵之法 馳車千駟 革車千乘 帶甲十萬

손 자 왈 범 용 병 지 법 치 거 천 사 혁 거 천 승 대 갑 십 만

千里饋糧 則內外之費

천 리 궤 량 즉 내 외 지 비

賓客之用 膠漆之材 車甲之奉 日費千金 然後 十萬之師擧矣

빈 객 지 용 교 칠 지 개 거 갑 지 봉 일 비 천 금 연 후 십 만 지 사 거 의

손자가 말하길 무릇 전쟁을 하려면 전차 1,000대와 운반용 수레 1,000대, 무장한 병사 10만 명과 천리나 되는 먼 거리에 수송할 군량이 필요하다. 또한 국내외에서 사용되는 비용과 외교사절 접대비, 무기를 수리하는 보수비, 수레나 갑옷을 정비하는 비용이 하루에 천금의 비용이 든다. 이러한 여건이 준비되어야 10만 군사를 동원할 수 있다.

옛날이나 지금이나 전쟁을 하는데 막대한 자금만큼 중요한 것은 없다. 군대를 움직이고 먹이는 것부터 시작하여 많은 비용이 지출된다. 그래서 전쟁 전에 물자와 비용을 충분히 준비하고, 손익계산을 하여 전쟁을 시작해야 하는 것이다. 그러나 전쟁이 반드시 승리한다는 보장이 없으므로 기필코 승리해야 한다. 또한 물자와 비용에 있어서도 승패에 커다란 영향을 미친다. 전쟁에는 제일 먼저 동원될 병력이 필요하다. 손자의 말에 의하면, 최소한 전차 일천 대, 고대 중국에서는 치차(馳車) 한 대에 말 4필, 활을 든 장병 1명과 말을 모는 장병 1명, 창을 든 장병 1명, 보병 72명이 구성된다. 전차 1대당 75명, 일천 대면 7만 5천명 그

밖에 보급용의 차량에는 소 4필, 취사병, 장비 보수병, 짐승 사육병 등 한 대에 25명이 따른다고 하는데, 이 차량이 천대면 2만 5천 명의 장병이 필요하다. 그래서 전차, 치중차 각각 천대를 동원하게 되면 약 10만 명이란 병력이 필요한 것이다. 그리고 10만의 군대 및 군량미를 전선까지 수송하는 데에도 많은 비용이 든다. 또 전쟁이 시작되면 전쟁을 수행하기 위해 전시체제로 바꿔야 하므로, 막대한 예산 외에도 외국에 대한 외교비, 선전비, 인접한 국가 사절에 대한 접대비도 소요된다. 물론 군사물자의 생산과 보급에 따르는 경비도 있어야 한다. 이러한 경비를 합산하면 하루 '천금'이 필요한 것이니, 만일 그만큼 막대한 경비를 지출할 만한 국가 재정의 준비가 없다면 섣불리 전쟁에 임해서는 안된다고 강조하고 있다. 그래서 전쟁에 있어서 신중하게 생각하라는 이유는 이 전쟁의 피해자는 다름 아닌 내 나라 국민이기 때문이다.

전쟁은 오래 끌수록 불리하다

———— ❀ ————

其用戰也勝 久則鈍兵挫銳 攻城則力屈 久暴師則國用不足
기 용 전 야 승 구 즉 둔 병 좌 예 공 성 즉 력 굴 구 폭 사 즉 국 용 부 족

夫鈍兵挫銳 屈力彈貨 則諸侯 乘其弊而起 雖有智者 不能善其後矣
부 둔 병 좌 예 굴 력 탄 화 즉 제 후 승 기 폐 이 기 수 유 지 자 불 능 선 기 후 의

故, 兵聞拙速 未睹巧之久也 夫兵久而國利者 未之有也
고, 병 문 졸 속 미 도 교 지 구 야 부 병 구 이 국 리 자 미 지 유 야

故, 夫盡知用兵之害者 則不能盡知用兵之利也
고, 부 진 지 용 병 지 해 자 즉 불 능 진 지 용 병 지 리 야

전쟁이란 승리하더라도 오랜 시간이 소요되면 군사력이 약해진다. 성을 공격할 때 군사력이 많이 소모되며, 군대가 오랫동안 싸움터에 머물게 되면 나라의 재정이 부족해진다. 지친 틈을 이용하여 다른 나라들이 공격해 올 것이다. 이렇게 된다면 아무리 지혜로운 자라도 그 뒷일을 수습할 수 없게 될 것이다. 그래서 전쟁이 다소 부족하고 미흡하더라도 신속하게 끝내야 하고, 최고의 전략이라도 오래 끌면 불리해진다. 전쟁을 오래 끌어 나라에 이로운 사례는 없다. 그래서 전쟁을 일으켜 해로움을 모른다면 전쟁에서 얻을 수 있는 이로움도 알 수 없는 것이다.

오자병법(吳子兵法)에는 싸워서 승리하기는 쉬워도 이를 지키기는 어렵다. 그러므로 천하가 어지러울 때 5번 싸워 이긴 자는 나라의 재앙을 면치 못하고, 4번 이긴 자의 나라는 피폐해지고, 3번 이긴 자의 나라는 패자(覇者)가 되고, 2번 이긴 자는 왕(王)이 될 것이며, 1번 이긴 자는 황제(皇帝)가 된다고 했다. 이 말은 여러 번 승리하는 것이 좋은 것이 아니라, 한 번의 싸움으로 끝내야 한다는 것이다. 전쟁의 목적은 승리하는 것이지만 승리하더라도 아군의 피해도 함께 생긴다. 전쟁을 여러 번 한다면 매번 피해는 증가 할 것이며, 그 피해가 누적되면 아군의 힘도 감소될 수밖에 없다. 그래서 손자는 경제적 그리고 재정적 관점에서 장기전의 해로움을 지적하고 졸속(拙速)이라도 전쟁은 단기전, 즉 속전속결의 전법을 말하고 있다. 뿐만 아니라, 전쟁의 해로움을 알지 못하는 자는 전쟁의 이익도 알지 못한다고 했다.

적의 식량을 탈취하라

善用兵子 役不再籍 糧不三載 取用於國 因糧於敵
선 용 병 자 역 불 재 적 양 불 삼 재 취 용 어 국 인 량 어 적

故, 軍食可足也 國之貧於師者遠輸 遠輸則百姓貧 近於師者貴賣
고, 군 식 가 족 야 국 지 빈 어 사 자 원 수 원 수 즉 백 성 빈 근 어 사 자 귀 매

貴賣則百姓財竭 財竭則急於丘役 力屈財殫 中原內虛於家
귀 매 즉 백 성 재 갈 재 갈 즉 급 어 구 역 역 굴 재 탄 중 원 내 허 어 가

百姓之費 十去其七 公家之費 破軍罷馬
백 성 지 비 십 거 기 칠 공 가 지 비 파 거 파 마

甲冑矢弩 戟盾蔽櫓 丘牛大車 十去其六
갑 주 시 노 극 순 모 로 구 우 대 거 십 거 기 륙

뛰어난 장수는 병사들의 군역을 두 번 징집하지 않고, 식량을 전장으로 세 번 수송하지 않는다. 전장에서 사용할 무기 같은 것은 본국에서 가져다 조달 하지만, 부족한 식량은 적에게 탈취하니 군대의 양식은 부족하지 않다. 나라가 전쟁 때문에 빈곤해지는 것은 군대나 군수물자 및 군량을 먼 거리까지 수송하기 때문이다. 멀리 수송하니 곧 백성이 가난해진다. 또한, 군대의 주둔지 근방은 물가가 오른다. 물가가 오르면 백성의 재산이 고갈되고, 재산이 고갈되면 백성들의 부역과 노역이 급격하게 늘어난다. 전쟁은 오래 끌수록 전투력은 약화되고, 재물도 전쟁터에서 다 고갈되며, 백성들의 집안이 텅 비게 되고, 백성들의 소득의 70%나 세금으로 빼앗기게 될 것이다. 국가의 재정도 어려워져서 수레는 파괴되고 말은 피로하고, 갑옷과 투구, 활과 화살, 창과 방패 그리고 소가 끄는 마차 등 60%를 잃게 된다.

손자는 장기전을 반대하고 단기전을 주장하는 이유는 바로 비용 때문이다. 전쟁에서 필요한 물자를 충당할 수 있다면 국가가 받는 경제적 손실을 줄일 수 있다고 생각하고, 군역을 두 번 징집하지 않는다는 것은 백성의 피해를 줄이고, 병력을 보충하면서까지 장기전을 하지 않겠다는 것이다. 또한 전쟁이 끝날 때까지 군량을 세 번 수송하지 않고, 전쟁 시작과 전쟁이 끝나고 돌아올 때 두 번의 수송을 하라는 것이다. 그리고 부족한 식량은 현지에서 직접 탈취하여 해결하라는 것이다. 전쟁에 필요한 무기는 본국에서 조달하지만, 식량은 적지에서 충당하여 멀리까지 수송하는 재정적 손실을 막는 것이 전쟁이 장기전을 하더라도 국가의 경제와 민생을 안정시키고, 백성에게 안겨 줄 고통을 최소화 할 수 있을 것이다. 또한 전쟁이 일어날 주변에는 물건이 귀하여 물가가 폭등하는 현상이 일어난다. 물가가 폭등하면 같은 물건을 사더라도 평소의 몇 배가 되는 비용을 소비되어 백성은 수입이 적어지고, 재산 가치는 하락하여 생활이 궁핍해지기 마련이다. 백성의 살림살이가 어려워지면 국가도 마찬가지로 가난해져 부역을 늘리게 되어 그 부담은 고스란히 백성에게 돌아간다. 전쟁이 장기전으로 된다면 전투력은 약화 및 재물의 고갈로 인하여 백성의 소득 70%를 세금으로 빼앗기고, 국가의 재정도 어려워져 군수 물자 등 60%가 손실되는 것이다. 그러므로 지혜로운 장수라면 신중을 기하여 속전속결의 전략으로 전쟁을 오래 끌지 말아야 한다. 손자는 국력을 소모하지 않기 위해서 '무기나 군량 등은 적한테서 빼앗아 사용하라'고 말한다.

　　한무제(漢武帝)의 원정(元鼎) 4년, 남월(南越)에 반란기세가 보였다. 무제는 장삼(莊參)에게 병력 2천을 주어 남월을 토벌시키려고 했다. 그러나 장삼은 '2천 병력으로는 아무것도 못합니다.'하고 사퇴해 버렸다.

그러자 겹현의 장사인 한천추(韓千秋)가 자진해서 나섰다.

"그런 조그마한 나라는 용사 2백이면 충분합니다. 황공하오나 소신이 정복하고 오겠습니다."

무제는 기뻐하며 한천추에게 명하여 군사 2천을 거느리고 남월의 국경을 넘게 했다. 남월로 들어선 한천추의 군사는 몇 군데 작은 마을을 격퇴하자 의기양양했다. 남월의 장수 여가(呂嘉)는 일부러 길을 내주고 양식보급도 방해하지 않고 한천추군을 유인했다. 원정군으로서는 식량보급이 가장 중요한 것이다. 이미 휴대식량은 다 떨어지고 대규모의 보급부대도 없이 진격해 온 한천추군은 계략인 줄도 모르고 신이 나서 양식보급을 하면서 전진했다. 그런데 남월의 수도 번우까지 40리 밖에 남지 않은 지점에서 돌연 여가의 군에게 포위되어 공격을 받아 전멸되고 말았다. 양식보급에만 마음을 쓰느라 정작 전투준비를 허술하게 했던 것이다. 여가는 '적에게서 탈취해서 먹으라.'는 손자병법을 역이용했던 것이다.

이 소식을 들은 무제는 크게 노하여 원정 5년, 근위사령관인 노박덕(路博德)을 복파장군에 임명하고, 열후(列候)의 봉작을 맡고 있는 상훈국에 속한 무관 양복(楊僕)을 누선장군에 임명하여 죄인 및 강회이남(江淮以南)에 속하는 해군 10만을 이끌고 남월을 토벌하라고 명했다. 원정 6년 겨울, 누선장군은 정병을 이끌고 공격을 개시했다. 날카로운 심협(尋陜)을 함락시키고 이어 석문을 격파한 후 수많은 남월의 배와 식량을 획득했다. 이 식량의 획득으로 누선장군은 보급문제를 거의 해결했다. 병사들은 배부르게 먹어 원기왕성, 용약전진해서 남월군의 예봉을 꺾고 약속한 장소에서 복파장군의 부대를 기다렸다. 그 병력은 수만 명을 넘기고 있었다.

복파장군은 죄수부대를 인솔하고 전진했으나, 양식보급이 원활하지 못하여 약속 기일에 늦고 말았다. 누선장군의 부대와 합류했을 때는 천여 명의 병력밖에 남지 않았다. 두 부대는 군사를 합쳐 전진했으나 배부르게 먹고 충분히 휴식한 누선장군의 부대가 행군이 빨라 한 걸음 앞서 번우에 도착했다. 번우에서는 여가의 군이 성에 웅거하여 방비를 굳히고 있었다. 먼저 번우에 도착한 누선장군은 공격하기 좋은 동남쪽에 진을 치고 늦게 도착한 복파장군은 서북쪽에 진을 쳤다. 잠시 후 날이 저물자, 누선장군은 맹공을 가해 남월의 전위부대를 격파하고 불을 질러 성을 불태웠다. 성의 서북쪽에 진을 치고 있던 북파장군의 군은 병력이 겨우 천여 명으로 극히 허술했으나, 이미 남월까지 복파장군의 용맹이 선전이 되어 있는데다 날이 어두운 덕택으로 천여 명에 지나지 않는 것이 발각되지 않아, 성내의 적운도 북파장군의 진을 공격하지 않고 누선장군의 군하고만 교전했다. 누선장군은 더욱 맹공을 해서 성을 불태웠으므로 성중의 적은 그날 새벽에 거의 전원 항복했다. 또 탈주병들은 북파장군의 부대에 붙잡혔다. 이렇게 해서 남월은 평정되었으나, 그 공으로 복파장군은 급료가 인상되었고, 누선장군은 장양후(將梁候)에 임명되었다.

논공행상의 차이는 누선장군이 뛰어나고 복파장군이 못했기 때문이 아니다. 우연히 누선장군은 심협, 석문을 격파해 대량의 식량을 취하여 보급문제를 거의 해결한 데 비하여 복파장군은 보급에 애를 먹었다는 점이 있는 것이다.

포상을 주어라

---❀---

故, 智將務食於敵 食敵一鐘 當吾二十鐘 其秆一石 當吾二十石
고, 지 장 무 식 어 적 식 적 일 종 당 오 이 십 종 기 간 일 석 당 오 이 십 석

故, 殺敵者 怒也 取敵之利者 貨也 故車戰
고, 살 적 자 노 야 취 적 지 리 자 화 야 고 거 전

得車十乘已上 賞其先得者
득 거 십 승 이 상 상 기 선 득 자

而更其旌旗 車雜而乘之 卒善而養之 是謂勝敵而益强
이 갱 기 정 기 거 잡 이 승 지 졸 선 이 양 지 시 위 승 적 이 익 강

그러므로 지혜로운 장수는 군량을 적지에서 조달한다. 적의 식량 1종(鍾)은 아군의 식량 20종에 해당하며, 적에게 탈취한 사료 1석(石)은 아군의 사료 20석에 해당한다. 적을 죽이려면 병사들의 적개심이 있어야 하고, 적의 물자를 취득해 이익을 얻고자 하는 자는 탈취한 병사들에게 포상으로 격려해야 한다. 전차전에서 적의 전차를 10대 이상 빼앗은 자가 있으면 먼저 빼앗은 자에게 상으로 주고, 그 전차의 깃발을 바꾸어 아군의 전차에 편성하여 아군 병사를 태워 이용한다. 또 생포한 병사는 대우하여 아군으로 양성한다. 이것이 적에게 승리하고 우리의 전력은 더욱 강해지는 것이다.

손자는 '적군을 죽이려고 하는 장수는 자기 병사들에게 적개심을 불어넣어 격노하게 만들어야 한다. 그리고 적군의 물자를 탈취하려는 장수는 부하들에게 먼저 탈취한 병사에게 상을 줄 것을 단단히 약속해야

한다.'고 강조하고 있다.

중국 삼국시대에 유비의 전략가였던 제갈량의 묘책으로 적벽대전에서 조조의 군수품인 화살 10만 개를 탈취한 일화가 있다. 앞을 분간할 수 없는 안개가 짙게 깔려있었다. 제갈량은 지푸라기를 쌓아 놓은 20척의 배를 서로 연결하여 맨 앞에는 병사를 배치하고 조조의 진영에 다다르자, 제갈량은 병사들에게 일제히 북을 치며 소리를 지르라고 명령했다. 큰 함성에 나와서 싸울 엄두도 못 낸 조조군은 6천 명의 궁수들에게 일제히 활을 쏘라고 명령했다. 짙은 안개 때문에 적의 정체도 모른 체 조조의 궁수들은 마구잡이로 활을 쏘았다. 많은 양의 화살은 배에 쌓아둔 짚더미에 꽂혔다. 제갈량은 배에 꽂힌 10만 개의 화살을 가지고 유유히 진영으로 돌아왔던 것이다.

전쟁에서 승리하여 더욱 강해지려면 승리에만 급급해서는 안 된다. 어떻게 싸워 승리를 했느냐에 따라 국가의 경제적 타격을 받을 수 있고 강해질 수도 있기 때문이다. 손자는 국가의 경제적 손실을 막으려고 전장에서 식량을 구하는 것 이외에도 적의 물건을 활용할 줄 알아야 한다고 했다. 적의 전차를 빼앗은 후 깃발을 아군의 것으로 바꾸어 달고 전투에 투입한다면 빠른 시간에 아군의 전투력을 증강시킬 수 있기 때문이다. 그리고 포로로 잡힌 적을 죽이기보다는 대우를 잘해주어 내 편으로 양성하는 것이다. 전쟁에서 가장 중요한 것은 병력이다. 아군의 병력으로 양성하여 단시간에 적보다 강한 군대를 형성할 수 있는 것이다. 이렇듯 전쟁에서 승리를 하려면 적의 모든 것을 가져다 아군이 강해질 수 있는 모든 방법을 강구하여 활용할 줄 아는 지혜가 필요하다.

전쟁은 속전속결이다

故, 兵貴勝 不貴久 故, 知兵之將 民之司命 國家安危之主也
고, 병 귀 승 불 귀 구 고, 지 병 지 장 민 지 사 명 국 가 안 위 지 주 야

그러므로 전쟁은 빠르게 이기는 것이 중요하고, 오래 끄는 것은 중요하게 여기지 않는다. 그리고 전쟁을 아는 장수는 국민의 생명을 책임지고 국가의 안위를 짊어진 주도자가 된다.

전쟁은 승리하는데 목적이 있는 것이지 장기전을 펴는데 있는 것이 아니다. 전쟁은 속전속결로 처리해야 승리를 거둘 수 있다. 장수가 속전속결을 하는 이유는 병력과 많은 비용, 병사의 체력과 사기, 국가의 재정 약화와 외부의 침입의 위험성이 크기 때문인 것이다. 아군의 선재 공격으로 적은 방어할 시간적 여유가 없어 더욱 혼란하여 패배하게 되는 것이다. 그리고 전쟁의 목적은 국가와 국민을 안정시키기 위함인 것이다. 장수의 욕심으로 많은 비용이 소비되는 전쟁을 장기전으로 펼쳐진다면 나라와 백성들은 도탄에 빠지게 되는 것이다. 백성은 나라의 근본이 되는 존재이므로 백성을 지키는 장수야 말로 진정한 주도자인 것이다.

1866년의 프로이센과 오스트리아 사이의 전쟁은 속전속결의 좋은 본보기이다. 독일은 19세기 중엽까지 39개의 소국으로 분할되어 통일 민족국가를 만들지 못하고 있었다. 같은 게르만 민족이지만 프로이센과 오스트리아가 비등하게 강력했기 때문에 좀처럼 그런 기회가 오지 않았다. 그런데 프로이센은 육군장관 로온을 기용하여 군제를 개혁하고 전쟁준비에 만전을 기했다. 그러나 의회의 다수파인 진보당은 결사적으로 이에 반대하였다. 빌헬름 1세는 로온의 추천으로 당시 파리 주재공사였던 비스마르크를 수상에 임명했는데, 그의 나이 47세였다.

"연설과 다수결로 오늘의 대 문제를 결정할 수가 없다. 현재 시국에 처한 프로이센이 취할 방침은 다만 철과 피가 있을 뿐이다."하고는 소위 철혈연설(鐵血演說)을 가지고 무력충실의 필요성을 연설했다. 그리하여 예산안에 대해 상·하원의 협조를 얻지 못하자, 헌법에 결함이 있다 하여 의회의 찬성을 얻지 않고 이미 정한 예산을 집행하였다.

헌법 유린의 비난에 대하여 '국가가 필요하다'고 대답하고 더욱 의회의 반대가 심해지자 정회를 명하고, 폐회를 4년간이나 했다. 이렇게 해서 군제개혁을 단행하여 55만 대군을 육성했다.

이처럼 수상 비스마르크와 육군장관 로온에 의하여 정비된 군대를 참모총장 몰트케는 유효적절하게 운용하여 강적 오스트리아가 1866년 6월 17일 선전 포고를 하자, 몰트케 장군도 6월 22일 전군에 진격 명령을 내렸다.

양군이 자웅을 결정한 전투는 7월 3일 케니히 그레츠의 회전이며, 비스마르크 수상의 관대한 조건으로 7월 26일 가조약이 성립되었다. 왜냐하면, 독일은 통일을 위해서는 프랑스와 전쟁을 해야 하니 적을 섬멸하지 말 것이며, 또한 오스트리아를 원수로 만들지 말자는 것과 전쟁을 장기전으로 하다보면 프랑스, 영국 및 러시아 등 3국이 개입할 염려가 있었기 때문이다. 이 전쟁은 일명 7주 전쟁이라 하여 속전속결의 표본처럼 좋은 본보기이다.

🏢 기업 경영에 준하여

사업은 경영자의 책임이 중요함을 강조하고 있다. 사업의 본질은 영리를 추구하는데 있으므로, 경영자는 모름지기 수익금을 많이 올리도록 지혜를 짜내는 것만이 중요한 것이 아니다. 도리어 속전속결로 업무를 처리하는데서 성공은 약속될 수 있는 것이다. 그러므로 사업운영에 능한 경영자는 전 사원들의 생활을 맡아 다스리는 것이며, 회사의 운명을 좌우하는 책임자인 것이다.

기업을 운영해 나가려면, 자본금과 시설비와 경상비 등 막대한 자금이 있어야 한다. 처음에는 작은 규모의 일들을 속전속결로 처리해 나가야 한다. 최신의 기계시설, 새로운 기술, 그리고 항상 활동력에 넘치는 자세가 필요하다. 노후한 시설, 구태의연한 기술과 생산방식으로는 현대사회에서는 유지해 나가기 어렵다.

또 장기전으로 끌어서는 승산이 없다. 사원들은 지쳐 사기를 잃게 되고, 회사로서도 인건비와 경상비 등 막대한 지출을 감당해내기가 어렵다. 사원들이 일할 의욕을 잃고, 회사가 경제적으로 지쳐 있다면 아무리 유능한 간부가 있을지라도 일을 제대로 수습해 나가지 못한다.

한마디로 장기전이 가져오는 폐해를 모르는 사람은 속전속결이 가져다주는 이득을 잘 알지 못하는 사람이다. 사업의 운영을 잘하는 사람은 일단 의욕을 잃고 물러났던 사원은 다시 채용하지 않는다. 또 속전속결의 방법으로 수익금을 많이 올려 그 수익금으로 사업을 운영해 나가야 한다.

회사가 운영을 잘못하면 회사와 사원들도 가난에 시달리게 된다. 회사가 경영난에 빠지면, 계속 채무를 끌어들여야 하거니와, 만일 이렇게 하여 오랜 시간을 끌게 되면 회사는 회사대로 어려움에서 벗어나기 어렵고, 사원들은 완전히 의욕을 잃게 된다.

　사원들의 봉급은 밀려나가고, 채무를 제때에 갚지 못하여 드디어는 부도를 내고 손을 들게 되는 것이다. 그러므로 지혜가 있는 유능한 경영자는 속전속결의 방법을 사용함과 동시에, 많은 수익금을 올려 그것으로 사업을 운영해 나간다.

　사장은 사원들에게 일할 의욕을 북돋아 주어야 한다. 그리고 수익금이 많이 오르면 그것을 사원들에게 나누어 주어야 한다. 특히 공로를 세운 사원에게는 특별상여금을 상으로 지급해 주어야 한다. 이와 같이 하면 성공은 성공을 몰고 들어와 회사는 날이 갈수록 점점 번창하게 된다. 그러므로 사업에 있어서는 성공을 거두는 것이 중요하며, 오래 끌고 나가는 것이 중요한 것이 아니다. 지혜 있는 유능한 경영자는 전 사원들의 생활을 보장해 주고, 회사를 더욱 안전한 반석위에 올려놓는 주인공인 것이다.

3

모공편
謀攻篇

모공이란 모계(謀計)로서 적을 굴복시킨다는 뜻이다. 전쟁은 전투를 하지 않고 적국을 굴복시키는 것이 최상의 전략이라고 강조하고 있다. 그리고 전쟁의 승산은 적을 알고 자기를 아는 일이다. 이렇게 되면 백번 싸워 백번 이길 수가 있다는 것이다.

싸우지 않고 굴복시켜라

孫子曰, 凡用兵之法 全國爲上 破國次之 全軍爲上 破軍次之
손 자 왈, 범 용 병 지 법 전 국 위 상 파 국 차 지 전 군 위 상 파 군 차 지

全旅爲上 破旅次之 全卒爲上 破卒次之 全伍爲上 破伍次之
전 여 위 상 파 여 차 지 전 졸 위 상 파 졸 차 지 전 오 위 상 파 오 차 지

是故, 百戰百勝 非善之善者也 不戰而屈人之兵 善之善者也
시 고, 백 전 백 승 비 선 지 선 자 야 부 전 이 굴 인 지 병 선 지 선 자 야

손자가 말하였다. 군사를 쓰는 법은 적의 군을 온전히 하여 굴복시키는 것이 으뜸이요, 적의 군을 격파하여 이기는 것이 그 다음이다. 적의 여(旅)를 온전히 하여 굴복시키는 것이 으뜸이요, 적의 여를 이기는 것이 그 다음이다. 적의 졸(卒)을 온전히 하여 굴복시키는 것이 으뜸이요, 적의 졸을 이기는 것 그 다음이다. 적의 오(伍)를 온전히 하여 굴복시키는 것이 으뜸이요, 적의 오를 이기는 것이 그 다음이다. 그러므로 백번 싸워 백번 승리하는 것이 결코 최상의 방법이 아니고, 싸우지 않고 적을 굴복시키는 것이 최상의 방법이다.

고대 중국에서 군(軍)은 12,500명의 편성을 기본으로 보통 군대 전체를 가리키며, 여(旅)는 500명, 졸(卒)은 100명, 오(伍)는 5명으로 구성되어 있다.

손자는 모공편의 서두에서 '적국을 온전하게 하여 이기는 것이 으뜸이며, 적국을 파괴하여 이기는 것은 그 다음이다.'라고 말하고 있다. 이 말 하나만으로도 손자의 평화적이고 민주적인 태도를 우리는 높이 평

가하지 않을 수 없을 것이다. 앞에서 거듭 강조한 바와 같이 전쟁은 결코 목적이 아니요, 어디까지나 수단에 불과하다. 따라서 전쟁을 위한 전쟁을 감행해서는 안 된다고 설명하고 있다.

가령 여기 한 가상 적국이 있다고 하자. 이 가상 적국은 아군을 침략하려고 호시탐탐 기회를 포착하려 하고 있다. 그러나 침략해 들어오려는 가상 적국의 권력구조를 분석해 보지 않으면 안 될 것이다. 그 국가의 내부에 어떤 계급의 사람들이 전쟁을 도발하려 하고 있는가를 분석해 보아야 하는 것이다.

거의 모든 국가가 그러한 것은 아니지만 대체로 전쟁을 도발하려고 하는 계급은 권력을 장악하고 있는 계층이다. 만일 그렇다면 그들만을 고립시킨다든지 혹은 가상 적국의 국민들로 하여금 반란을 유발시키는 등 아군에서 전략을 쓴다면 전쟁을 하지 않아도 될 것이다. 만일 이 반란이 성공하여 전쟁을 도발하려는 지배계급을 타도했다고 하면 구태여 전쟁을 감행할 필요가 없다. 또 이 반란군이 평화를 애호하는 아군의 전략이나 지원에 의해서 성공했다고 하면 이 가상 적국을 평화적으로 포섭할 수도 있다. 원래 국민들은 어느 국가를 막론하고 생활의 안정과 생명까지 희생하면서까지 전쟁을 하려고 하지 않기 때문이다. 때로는 가상 적국의 국토를 파괴하는 수도 있을 것이다. 그러나 손자가 지적하는 바와 같이 그것은 어디까지나 부득이 한 '차선'에 불과하다. 그러나 이 경우에도 평화적인 포섭이 목적인 이상 전쟁으로 인한 파괴는 최소한 막아야 한다. 특히 국민의 경제활동을 교란하는 생활수단을 파괴하거나, 그러한 생활물자에 대해서는 조금도 수탈하거나 손해를 주어서는 안 된다. 왜냐하면 손자는 계속해서 군단이나 여단, 분대 등 직접 무력을 행사하는 군사력만을 대상으로 전쟁을 하라고 했지, 그 밖의 군사력, 국민의 생활이나 생계수단 등에 대해서는 언급하지 않고 있기 때문이다. 이러한 점에 있어서도 손자는 전쟁을 정치의 한 방법이라고 보고 있다.

손자의 전쟁론은 군단에서 분대에 이르기까지의 작전상으로 움직이는 상비군대의 전투력만을 문제시 하고 있기 때문이다. 상비군대의 전투력만을 대상으로 하고 있는 손자는 그것들을 온전한 채 두고 송두리째 포섭하고 부득이한 경우에만 파괴하라고 지시한 점에 대해서 우리는 기억해 둘 필요가 있다.

상비군대의 전투력을 발휘하게 하고 있는 정권이나 군 통수권자가 붕괴된 경우를 생각해 보라. 조직이 파괴된 이상 실질적으로 군대는 전투력을 발휘하지 못할 것이다. 따라서 아군의 포섭 공작에 호응해 올 수밖에 없을 것이다. 그래서 군단의 조직망을 파괴하면 사병에 이르기까지 대적할 필요가 없어진다. 그러니 비록 상비군대라 할지라도 경우에 따라서는 송두리째 포섭하면 그 이상 싸우지 않아도 승리를 획득할 수가 있을 것이다. 말단 사병까지 살상할 필요가 없는 것이다. 그들도 아군의 국민들과 다름없이 평화를 원하고 있을 테니까. 손자의 휴머니스트가 여기서도 물씬 풍기도 있다.

적의 계략을 깨부숴라

故, 上兵伐謀 其次伐交 其次伐兵 其下攻城
고, 상 병 벌 모 기 차 벌 교 기 차 벌 병 기 하 공 성

攻城之法 爲不得已 修櫓轒轀 具器械
공 성 지 법 위 부 득 이 수 로 분 온 구 기 계

三月而後成 距闉 又三月而後已
삼 월 이 후 성 거 인 우 삼 월 이 후 이

將不勝其忿 而蟻附之 殺士三分之一 而城不拔者 此攻之災也
장 불 승 기 분 이 의 부 지 살 사 삼 분 지 일 이 성 불 발 자 차 공 지 재 야

그러므로 전쟁의 최선책은 적의 계략을 미리 알고 이를 깨뜨리는 것이며, 그 다음은 적의 동맹관계를 끊는 것이고, 그 다음은 적의 군대를 공격하는 것이다. 그리고 최하의 방법은 성을 공격하는 것이다. 성을 공격하는 것은 어쩔 수 없을 때에만 해야 한다. 그리고 성을 공격하려면 방패나 수레를 수리하고, 공성용 장비를 준비하는데 3개월이나 걸리게 되며, 또 적의 성안을 보는 흙산을 쌓아 올리는데 3개월은 걸려야 완공할 수 있다.

그 동안에 지휘자가 분을 이기지 못하고 초조한 마음으로 준비도 없이 그저 사병들을 적의 성벽에 개미떼가 달라붙듯이 기어오르게 한다면 30%의 해당하는 병사가 죽게 하고서도 그 성을 함락하지 못하는 이와 같은 것을 공성 공격의 재앙라고 한다.

손자는 벌모(伐謀)와 벌교(伐交)를 이용하면 상대를 무력적으로 가하지

않고 충분히 제압할 수 있다. 이것이 적과 싸우지 않고 온전히 굴복시키는 최선의 방법이라고 했다. 전쟁에서 이길 수 있는 방법은 여러 가지가 있지만 손자는 네 가지의 유형으로 전쟁을 하는 방법을 말하고 있다.

1) 벌모(伐謀)

지략을 이용하여 적을 공격하는 방법이다. 지략으로 적의 모략을 깨트리는 적당한 시기가 있다. 그것은 적이 전쟁 계획을 수립했을 때 공격하는 것이 그 시기이다. 적이 전쟁 계획을 세워 실행에 옮기려 할 때는 아직 준비가 완벽하지 않은 상태이므로, 적의 작전이 완벽하게 갖추지 않은 어수선한 때를 이용하여 적의 의도를 미리 꺾어 놓는다는 것이다. 전쟁은 힘의 대결이 아니며, 힘이 부족함을 두려워하지 말고 지략이 없는 것에 대하여 걱정해야 한다.

2) 벌교(伐交)

주변 국가와의 외교관계를 이용하는 방법이다. 외교는 주변 국가들의 관계를 더욱 돈독하게 만들어 다른 나라에서 침략하지 못하도록 만들 수도 있다. 또한 외교를 통하여 적국과 적국 동맹국 사이의 돈독한 관계를 와해시키거나 고립시켜 아무런 도움을 받을 수 없는 적국은 결국 전쟁을 하지 않고도 강화를 요청하거나 항복을 해 올 것이다. 그러나 이 전략은 주변국가의 정치적 상황과 이해관계를 정확하게 알고 있어야만 가능한 방법이다.

3) 벌병(伐兵)

지략과 외교 수단을 사용하지 못하여 어쩔 수 없이 군대를 공격하는 방법이다. 손자는 이 벌병은 이상적인 대결 방법이 아니라고 생각했다. 군대와 군대가 서로 싸우는 경우를 대비하여 어떻게, 어떤 장소, 언제 싸우는 것이 유리한가를 생각하여 싸움의 준비를 철저히 하고, 유리한 조건을 만드는 것이며, 상황 변화에 따라 융통성 있게 대처하는 것이다. 벌병은 가능한 한 이 모든 조건을 고려하여 준비하지 않으면 안 된다는 것이다.

4) 공성(攻城)

적의 성을 공격하여 항복을 받아내는 방법이다. 손자는 부득이한 경우에 쓰는 최하의 방법이라고 말했다. 성을 공격한다는 것은 많은 사람이 다치거나 죽을 뿐 아니라 많은 자원이 소비된다. 방어용 방패나 엄호용 수레 등 공성용 장비를 준비하는데 3개월, 적을 공격하기 위한 흙산을 쌓는데만도 역시 3개월이란 시간이 소요된다. 성을 공격하였는데도 불구하고 승리하지 못하면, 장수는 초조하고 분노를 느끼며 결국 병사로 하여금 성벽을 오르게 명령하여 약 30%의 사상자가 생긴다. 그러나 이렇게 공격하고도 성을 무너뜨리지 못할 수도 있으니 공성의 방법이 최하의 방법이라는 것이다

최상의 전법은 적의 음모나 기도를 분쇄하는데 있다고 말한 손자는 만일 그것이 불가능할 경우에 외교관계를 파괴하라고 말하고 있다. 적국과 동맹 혹은 협상 등 친선관계를 맺고 있는 다른 제3국과의 사이를 이간 또는 분열시키라는 것이다. 만일 외교관계를 파괴하면 적국은 고립하거나 세력이 약화되어 직접 무력을 행사하지 않아도 원하는 목적을 실현하거나 때로는 전쟁을 할 경우에도 많은 소모가 없이 용이하게 승리를 획득할 수 있을 것이다. 이른바 원교근공(遠交近攻)의 정책이다.

온전한 승리가 최고의 방법이다

故, 善用兵者 屈人之兵而非戰也 拔人之城而非攻也
고, 선 용 병 자 굴 인 지 병 이 비 전 야 발 인 지 성 이 비 공 야

毀人之國而非久也 必以全爭於天下
훼 인 지 국 이 비 구 야 필 이 전 쟁 어 천 하

故, 兵不頓而利可全 此, 謀攻之法也
고, 병 불 돈 이 리 가 전 차, 모 공 지 법 야

그러므로 용병이 뛰어난 것은 적과 전쟁을 하지 않고 굴복시키는 것이고, 적의 성을 함락시키되 공격을 하지 않는 것이며, 적을 무너뜨리되 장기전을 하지 않고 무찌르는 것이다. 반드시 온전함을 유지하며 천하를 다퉈야 한다. 그러므로 군사력의 손실이 없이 이익을 온전히 얻을 수 있다. 이것이 계략으로 적을 공격하는 방법이다.

우리 역사상 가장 적국의 국토를 파괴하지 않고 그 지배계급을 평화적 방법으로 포섭하여 통일을 이룬 고려 태조 왕건(王建)을 예로 들 수 있다.

927년 10월, 후백제의 견훤은 대병을 이끌고 신라를 침략했다. 신라 왕조는 이미 부패가 극에 달하고 있었다. 침략군이 경주에 침공해 들어왔다고 하는데도 경애왕은 포석정에서 궁녀 및 신하들과 함께 유흥에 빠져있었다. 경애왕은 침략군의 포로가 되어 죽임을 당했고, 침략군은 김부(金傅:경순왕)를 발탁하여 신라의 왕으로 옹립하고, 왕족, 재상, 여자, 예술가 등을 체포하고, 그 밖에 역대의 국보, 재물 및 무기 등을 탈

취하여 철수했다.

이 침략전이 있었다는 정보를 알고 왕건은 사신을 신라에 보내어 위로하는 한편, 신라를 지원한다는 속셈으로 철수 중에 있는 침략군을 대구에서 전투를 벌였지만 왕건의 군은 포위당하여 패배하고 말았다. 이 전투에서 전술적으로 패배했으나 전략적으로 볼 때는 왕건은 승리한 것이다. 왜냐하면 왕건은 신라로부터 초청을 받고 정부 요인을 비롯하여 국민들로부터 열광적인 환대를 받았기 때문이다. 신라의 온 국민들은 이렇게 말했다.

"견훤의 군대가 쳐들어 왔을 때는 마치 이리떼를 만난 것 같더니 대왕을 대하고 보니 마치 부모를 대하는 것과 같습니다."

그리하여 왕건은 그의 오랫동안의 전략으로 인하여 신라 국민의 생활이나 국토를 파괴하는 법이 없이 신라와 평화 공존할 수 있는 계기를 마련하였다. 그러나 후백제에 대한 문제가 남아 있었다. 그런데 왕건이 예전에 서남해 지방을 공략하고 있었을 때 예상했던 대로 후백제의 왕위계승을 둘러싼 내분에 쫓기어 마침내 견훤이 고려의 전략적 기지였던 지금의 나주로 망명해 왔다. 왕건의 예상이 적중한 셈이다. 그리고 신라의 경순왕이 국민들이 소망하고 있다고 정권이양을 알려왔다. 그리하여 평화주의를 표방하고 있던 왕건은 935년 11월 의장대를 동원하여 스스로 신라의 정부 요인들을 출영하고, 신분에 따라 명예와 재산을 분배해 주었다. 그러나 후백제에서는 그 권력구조 안에 내분이 그치지 않고 있었다. 후백제 장수 박영규가 외교사절을 보내어 고려에 투항해 올 것을 전해왔다. 그런데 망명해 온 견훤도 반역자(아들)들을 숙청해 달라고 요청하여 기다리고 있던 왕건은 반역자들을 숙청하기 위해 군사를 동원했다. 물론 그의 작전은 적의 장수와 장병 등을 섬멸시키는 것이 아니라 그들의 권력구조만을 파괴하는데 그 목적이 있는 것이었다. 신검(神劍) 등 견훤의 아들들을 관대하게 포섭한 것이 그 증거이다. 사람은 포섭하고 조직만을 파괴한 것이다. 이리하여 왕건은 삼국통일을 평화적으로 이룩하였다.

왕건은 신라나 후백제에 대하여 언제나 평화공존을 표방해 왔고, 지배계급이나 국민들이 원하지 않는 국토를 결코 정벌하지 않았으며, 그들 스스로 자신의 품속에 들어오게 감화시키고 포섭하여 마침내 무력대결을 피하고, 아군과 적의 피해도 없이 최후의 승리를 획득한 것이다.

병력이 적을 때는 절대로 싸우지 마라

❖

故, 用兵之法 十則圍之 五則攻之 倍則分之
고, 용 병 지 법 십 즉 위 지 오 즉 공 지 배 즉 분 지

敵則能戰之 少則能逃之 不若則能避之
적 즉 능 전 지 소 즉 능 도 지 불 약 즉 능 피 지

故, 小敵之堅 大敵之擒也
고, 소 적 지 견 대 적 지 금 야

그러므로 병력을 사용하는 방법은 아군이 적군의 10배가 되면 그들을 포위하고, 아군이 적군의 5배가 되면 정면 공격을 해도 좋다. 아군이 적군의 2배가 되면 적군을 분산시켜 공격한다. 아군과 적군이 비슷할 때는 전력을 다하여 싸우고, 만일 아군의 병력이 적을 때에는 험난한 곳을 이용하여 방어에 힘쓰며, 만약 지킬 수가 없거든 교묘한 수단

을 써서 후퇴하며, 교전을 피해야 한다. 그러므로 소수의 병력으로 끝까지 버티어 싸우면 결국은 강대한 적군의 포로가 될 것이다.

손자는 아군의 병력이 적군의 10배가 되면 적군을 포위하고, 5배가 되면 정면 공격하고, 2배가 되면 적을 분산시켜 각개로 격파하라고 했다. 또한 아군의 병력이 적군의 병력에 비하여 훨씬 적으면 무조건 전투를 피하라고 했다. 적의 수와 아군의 수를 헤아려 거기에 맞추어 적절한 전략과 전술로 대처해야 한다는 것이다. 패배하는 싸움에서 도망가는 것은 치욕이 아니다. '강한 자가 살아남는 게 아니라 살아남는 자가 강하다'란 말이 있듯이 죽는다고 해서 달라지는 것은 아무것도 없다. 그러나 세상은 싸움터에서 등을 보이고 달아나는 것은 비겁하고 옹졸한 행동으로 규정하고 있으며, 군법에서도 엄하게 처벌한다. 손자는 전쟁이 시작되어 싸우는 도중에 도망가라고 하는 것이 아니라, 아군의 전력과 적의 전력을 면밀하게 분석한 뒤에 싸울 수 없다고 판단되면 전쟁을 시작하지 말라는 것이다. 아군이 적군에 불리한 상황에서 전투를 한다면 죽거나 사로잡혀 포로가 되는 것이니 전쟁을 피하는 것이 상책이라는 것이다.

장수는 나라의 덧방이다

夫將者 國之輔也 輔周則國必强 輔隙則國必弱
부 장 자 국 지 보 야 보 주 즉 국 필 강 보 극 즉 국 필 약 장수는 나라의 덧방이다. 덧방이 허술함이 없이 견고하면 나라는 강대해지고, 덧방에 빈틈이 있으면 나라는 반드시 약해진다

덧방이라는 것은 바퀴 축에서 바퀴가 빠지지 않도록 덧댄 나무를 말하며 바퀴의 중심을 차지한다. 덧방나무가 없으면 바퀴는 굴러갈 수 없으며, 수레는 방향을 잡지 못하고 제멋대로 굴러가게 된다. 그래서 장수는 전쟁에서 수레의 덧방나무와 같다는 말로서 싸움의 중심이 된다.

여기서는 나라를 수레, 임금을 수레의 축, 장수를 덧방이라고 비유하여 말하고 있는 것이다. 장수는 지혜, 신의, 인애, 용기, 엄정함을 갖추어 전쟁에서 어떤 전략과 전술을 세우고, 적국과 아군이 얻게 될 이익과 손실이 무엇인지 정확하게 파악해 내는 것이다. 이러한 능력이 부족하다면 반드시 나라는 약하게 될 것이다. 그래서 장수는 장수로서 능력을 충분히 발휘할 수 있도록 하여야 한다.

3,000년 세월을 거슬러 내려온 최고 병법서인 강태공이 저술한 '육도'에서는 임금이 장수를 임명하지만, 전쟁터로 떠나는 장수에게 모든 권한을 위임하는 것은 임금의 자세이며, 지휘권을 하나로 단일화가 된다면, 병력을 하나로 집중되고, 군의 행동은 하나로 통일을 이뤄 장수가 자유자재로 움직이게 하고, 장수의 지휘권 단일화는 전쟁의 승패를 좌우한다고 말하고 있다.

임금이 군대에 재앙이 되는 세 가지

❖

故, 君之所以患於軍者三
고, 군 지 소 이 환 어 군 자 삼

不知軍之不可以進 而謂之進 不知軍之不可以退
부 지 군 지 불 가 이 진 이 위 지 진 부 지 군 지 불 가 이 퇴

而謂之退 是爲縻軍 不知三軍之事 而同三軍之政者
이 위 지 퇴 시 위 미 군 부 지 삼 군 지 사 이 동 삼 군 지 정 자

則軍士惑矣 不知三軍之權 而同三軍之任 則軍士疑矣
즉 군 사 혹 의 부 지 삼 군 지 권 이 동 삼 군 지 임 즉 군 사 의 의

三軍 旣惑且疑 則諸侯之難至矣 是謂亂軍引勝
삼 군 기 혹 차 의 즉 제 후 지 난 지 의 시 위 난 군 인 승

그러므로 임금이 군대를 위태롭게 하는 3가지가 있다. 군대가 진격하지 못하는 이유를 모르면서 진격하라고 명령하고, 군대가 퇴각하지 못하는 이유를 모르면서 퇴각하라고 명령하는 것이다. 이것을 코 꿰인 군대라고 한다. 군대의 내부 사정을 알지도 못하면서 군사행정에 간섭하여 군 내부에 혼란을 일으키게 만든다. 지휘계통을 무시하고 군령을 간섭하여 내부에 불신감을 일으키는 일이다. 군대가 혼란과 불신감으로 휩싸인다면 다른 국가의 침략을 받게 될 것이다. 이것은 스스로 아군을 혼란하게 하여 적에게 승리를 안겨주는 자멸행위이다.

임금은 장수의 능력을 믿고 지휘권을 주었다면 작전에 대해서는 간섭을 하지 말아야 한다. 장수는 전진과 후퇴 그리고 단기전과 장기전에 지휘권을 가져야 자신의 능력을 발휘할 수 있는 것이다. 전쟁이란 변수

가 많으므로 장수는 시시때때 변화하는 상황에 따라 적절하고 타당한 명령을 내려 전투에 임하기 때문이다.

임진왜란 때 선조는 왜장인 기요마사(加藤淸正)가 부산에 온다는 정보를 입수하여 이순신으로부터 기요마사(加藤淸正)를 생포하라고 날짜까지 정하여 명령을 내렸다. 왜장은 사람을 죽여 희열을 느끼는 잔혹한 인물이었다. 그러나 이순신은 왕의 명령을 따르지 않았다. 그 정보가 잘못된 것이지도 확실하지 않거니와 안골포를 비롯하여 경상도 해안 곳곳에 웅거하는 왜구의 수군들이 더 크게 심각했다. 배후에 왜구를 두고 부산에 앞바다까지 나갔다가는 자칫 포위당하는 경우가 생길 수 있기 때문에 머뭇거렸다. 그 사이 기요마사가 부산에 도착했다는 정보가 다시 조정에 알려졌다. 선조는 격분하여 이순신을 파직하고 백의종군 시켰다. 죄명은 조정을 기만하고 임금을 무시하여 적을 놓아주어 나라를 저버린 것이 되었지만 그 내막은 괘씸죄였다. 이순신을 대신하여 원균(元均)을 장수로 임명하였다. 조정에서는 또다시 왜군이 부산으로 침투한다는 정보를 입수하고 이순신과 같은 명령을 하였지만, 원균도 배후의 왜구를 걱정하여 머뭇거리고 있을 때, 조선군의 도원수 권율은 한산도까지 직접 찾아와 군의 기강을 세운다는 명목아래 장수인 원균에게 곤장을 때리고 출정을 독촉했다. 병사들 앞에 체면이 구겨진 원균은 마지못해 출정하여 칠천량에서 왜구에게 패배하고 말았다. 이것은 임금이 주변 상황과 장수의 판단을 무시하였고, 장수는 임금의 눈치만 본 결과이다.

승리의 5가지 방법

故, 知勝有五 知可以戰 與不可以戰者勝
고, 지 승 유 오 지 가 이 전 여 불 가 이 전 자 승

識衆寡之用者勝 上下同欲者勝
식 중 과 지 용 자 승 상 하 동 욕 자 승

以虞待不虞者勝 將能而君不御者勝 此五者 知勝之道也
이 우 대 불 우 자 승 장 능 이 군 불 어 자 승 자 오 자 지 승 지 도 야

그러므로 승리를 판단하는 5가지 방법이 있다. 싸워야 할 때와 싸워서는 안 될 때를 아는 자는 승리한다. 많은 병력과 적은 병력을 능숙하게 다룰 줄 아는 자는 승리한다. 장수와 병사들과의 마음이 일치단결하면 승리한다. 철저한 준비를 갖추어 적을 기다리는 자가 승리한다. 장수가 유능하고 임금이 간섭하지 않으면 승리한다. 이 5가지가 승리를 미리 예측할 수 있는 방법이다.

손자는 싸움의 조건은 곧 명령과 단결인 도(道), 기상천문인 천(天), 하달지리인 지(地), 장수의 능력인 장(將), 법제와 군율인 법(法)을 의미하고 있고, 절대적으로 중요하다고 강조하고 있으며, 이에 승리를 판단하는 5가지 방법을 더하여야 한다는 것이다.

승리의 첫 번째 방법은 싸워야 할지 말아야 할지를 아는 자가 이긴다는 말이다. 우리 속담에 누울 자리를 보고 다리를 뻗으라는 말이 있듯이 이길 수 없는 싸움을 피하는 것은 부끄러운 일이 아니며, 남들의 비아냥거림이나 히죽거림을 감수하면서 고개를 숙일 수 있다는 것은

오히려 용기이다. 손가락질을 받더라도 이기는 싸움을 해야 하고, 지는 싸움이라면 아예 다른 방법을 선택해야 한다.

승리의 두 번째 방법은 병력의 많고 적음을 능숙하게 다룰 줄 아는 자가 이긴다. 아군의 숫자가 월등하게 많다면, 포위를 하든가 유도작전을 하여 항복을 이끌어 내야 한다. 아군과 적군의 숫자가 비슷하면 어떤 방법으로든 적의 전력을 분산시켜야 한다. 아군의 숫자가 적으면 정면충돌은 피하고 치고 빠지는 게릴라작전을 펼치든가 아니면 도망치는 것이다. 손자는 "아군이 적군의 10배가 될 때는 포위하고, 5배가 되면 공격하고, 2배가 되면 적군을 나눈다. 수가 비슷하면 열심히 싸우고, 적이 더 많으면 도망가고, 도망갈 상황이 아니면 지키기만 해야 한다."라고 말했다. 공격이라는 것은 압도적인 전력의 우위를 확인한 다음에 하라는 것이다.

승리의 세 번째 방법은 상하가 일치단결을 해야 이긴다. 윗사람과 아랫사람이 같은 것을 바라는 쪽이 이긴다는 뜻이 된다. 이 말을 현대의 용어로 풀면, 비전을 공유한다는 것이다. 전력의 집중은 권력의 집중에서 비롯되고, 권력의 집중은 뜻의 집중에서 이루어진다. 확실한 비전이 없는 권력은 분할통치로 나가기 쉽고, 분할은 곧 분열의 씨앗이다. 오늘날 대한민국에서 벌어지고 있는 현상이다. 광우병 사건, 세월호 사건, 종북이념, 사드배치 문제, 노동조합들의 이기적 행동 등 이런 것들이 연속적으로 발생하면서 국민들의 비전을 흐리게 만들고 있다. 우리를 지원하는 미국이나 UN에서도 혼돈을 일으키고 있다. 국민의 뜻이 갈라지고 통합의 기회는 점점 요원해지고 있다. 과연 우리 대한민국은 어디로 가는 것인가? 미국신문에는 "한국은 북한의 핵무기에 인질로 잡혀있는 나라다"라는 기사가 뜬다. 이런 때일수록 국민의 단결이 절실하다. 북한은 핵무기를 만들어 놓고 남한을 인질로 잡으려 하는데 국내의 여론이 갈라지고 통치이론이 분열되니 어찌할 것인가? 단결이 깨지면 모두가 깨진다.

승리의 네 번째 방법은 싸울 준비를 끝내고 적을 기다리는 자가 이긴다. 여기에 발해를 세운 대조영(大祚榮)의 이야기가 있다. 고구려가 멸망한지 30년이 지났을 때에 거란의 이진충이 당나라에 반발했다. 이때에 고구려의 유목민들이 한데 뭉쳤는데 그 가운데에 대조영이 있었다. 대조영은 새로운 도읍지 동모산(東牟山)으로 가는 마지막 길목 천문령(天門嶺)에서 당나라군을 기다렸다. 대조영은 유목민들을 산 너머 뒤쪽에 대기시키고, 몇몇 날쌘 병사로 하여금 당나라군이 산골짜기로 추격해 오도록 유인했다. 대조영은 여기에서 20만 명을 거의 다 전멸시켰다. 대조영은 동모산에 도읍을 정하고 발해를 건국했다. 그 당시에 대조영 군대는 당나라군에게 비록 쫓기는 입장이었지만 싸울 자리를 잡고 적을 기다렸기에 승리를 얻을 수 있었던 것이다.

승리의 다섯 번째 방법은 장수는 유능하고 임금은 개입하지 않아야 한다. 전쟁에서 임금과 장수가 서로 다른 목소리로 명령을 한다면 그 전쟁은 패배하고 마는 것이다.

적을 알고 나를 알면 백번 싸워도 위태롭지 않다

———— ❖ ————

故曰, 知彼知己 百戰不殆 不知彼而知己
고 왈, 지 피 지 기 백 전 불 태 부 지 피 이 지 기

一勝一負 不知彼不知己 每戰必殆
일 승 일 부 부 지 피 부 지 기 매 전 필 태

그러므로 적군의 능력과 의도를 알고 아군의 전력을 알고 있으면, 백번 싸워도 위태롭지 않다. 적군의 능력과 의도를 알지 못하고 아군의 전력만 알고 있으면, 한번은 승리하고 한번은 패배한다. 적군의 능력과 의도, 그리고 아군의 전력 또한 알지 못하면 전쟁은 할 때마다 반드시 패배할 것이다.

손자병법 가운데에서도 가장 잘 알려진 유명한 구절이다. '적군의 능력을 알고, 아군의 능력을 알고 있으면 백번을 싸워도 위태롭지 않다' 그리고 그 다음에 구절에 말하는 손자의 말은 나를 아는 것은 당연한 것이고, 적을 얼마나 아는지에 대하여 중점을 두고 있다. 또한 이 구절에 대해 모택동은 '지구전론'에서 다음과 같이 말하고 있다.

'우리들은 전쟁현상이 다른 어떤 현상보다도 한층 더 파악하기 힘들고 확실성이 적다는 것, 즉 개연성이 적다는 것을 인정한다. 그러난 전쟁은 신(神)이 하는 일이 아니라 세상에서 일어나는 필연적 운동이다.

따라서 손자의 법칙, "적군의 능력을 알고 있으면 백번 싸워도 위태롭지 않다."고 하는 것은 여전히 과학적 진리이다. 과오를 범하는 것은 적군과 아군의 무지에서 생기며, 전쟁의 특징은 많은 경험에 있어서 양

편을 완전히 이해하는 것을 방해한다. 거기에 전쟁상황, 전쟁행동의 불확실성이 나타나며 과오와 실패가 생겨나는 것이다. 그러나 어떠한 전쟁행동이라 할지라도 그 대략을 알고, 그 요점을 안다는 것은 가능하다. 우선 여러 가지 정찰 수단에 의하여 지휘관의 총명한 추론과 판단에 의하여 과오를 적게 하여 일반적으로 바른 지도를 실현한다는 것을 할 수 있는 일이다.'

1953년 5월, 프랑스는 마지막 결전을 시도하기 위해 나발장군을 인도차이나 파견군 사령관으로 임명했다. 나발장군이 지휘하는 프랑스군은 총 16만 4천명, 이중 프랑스 본국에서 파견된 장병은 4만 8천, 북아프리카의 식민지병 4만 7천 그밖에 외인부대가 9천이었고, 월남 현지군 5만을 보조부대로 두고 있었다. 이에 대하여 월맹군 사령관 보젠지압의 휘하에는 정규군 약 10만 내외 향토방위군 20만 정도, 그리고 많은 농민들과 함께 작전에 종사하는 게릴라가 전국에 걸쳐 산발적으로 기습작전을 감행하고 있을 정도였다. 그러나 프랑스의 나발군은 1년 반 이내에 월남을 소탕하기 위한 작전계획을 수립한 것이다.

이 작전을 소위 '나발계획'이라 하는데 다음 3단계로 나뉘어 있다.

1단계는 홍하 델타에 강력한 기동부대를 집결하여 월맹군의 거점에 맹공격을 가하는 한편, 서북쪽의 요충지인 디엔비엠푸를 점령하여 강력한 작전기지로 사용한다.

2단계에는 우기를 이용하여 병력을 남쪽으로 이동, 월남과 중부의 제5전구(현재 다낭지방)에서 철저한 소탕작전을 전개한다. 1954년에는 가을까지 중남부 작전을 완료하고 드디어 전쟁을 종료시키기 위한 3단계에 들어서면 월맹을 공략할 계획이었다.

1955년 가을에는 기동부대를 다시 홍하 델타에 집결시키는 한편, 디엔비엠푸 요새의 병력을 강화하여 델타와 서북쪽 고원지대의 양쪽에서 월맹군을 협공하여 섬멸할 계획인 것이다. 이 작전이 성공하면 나발 장군은 1년 반 후에는 개선장군으로 개선문에서 행진할 것이다.

그런데 작전을 개시한 지 3개월도 채 경과하기 전에 그는 중대한 오산을 하고 있다는 것을 알게 되었다. 그것은 아무런 무기도 없이 낮에는 온종일 농사를 짓고 있던 농군들이 사실은 프랑스군에게 있어 가장 강력한 게릴라부대가 되었기 때문이다. 나발장군은 적을 알지 못하고 있었던 것이다.

1953년 12월 초, 월맹군이 서북방의 라이차와를 기습해오자 프랑스의 혼성부대는 일제히 디엔비엠푸로 도주하였다. 나발은 홍하의 병력을 분할하여 디엔비엠푸를 강화할 수밖에 없었다. 이번에는 중부 라오스의 세노에서 긴급 구조요청을 해왔다. 거기에는 향토방위대와 농민의 게릴라부대의 기습 때문이었다. 나발은 최초의 작전계획과는 달리 기동부대를 세노에 급파했다. 다시 이듬해 1월 중부 베트남의 서부 고원지대에서 게릴라부대가 궐기하여 콘쑴을 점령하고 블레이크로 공격해 왔다. 나발은 또 작전을 변경하여 일부 병력을 급파하지 않으면 안 되었다. 그런데 또 같은 무렵 북부 라오스에서도 게릴라부대의 공격으로 나발은 또 다시 병력을 파견하여 나발군이 홍하 델타에 집결시킨 기동병력은 사방으로 분산되어 잔유 병력은 20개 대대에 불과했다.

디엔비엠푸는 견고한 요새였다. 험준한 밀림 속에 건설되었는데, 이것은 나발의 잘못된 판단이었던 것이다. 나발의 계획은 이 요새는 험준한 산악지대이기 때문에 프랑스군은 항공기로 보급을 확보할 수 있었으나, 월맹군은 그러한 수송수단이 없기 때문에 대대적인 작전을 할 수 없을 것이라고 판단한 것이다. 더욱이 디엔비엠푸는 분지이고, 주위의 능선에서 중심지의 활주로까지는 5 ~ 10Km나 되었기 때문에 화력이 약한 월맹군은 공격하지 못하는 난공불락의 요새라고 믿은 것이었다.

그러나 나발은 월맹군의 전술과 전투력을 알지 못하였고, 월맹군은 밀림 속으로 마치 개미떼처럼 줄지어 보급을 계속했고, 능선에 구멍을 뚫고 활주로 근처에까지 나와 프랑스의 보급 공수에 막대한 타격을 주고 있었기 때문이다. 그리하여 디엠비엠푸 요새는 완전히 고립되고 말았다. 요새는 험준한 산악지대에 건설하였기 때문에 증원부대를 저지하는 결과를 초래한 것이다. 나발은 이 상황을 알지 못하고 있었다. 또 사방에 분산된 병력도 혼성부대였기 때문에 충분한 전력을 발휘하지도 못했고, 월맹군에 투항하는 자나 전열에서 이탈하는 자가 속출했던 것이다. 이러한 자기 군대의 상황도 알지 못하는 결과로 빚어진 것이다. 월맹군의 전술과 전투력을 알지 못했을 뿐 아니라, 휘하 장병의 심리 상태, 지형지물을 잘못 이용한 나발장군은 드디어 1954년 5월 7일 월맹군에게 항복하고 말았다.

🏢 기업 경영에 준하여

　회사의 운영에 있어서는 무엇보다도 회사 발전을 위하여 사장 이하 모든 사원이 총력을 기울여야 한다. 현재 생산하고 있는 상품이 시대감각에 맞지 않는다면 그 상품을 조기 폐기할 것이 아니라, 시대감각에 맞도록 구조를 바꾸는 것이 현명하다. 그러므로 새로운 상품을 계속 만들어내는 것이 최선의 방법이 아니다.

　최선의 방법은 사회 실정에 맞는 지혜를 활용하는 일이다. 그 다음은 사장 이하 모든 사원들이 일치단결하여 속전속결의 방법으로 영업을 해야 한다. 마치 성을 공격하는 것과 같은 무모한 지구작전을 펼친다면 사원들의 사기는 떨어지고 회사는 경영난에 빠지게 된다. 가능한 경상비나 접대비, 광고비 등을 적게 지출하고 성공을 거두는 것이 가장 현명한 방법이다. 그리고 사원들의 의욕을 상실하지 않고 수익금을 많이 올리는 방법을 쓰는 것이 현명하다.

　자금이 충분할 때는 장기전을 펴도 되지만, 자금의 확보가 어려워지면 모든 비용을 절감하고, 사장 및 전 사원들이 일치단결하여 매출의 증대에 힘써야 할 것이다. 중역과 간부들은 사장을 적극적으로 보좌해야 한다. 각 부서에서는 유능한 간부들이 열의를 가지고 일을 처리해 나가야 한다. 이때 사장과 간부들 사이에 의견의 차이가 있으면 성공을 거두기는 매우 어렵다. 사장이 사업을 확장해야 할 경우에 이를 막거나, 반대로 현상유지의 방법이 적절한 때에 사업을 확대하거나 해서는 안 된다.

　사장과 중역들은 사회의 현실과 기업경영의 실태를 항상 잘 파악하고 있어야 한다. 사장과 중역들이 현실을 무시하는 방법을 채택한다면, 사원들의 사기는 저하되고 혼란이 일어나게 된다. 혼란이 일어나면 당연히 회사는 어려움을 겪게 되어 성공을 몰아내는 결과를 초래하게 된다. 그러므로 사장과 중역들은 어떤 사업을 할 것인가? 중단할 사업인가를 잘 알고 있어야 하고, 사회의 현실과 회사의 실정을 잘 파악하고 있어야 하고, 모든 사원들을 단결시켜야 하고, 만반의 태세를 갖추고 있어야 하고, 중역과 간부들의 능력이 유능하며, 사장은 함부로 독자적인 행동을 하지 말아야 한다. 이렇게 된다면 사업은 틀림없이 성공을 거둘 것이다.

현실을 잘 알고 회사의 실정을 잘 안다면 언제나 성공을 거두게 되고, 현실을 모르고 회사의 실정만 잘 안다면 성공과 패배의 비율은 반반이고, 현실도 모르고 회사 실정도 모른다면 언제나 실패만 거듭하여 결국은 회사가 파산하게 되는 것이다.

孫子兵法

4

군형편
軍形篇

군형이란 군의 배치, 형태를 뜻한다. 군의 힘을 최대한 발휘하는 것은 세력이다. 그리고 이 세력은 군의 배치 형태에 따라 강하거나 약하게 된다. 군의 행동은 개개인의 행동의 집합이 아니라 군이라는 한 집단의 일부분으로서 개개인의 행동이 존재한다.

먼저 대비하고 기다린다

---❀---

孫子曰, 昔之善戰者 先爲不可勝 以侍敵之可勝 不可勝在己
손 자 왈, 석 지 선 전 자 선 위 불 가 승 이 대 적 지 가 승 불 가 승 재 기

可勝在敵 故善戰者 能爲不可勝 不能使敵必可勝
가 승 재 적 고 선 전 자 능 위 불 가 승 불 능 사 적 필 가 승

손자가 말하기를 옛날에 잘 싸우는 장수는 먼저 적군이 승리하지 못하도록 만전의 태세를 갖추고 아군이 승리할 수 있는 기회를 기다렸다. 적군이 승리하지 못하도록 하는 것은 아군에게 달려있고, 아군이 승리하는 것은 적군에게 달려 있다는 것이다. 그러므로 전쟁에 능한 장수는 적군이 승리하지 못하도록 할 수는 있지만, 적군으로 하여금 아군이 반드시 승리할 수 있도록 할 수는 없을 것이다.

적군이 승리할 수 없는 것은 아군의 태세가 완전하기 때문이고, 아군이 승리할 가능성이 있는 것은 적군의 태세에 약점과 결함이 있기 때문이다. 그러므로 아무리 싸움에 능한 자라도 적에게 승리를 주지 않도록 만전의 태세를 취할 수 있으나, 적군을 공격하여 반드시 이길 수 있는 안성맞춤의 태세로 이끌어 간다는 것은 어려운 일이다.

한 국가가 독립을 유지하고 평화를 수호하기 위해서는 몇 가지 태세를 갖추고 있지 않으면 안 될 것이다.

첫째, 어떠한 침략에도 대응할 수 있는 충분한 군사력을 보유하고 있어야 할 것이다.

둘째, 필요한 경우에는 언제든지 군사력을 동원하여 침략을 막아내

고, 평화를 수호해 나가겠다는 태세를 기회 있을 때마다 적국에 보여주어야 한다.

셋째, 무력이 사용되면 사태에 따라서 최대한으로 군사력을 동원하여 적국을 섬멸하리라는 것을 명백히 해야 하는 것이다.

만일 위와 같은 준비나 태세를 갖추고 있지 않으면 적국에게 반드시 침략을 당할 것이다. 물론 이와 같은 태세를 갖추려고 한다면 그 국가의 경제, 과학, 기술, 문화의 성과를 고려해야 할 것이며, 적국에 대해서도 계속적으로 정보를 수집하여 적의 전력과 기도를 파악하고 있지 않으면 안 된다. 그래서 평소 적이 침략하지 못하도록 만반의 태세를 갖추고 있어야 하는 것이다. 만일 이와 같은 태세를 갖추고 있지 못한 채, 침략을 당했을 경우에는 준비가 완료될 때까지 지연작전으로 결전을 피할 수밖에 없을 것이다. 결전 태세가 갖추어졌을 때 적을 공격하여야 한다.

임진왜란이 발병한 원인을 본다면, 전국시대를 지나서 일본의 도요토미 히데요시(豊臣秀吉)는 전국을 통일하고, 그 막대한 군사력의 배출구를 찾고 있었다. 그리하여 당시 조선의 선조에게 글을 보냈다.

'이제 멀리 대명국(大明國)에 들어가 아조(我朝)의 풍속을 전하고 무역을 하려고 하노라. 귀국은 먼저 달려와 입조(入朝)하여 우려를 없애는 것이 어떤가. 대명국에 들어가는 날 조선국은 장병을 인솔하고 군영을 내도하기를 바라노라. 맹약을 더욱 굳게 하고자 함이라. 본인의 바라는 바는 다른 곳에 뜻이 있지 않고 다만 가명(假名)을 3국에 빛내고자 함이라.'

이것은 명국을 침략하고자 하니 국토를 내어주고 또 병참과 선봉대 역할을 하라는 뜻이 내포되어 있다. 조정에서는 오랜 논의 끝에 1590년에 비로소 일본의 실정과 도요토미 히데요시의 속셈을 살피기 위하여 황윤길(黃允吉)을 통신사로, 김성일(金誠一)을 부사(副使)로 하여 일본에 파견하였다. 이듬해 3월 통신사 편에 보내온 히데요시의 서신에 정명가도(征明假道)의 문자가 있어 그 침략의 의도가 분명하였으나 사신들의 보고는 일치하지 않았다. 황윤길은 반드시 전쟁이 있을 것이라고 하고, 김성일은 반대로 침략의 정세가 없다고 하였다. 그리하여 조정의 대신들 간에 의견이 분분하였으니 황윤길은 서인이요, 김성일은 동인으로서 서로의 감정이 상반되기 때문에 그들의 지지 세력이 달라 국론의 통일이란 있을 수 없었다. 이것은 한 국가에 있어서 가장 안타까운 일이며, 국가의 안전보장에 있어서 여야가 있을 수 없는 것인데 그들은 그러하지 못하였다. 당시 동인의 우세와 무사안일을 바라는 요행심은 조정으로 하여금 김성일의 의견을 따르게 하였다.

그동안 일본의 침략 계획은 여러 전쟁을 통하여 연마한 병술·무예·축성술·해운술을 정비하고, 특히 유럽에서 전래된 조총의 대량 생산을 감행하여 새로운 무기와 장비 및 병참을 갖추고 또 정비하였다.

조선에서는 비변사의 보고와 빈번한 일본 사신의 왕래로 사태를 짐작하고 대책을 강구하기 시작하여 무기의 정비, 성지의 구축, 신립(申砬)과 이일(李鎰)로 하여금 변방을 순시하게 하여 요충지인 영남지방에 많은 힘을 기울였으나 별로 성과가 없었고, 다만 전라 좌수사 이순신(李舜臣)만이 전쟁 준비에 충실하게 갖추었다.

1592년 4월, 고니시(小西行長)를 선봉으로 일본군은 부산에 상륙하여 이를 함락시키고 북상하기 시작하였다. 당시 일본의 병력은 15만이나 되었으며, 부산이 함락되었을 때 이일은 서울에 있는 정병 300명을 거느리고 출병하려고 하였다. 그러나 병조에서 동원한 군사란 모두 민가나 시정에 있는 사람들이나 또는 서리와 유생들이 태반이었다. 군사를 점검하면서 보니 유생들은 관복에 책을 옆에 끼고 있고, 서리들도 모두 평정건(平頂巾)을 쓰고 있었다. 그들은 모두 군사로 동원되는 것을 꺼려하고 있었다. 이런 사람들만 뜰에 가득히 모집해 세웠으니 데리고 갈만한 군사라곤 하나도 없었다.

이일은 조정의 명령을 받고서 3일이 지나도 떠나지 못하고 있을 수밖에 없었다. 조정에서는 할 수 없이 이일을 혼자 먼저 가게 했다. 그리고 별장(別將) 유옥(兪沃)을 시켜서 군사를 데리고 뒤따라가도록 했다. 그러나 병사들은 별로 모이지 않았다. 이즈음 급보가 연달아 올라왔다. 적의 날쌘 군사는 밀양의 큰 재를 넘어 머지않아 조령에 다다를 것이라는 소식이었다. 유성룡(柳成龍)은 김응남, 신립을 보고 말했다.

"저들이 저렇듯 급하게 쳐들어오니 일이 급하게 되었소. 어떻게 하면 좋단 말이오."

신립이 대답했다.

"이일이 외로운 군사를 가지고 앞에 나가 있는데, 뒤에서 응원부대가 없으니 딱한 일입니다. 이제 체찰사(體察使)께서 내려가시기는 하지만 이는 싸우는 장수와는 다릅니다. 차라리 다른 장수를 뽑아 먼저 빨리 보내어 후원토록 하는 게 나을 것 같습니다." 이에 왕은 신립을 도순변사(都巡邊使)로 임명하였다. 신립은 성문 밖으로 나가 직접 돌아다니면서 군사를 모집하였으나, 무사들 중에 단 한사람도 지원하는 사람이 없었다.

이러한 상황에서 전투를 한다는 것은 너무도 무의미하다. 왜병이 상륙하여 20일 만에 서울을 점령하고 말았다. 그 후 7년간의 전쟁으로 우리 강토는 거의 황폐화되고 말았다. 조선왕조는 손자가 주장하는 내용의 정반대의 태세를 취했기에 이러한 참변을 당했던 것이다.

공격은 이길 수 있을 때 해야 한다

故曰, 勝可知 而不可爲 不可勝者 守也
고 왈, 승 가 지 이 불 가 위 불 가 승 자 수 야

可勝者 攻也 守則不足 攻則有餘
가 승 자 공 야 수 즉 부 족 공 즉 유 여

고로 승리를 예견할 수는 있지만, 승리를 장담할 수는 없다. 승리할 수 없으면 수비하고, 승리가 가능하면 공격을 하라. 수비는 전력이 부족할 때 하고, 공격은 전력이 넉넉할 때 한다.

손자는 '방어를 하는 것은 군사력이 부족하기 때문이요, 공격하게 되는 것은 군사력의 여유가 있기 때문이다.'고 말하고 있다. 그러나 방어와 공격을 기계적으로 분리하여 해석할 필요는 없을 것이다.

전쟁의 목적은 최후의 승리를 획득하는 데 있는 것이다. 그래서 군사력이 부족하거나 그 밖의 사정으로 적군을 압도할 수 없을 경우에는 방어전에 전력을 다하여야 하고, 만일 그 동안에 적군의 약점을 파악하거나, 적을 격파할 만한 군사력의 준비가 되어 공격할 여유가 생겼을 때는 언제든지 최대한으로 군사력을 활용하여 공격해야 하는 것이다. 우세했을 때는 곧 공격하여 전세를 회복하고 주도권을 장악해야 하는 것이다.

수비는 땅 속에 숨듯이 공격은 하늘을 나는 듯이 하라

善守者, 藏於九地之下 善攻者 動於九天之上
선 수 자, 장 어 구 지 지 하 선 공 자 동 어 구 천 지 상

故, 能自保而全勝也
고, 능 자 보 이 전 승 야

수비를 잘하는 자는 땅 속 깊은 곳에 숨은 듯하고, 공격을 잘하는 자는 높은 하늘에서 움직이듯 한다. 고로 자신 스스로를 지키며 완전하게 승리하는 것이다.

수비를 잘 하는 자는 그의 병력을 땅 속에 깊숙이 감춘 것같이 다양한 지형을 이용하여 적에게 공격할 틈을 주지 않으며, 또 공격을 잘하는 자는 높은 하늘에서 움직이는 것 같이 다양한 기상조건을 이용하여 적에게 방어할 틈을 주지 않고 아군의 역량을 최대로 발휘한다. 그리하여 아군의 병력을 온전하게 보전하여 완전한 승리를 획득할 수 있는 것이다.

촉한의 재상 제갈량과 명승부를 펼친 위나라의 사마의는 방어와 공격에 모두 능한 장수였다. 사마의는 상용(上庸)에서 맹달이 모반을 하였을 때 급히 달려가 단숨에 무찔렀다. 맹달은 관우가 패사한 후 위나라에 항복한 인물로서, 조예가 임금이 되자 거취가 불안하여 촉한의 제갈량에게 내통할 뜻을 밝힌다. 맹달은 사마의의 토벌대가 완성(宛城)에서 상용까지 도착하려면 한 달은 걸릴 것이라 판단했다. 그러나 사마의는 천자에게 보고도 하지 않고 즉시 군대를 이끌고 여드레 만에 상용

에 이르렀다. 그리하여 제대로 준비도 갖추지 못한 적군을 닷새 동안 의 맹공격으로 정복하였다. 반면 요동에서 공손연과 싸울 때는 성을 포 위만 하고 성급하게 공격하지 않았다. 이를 의아하게 여긴 부하 장수가 물었다.

"상용에서 맹달을 공격할 때는 불과 닷새 만에 성을 함락시켰습니다. 이번에는 왜 시간을 끌고 있습니까?" 그러자 사마의가 대답했다.

"그때와는 상황이 다르다. 지금은 공손연이 대군을 거느리고 있고, 또 한 장마 때문에 아군이 괴로워하고 있는 상황이다. 이럴 때는 별다른 수가 없는 척 하는 것이 가장 좋은 전술이다."

이윽고 기회가 오자 사마의는 무서운 기세로 성을 공격하여 단숨에 적군을 무찔렀다. 이렇게 용병술에 능한 장수는 상황에 따라 작전을 구 사하며 완전한 승리를 거두는 것이다.

누구나 쉽게 아는 승리는 최선의 승리가 아니다

❖

見勝不過衆人之所知 非善之善者也
견 승 불 과 중 인 지 소 지 비 선 지 선 자 야

戰勝而天下曰善 非善之善者也
전 승 이 천 하 왈 선 비 선 지 선 자 야

故, 擧秋毫不爲多力 見日月不爲明目 聞雷霆不爲聰耳
고, 거 추 호 불 위 다 력 견 일 월 불 위 명 목 문 뢰 정 불 위 총 이

누가 보아도 쉽게 알 수 있는 승리는 최선의 승리가 아니다. 싸움에

서 이겼다고 해서 모든 사람들이 칭찬하는 그러한 승리는 최선의 승리가 못되는 것이다. 따라서 추호같은 가벼운 털을 들었다고 해서 아무도 힘이 세다고 하지 않으며, 밝게 빛나는 태양이나 달을 보았다고 해서 아무도 눈이 밝다고 하지 않으며, 우레처럼 큰 소리를 들었다고 아무도 귀가 밝다고 하지 않는다.

　진정한 진리는 평범한 것이다. 진정한 병법의 진리도 극히 평범한 사실에 기인하는 것이다. 세상의 평판만큼 믿을 수 없다는 점 또한 손자는 언급하고 있다. '개가 사람을 물면 화제가 되지 않지만 사람이 개를 물면 그것은 화제가 된다.'고 한다. 무언가 부자연한 이상함이 있어야만 화제가 되는 것이므로, 영웅이라 불리고 명장이 불리는 사람이 사적이나 전적 등은 어떤 의미에서는 참된 것이 아닐지도 모른다. 그래서 용병술과 책략에 능한 사람은 세상에 잘 드러나지 않는 방법으로 승리하므로 칭송을 듣지 못하는 경우가 많다. 예를 들어 적을 세치 혀로 설득하여 싸우지도 않고 물러가게 한다든가, 적의 동맹을 깨트리는 방법 등이 그것이다.

전쟁에 패배한 자를 상대로 승리한다

❖

古之所謂善戰者 勝于易勝者也
고 지 소 위 선 전 자 승 우 이 승 자 야

故, 善戰之勝也 無智名 無勇功 故其戰勝不忒
고, 선 전 지 승 야 무 지 명 무 용 공 고 기 전 승 불 특

不忒者 其所措必勝 勝已敗者也
불 특 자 기 소 조 필 승 승 이 패 자 야

故, 善戰者 立於不敗之地 而不失敵之敗也
고, 선 전 자 입 어 불 패 지 지 이 불 실 적 지 패 야

是故, 勝兵先勝而後求戰 敗兵先戰而後求勝 善用兵者
시 고, 승 병 선 승 이 후 구 전 패 병 선 전 이 후 구 승 선 용 병 자

修道而保法 故, 能爲勝敗之政
수 도 이 보 법 고, 능 위 승 패 지 정

　옛날에 이른바 전쟁을 잘하는 장수는 이기기 쉬운 적과 싸워서 승리하는 것이다. 따라서 전쟁을 잘 하는 장수의 승리에는 지략이나 명성, 용맹이나 공적 따위가 두드러지게 나타나지 않는 것이다. 그래서 장수는 전쟁에서 승리하는 것은 한 치의 어긋남이 없는 것이다. 왜냐하면 장수는 전쟁 전에 반드시 이길 조건을 미리 갖추어 놓고 승리를 보고 있었고, 이미 패배할 수밖에 없는 적과 싸우고 있기 때문이다. 그러므로 전쟁을 잘하는 장수는 처음부터 패배하지 않을 태세를 갖추고 적을 패배시킬 수 있는 기회를 놓치지 않는다. 고로 승리하는 군대는 먼저 승리할 수 있는 조건을 갖추고 전쟁을 시작하고, 패배하는 군대는 먼저 전쟁을 시작한 뒤에 승리를 찾으려 한다. 용병을 잘하는 장수는 지도력

을 잘 수양하고, 법과 제도를 잘 보전하므로 그는 능히 승패를 자유로이 다스릴 수 있는 능력이 있는 것이다.

　중·일 전쟁이 시작되기 전 모택통(마오쩌뚱)은 장개석(장제스)의 토벌작전에 이겨내는 성과를 거두었다. 이 전쟁에서 모택동은 게릴라전의 교본이 되는 16자 전법도 강구되었다. 이 후 장학량의 서안사변이 계기가 되어 만주에서 국민당과 국공합작으로 일본군과 전쟁을 할 때, 이 전법을 사용하여 승리하였던 것이다. 적군이 진격해 온다면 아군은 물러난다는 적진아퇴(敵進我退), 적군이 주둔하면 아군은 이를 교란시킨다는 적주아교(敵駐我攪), 적군이 피곤해한다면 아군은 바로 쳐들어간다는 적파아타(敵疲我打), 적군이 후퇴하면 아군은 추격한다는 적퇴아추(敵退我追)이다.

　고려 때 거란군을 크게 물리친 강감찬의 귀주대첩이 이런 전법인 것이다. 거란의 소배압은 개경을 노리고 진격해 오고 있었으나, 강감찬은 정면 대결이 아닌 강민첨과 조원으로 하여금 거란군의 후미만을 지속적으로 공격하라고 명하였다. 거란군은 개경 100리 밖 신은현까지 진격해왔지만, 고려는 이미 식량, 가옥, 우물 등 군수물자를 모두 없애 거란군의 보급에 한계를 느껴 퇴각하도록 만드는 청야전술(淸野戰術)을 활용하여 10만의 거란 군사들 눈앞에는 아무것도 없는 텅 빈 들판뿐이었다. 결국 보급이 원활하지 못하여 식량을 구할 수가 없어 수나라가 고구려를 침입하였던 살수대첩(薩水大捷)과 같이 철수를 하지 않을 수 없었다. 그러나 고려는 계속적으로 거란군의 후미를 집요하게 공격하여 더욱 거란군을 지치게 만들었다. 거란군이 국경 근처 귀주성에 도착했을 무렵, 고려군은 드디어 전면전에 나선 것이다. 거란군이 침공한 이래 처음으로 양측이 전투를 한 것이다. 배고프고 지친 거란군이지만 조금만 더 버틴다면 고향으로 돌아간다는 희망으로 전투를 하였으나, 개경에서부터 추격해온 고려군이 합류하면서 전세는 역전이 되었다. 거란군은 전투를 포기하고 후퇴하기 시작하였다. 거란군의 총사령관 소배압도 갑옷과 무기를 버리고 압록강을 건너갔다. 기세등등한 적과의 전면전을 피하고, 적이 지쳤을 때 단 한 번의 공격으로 열세를 우세로 반전시킨 대 역전극인 것이다.

손자는 군사를 선용하는 자는 도를 닦고 법을 보존하고, 그러므로 능히 승패의 정치를 잘한다고 말한다. 군형, 태세의 좋고 나쁨은 전투의 근본이념을 적용시켜 철저히 검토해 보고 모든 것이 준비되어 있으면 적합하고, 미비한 점이 있으면 부적합한 것이 된다. 그러므로 싸우지 않고도 승리할 수 있는 것이므로, 군형 문제도 근본이념이 그 바탕이 되어 실제로 올바르게 행해지고 있는지 없는지에 결과가 나타나게 되는 것이다.

장군 이광(李廣)은 농서군(隴西郡) 성기현(成紀縣) 사람이다. 조상은 이신(李信)으로 진나라의 장군이 되어 연나라의 태자 단(丹)을 추적해서 포박한 인물이다. 이광이 집안에는 대대로 궁술에 능하였다. 한문제(漢文帝) 14년, 흉노가 소관에 침입했을 때 이광은 전투에 참가하여 흉노를 공격했다. 말 위에서 활을 쏘는데 백발백중으로 많은 적을 죽이고, 또한 포로로 잡았다. 그래서 한문제는 이광을 칭찬했다.

"아까운 일이다. 그대가 고조황제 때 태어났더라면 문제없이 만호후 정도는 되었을 텐데."

경제(景帝) 6년, 흉노가 크게 일어나 상군(上郡)에 침입했다. 경제는 만일을 염려하여 이광에게 총애하는 환관을 보호하게 하였다. 어느 날

백기정도의 군대로 환관을 지키고 있는데 수천 기의 흉노가 있는 것이 보였다. 흉노는 이광 등을 보고 미끼로 생각했는지 산 위로 올라가 진을 쳤다. 이광이 인솔하고 있던 병사들은 놀라 도망치려고 했다. 그러자 이광은 "우리들은 본대에서 수십 리나 떨어져 있다. 이런 상태에서 백기 정도가 도망을 치면 흉노가 뒤쪽에서 활을 쏘아 우리는 곧 점멸해 버릴 것이다. 그러나 가만히 있는다면 흉노는 본대의 미끼라 생각하고 공격해 오지 않을 것이다." 이광은 백기를 이끌고 전진하여 흉노의 진에서 2리쯤 떨어진 곳에 정지한 뒤 말에서 내려 안장을 풀게 했다. 병사들이 겁을 내자 이광은 다시 말했다.

"저놈들은 우리들이 도망칠 줄 알고 있다. 안장을 풀고 있다면 도망치지 않는다는 것을 보여 미끼라고 생각하도록 하는 것이다." 과연 흉노는 공격을 하지 않고 떠나 버렸다. 이광은 병법에도 능하였던 것이다. 또한 청렴했다. 은상이 하사되면 백성들에게 나누어 주었고, 음식 또한 병사들과 함께 같이 먹었다. 이광이 죽었을 때 40여 년간 2천석의 녹을 받았는데 집에는 저축된 것이 없었다고 하며, 재산에 대하여 한 번도 말한 적이 없다고 한다. 그래서 동료인 장군 정부식(程不識)은 이렇게 말했다.

"이광의 군은 격식을 차리지 않고 있다. 병사를 즐겁게 해주므로 다들 기쁘게 이광을 위해 목숨을 내걸고 있다."

무제(武帝) 4년, 이광은 대장군 위청(衛靑)을 따라 흉노를 공격했다. 우연히 길을 잃어 대장군 보다 늦게 전장에 나타나게 되었다. 대장군은 그것을 질책하고 기록계를 이광에게 파견하여 조사하여 보고하라 명하였다. 그러자 이광은 "부하들에게는 죄가 없다. 내 자신이 길을 잃은 것이다. 보고문은 내가 쓰겠다."라고 말하고 다시 부하들에게 "나는 흉노와 대소를 70회나 싸워왔다. 이번에 다행이도 대장군을 따라 출정하여 선우의 군사와 대치하게 되었다. 그런데 돌아오다 보니 길을 잃고 말았다. 천명으로 생각할 수밖에 없다."하고 스스로 목을 잘랐다. 길을 잃은 책임을 지고 법의 규칙을 명백하게 한 것이다. 이광의 군사들은 모두 소리 내어 울었다. 백성들도 그 소식을 듣고 이광을 위해 눈물을 흘렸다. 역시 길을 잃었던 우장군 조식기(趙食其)는 그 죄로 사형에 처해질 예정이었으나, 돈을 내고 평민이 되었다. 이광 같은 장군이야말로 손자가 말하는 '사병을 신용하는 자는 몸을 닦고 법을 지킨다.'에 알맞은 모범적인 장군일 것이다. 전쟁을 포함해서 모든 것은 인간 윤리 위에 존재하고 있는 것이다.

승패를 좌우하는 다섯 가지 기회

❖

兵法一曰度 二曰量 三曰數 四曰稱 五曰勝
병 법 일 왈 도 이 왈 량 삼 왈 수 사 왈 칭 오 왈 승

地生度 度生量 量生數 數生稱 稱生勝
지 생 도 도 생 량 양 생 수 수 생 칭 칭 생 승

병법은 첫째 척도(度), 둘째 계량(量), 셋째 수치(數), 넷째 비교(稱), 다섯째 승리(勝)를 말하는 것이다. 지형에 따라 토지의 크기가 결정되고, 계량은 인구의 수를 결정하며, 수는 병력의 기초가 된다. 그리고 적군과 아군 병력의 수에 의해서 승패가 결정되는 것이다.

전쟁에 앞서 전쟁터의 지형에 따라 넓이나 거리를 고려하여 그곳으로 동원해야 할 병력의 수를 계산하고, 다시 적군과 아군의 전투 대세와 전투력을 비교에 근거하여 승패의 결말을 판단해낼 수 있다고 손자는 강조하고 있다.

막아둔 물을 터 계곡으로 쏟아지듯 싸운다

故, 勝兵若以鎰稱銖 敗兵若以銖稱鎰 勝者之戰民也
고, 승 병 약 이 일 칭 수 패 병 약 이 수 칭 일 승 자 지 전 민 야

若決積水於千仞之谿者 形也
약 결 적 수 어 천 인 지 계 자 형 야

그러므로 이기는 군대는 무거운 일(鎰)의 중량으로 가벼운 수(銖)의 무게를 저울질하는 것과 같으며, 패배하는 군대는 가벼운 수의 무게로 무거운 일의 중량의 무게를 저울질한 것과 같다. 이기는 군대는 병사들로 하여금 싸우게 하기를 마치 막아둔 물을 한 번에 터뜨려 계곡으로 쏟아지게 하는 것과 같게 하는 것이니, 이것이 바로 형(形)이라고 한다.

일(鎰)과 수(銖)는 고대 중량의 단위이다. 1일은 20냥에서 24냥 사이이며, 1수는 24분의 1냥이다. 여기에서는 적군과 아군의 전투력의 차이가 엄청나다는 비유로 쓰인 것이다. 이르자면 전쟁은 이와 같이 객관적 상황과 조건에 의해 그 승패가 이미 싸우기도 전에 결정되는 것이다. 승리할 조건을 갖춘 군대는 이미 패배할 수밖에 없는 적군을 공격

하므로 압도적인 세력으로 이를 섬멸한다는 것이다.

흉노족은 항상 조나라에게 골칫거리였다. 조나라 왕은 병법에 능한 이목(李牧) 장군을 변방에 보내 흉노의 위협에서 조나라를 수비하게 했다. 그런데 이목 장군은 흉노족이 쳐들어오면 병사와 백성을 성안으로 대피시키기만 할 뿐 공격하지 않았다. 이런 일이 반복되자 흉노는 이목 장군이 겁쟁이라 놀리기 시작했고, 조나라 왕은 신하들의 비난과 성화에 이기지 못하고 결국 이목 장군을 해임하기로 결정하였다. 새로 부임한 장군은 이목과는 달리 흉노족과 맞붙어 싸우기를 좋아했다. 그러던 중 변방은 점점 피폐해져가고 백성들의 원성이 높아만 갔다. 조나라 왕은 고심 끝에 이목 장군을 다시 변방으로 보냈다.

다시 돌아온 이목 장군은 예전과 다를 바 없이 흉노족이 공격해 오면 성안으로 백성을 피신시키기만 했다. 그는 흉노족과 싸우기보다는 백성이 가축을 기르고 생업에 전념할 수 있도록 더욱 힘썼다. 그리하여 조나라 변방 지역은 예전과 같이 풍요로운 곳으로 변했다. 수년 동안 훈련만 받아 오던 병사들이 실전에 나가 싸우겠다고 여러 번 건의했지만, 이목 장군은 매번 허락하지 않았다. 그러다 평소 이목 장군을 하찮게 보고 있던 흉노족의 선우가 10만 대군을 거느리고 대대적인 공격을 감행하여 이목의 군대를 격파하기로 하였다. 이목 장군의 병사들은 이번에는 꼭 출전하게 해달라고 건의를 하였다. 이목은 이제야 때가 되었다고 여기고 병사들을 데리고 나가 흉노족에게 반격을 시작하였다. 마침내 이목의 군대는 10만대 군을 죽이고 흉노족의 선우를 패주시켰다. 그 후 10년 동안 흉노족은 감히 조나라 변방에 접근하지 못했다.

천 길 높은 계곡에 물을 가득 고이게 하였다고 상상해 보자. 고이고 고여 계곡의 물이 넘치기 일보 직전에 작은 구멍 하나를 뚫어 그 구멍으로 고인 계곡 물이 한꺼번에 쏟아져 나간다고 생각을 해 보자. 장수가 병사들을 데리고 나가 싸워 승리할 수 있는 것은 천 길 높이의 산꼭대기에 가득 고여 있는 물처럼 전투에 만전을 다 하였기 때문이다. 이목은 어떻게 해야 평소 잘 닦은 막강한 군사력으로 한 번에 계곡 아래로 떨어지는 물과 같은 위력을 만들어 내는지 알았기 때문이다. 이것이 바로 승리하는 군대가 갖추어야 할 형세이다.

🏢 기업 경영에 준하여

사업에 있어서 경영을 잘하는 사람은 우선 만반의 태세를 갖추어 놓고 기회가 오기를 기다리기 때문에 언제나 성공을 거둘 수 있는 것이다. 만반의 태세란 충분한 자금과 사원들의 적절한 배치, 의사소통의 길과 모든 사원들이 회사의 발전을 위하여 최선을 다하려는 의욕 등을 말한다.

사업을 성공시킬 수 있는 길은 이와 같은 태세를 완전무결하게 갖추는 것이므로, 회사의 경영을 잘하는 사람은 항상 회사를 발전시킬 수 있는 것이다. 그리하여 불경기가 밀어닥치거나 사회적 여건이 좋지 않을 때는 소극적인 경영방법을 선택하고, 경기가 좋아진다면 활발하게 사업을 발전시켜 나가는 것이다.

경영에 능한 사람은 누구나 할 수 있는 평범한 방법을 쓰지 않는다. 평소에 만반의 태세를 갖추어 놓기 때문에 쉽게 무너지지 않고 성공을 거두는 것이다. 그러므로 그의 지혜나 공적은 쉽게 드러나지 않는 경우가 많다. 그러나 그의 성공은 언제나 어긋남이 없으니, 그것은 그가 미리 만반의 태세를 갖추어 놓기 때문에 당연히 성공할 수 있는 것을 거두기 때문이다. 승부에 있어서 기회라는 것은 반드시 적으로부터 나오는 것이다. 이쪽이 이긴다기보다 저쪽이 질 수밖에 없는 원인이 생기기 때문이다. 소위 허(虛)가 있는 것이다.

그 허를 찌르는 것이 경영의 승리 기회이다. 그 허는 우연히 생길 수도 있고, 철저한 계략으로 만들어지는 수도 있는데 어쨌든 상대에게서 생겨나는 것이 상식이다. 인생에 있어서도 이와 마찬가지로 우선 지지 않을 연구를 해야 한다. 승리는 아닐지라도 그리고 비록 무승부가 되더라도 결코 마이너스가 될 염려는 없다.

손자는 우선 불패의 태세를 갖춘 다음 승산의 기회를 적에게서 포착하라는 것으로 그 순간을 잘 이용하다면 반드시 이긴다는 것이다.

직장인의 출세 비결은 끊임없이 노력하고, 출·퇴근이 명확하고, 큰 실수 없이 일하는데 있다. 설령 공을 세우지 못하더라도 실수만 없다면 우선 안전한 것이다. 실수 없이 무난하게 지낸다면 언젠가 출세의 기회가 열려질 것은 틀림없다. 그 기회를 잘 포착한다는 것이 요령이다.

책을 만드는데 있어 작가가 자기 자신의 다양한 체험과 경험에 입각해서 정혼을 담아 글을 써서 커다란 자신감을 가지고 세상에 내놓은 책이라도 잘 팔린다고 할 수 없으며 오히려 안 팔리는 경우가 많다. 그렇지만 출판사가 꼭 팔릴 것이라고 판단해서 나서지 않는 작가를 편달하여 쓰게 한 것이 의외로 많이 베스트셀러가 된다. 미리 시장조사를 하여 먼저 팔고 나서서 만들기 때문이다.

발명왕이라고 불리는 사람이 하나의 상품을 발명하여 돈을 벌었다고 하는 말은 별로 들을 수 가 없다. 왜냐하면 기업화하여 만들기 전에 팔아 본 일이 없기 때문이다.

이와 반대로 가정주부 등 일상의 생활에 불편함을 느껴 고심 끝에 발명왕의 상품을 보고 우연히 힌트를 얻어 생각해 낸 것이 기업가의 손으로 상품화한 것으로서 대단히 히트하는 상품이 될 때가 있다.

'필요하다'는 것을 먼저 생각하여 연구하고, 시장구조 및 형태를 잘 알고 있는 전문가에게 상품화를 의탁하고 있기 때문이라고 생각한다. 경영에는 시장에 대한 작전이 필요하며, 고객의 수요를 잘 조사하여 수요가 있으면 그 수요를 참조하여 생산하도록 하지 않으면 안 된다. 일을 시작하기 전에 충분한 마케팅을 하는 것이 중요한 것으로 그러기 위해서는 고객의 수요, 상품의 선정, 회사의 제조 능력, 일반의 경제 상황(경제의 정세, 금융의 긴축 완화 정책, 정부의 정책, 돈의 국제시세, 국제의 경제 정세 등), 동종업자의 행동 등에 대해서도 가능한 많은 정보를 수집하여 이것을 종합 분석하여 어떻게 하면 이길 수 있을까를 충분히 검토하고 분석하지 않으면 안 된다.

위급하고 곤란한 경우에는 피곤하고 혼잡한 머리일지라도 원만하게 상황 판단을 할 수 있도록 하자면 이들의 데이터를 컴퓨터 등 다른 저장장치를 이용하여 저장하는 것이 필요하며, 그것이 되지 않을 경우에 누구에게나 쉽게 추론할 수 있는 구체적인 수속을 정해두지 않으면 안 된다. 이러한 경우 제일 중요한 것은 고객의 의향을 잡는 것이며, 또 알고 있는 것 같으면서 의외로 알지 못하고 있는 것은 자기 회사의 능력인 것이다. 더욱이 지구의 반대편에서 일어나고 있는 자그마한 사건도 우리들에게 치명적인 영향을 주는 일이 있으므로 놓쳐서는 안 될 것이다.

5

병세편
兵勢篇

전쟁에 있어서 이기는 싸움과 지는 싸움의 판단 기준이 바로 세(勢)를 말하며, 병력의 전술적 배치를 중요하다고 말하고 있다. 세(勢)란 힘의 움직임이다. 정지한 곳에서는 그 능력을 발휘하지 않는다. 전쟁은 힘의 대결이다. 그래서 군은 항상 최대한의 힘을 발휘할 태세를 갖추어야 한다. 따라서 군대의 전투력과 군대 역량 및 상황에 상관관계를 장악하는 유연성을 갖추어야 승리의 열쇠를 거머쥐게 된다는 것을 강조하고 있다.

효율적 군대의 편성과 지휘를 갖추어라

❖

孫子曰, 凡治衆如治寡 分數是也 鬪衆如鬪寡 形名是也
손 자 왈, 범 치 중 여 치 과 분 수 시 야 투 중 여 투 과 형 명 시 야

손자가 말하기를 무릇 많은 병사들을 다스리는 것을 적은 병사들을 다스리는 것과 같이 하는 것은 병력을 분산하여 부대로 편성하기 때문이다. 또 많은 부대를 전투에 참가시키면서도 적은 부대를 전투에 참가시키듯 하는 것은 깃발과 소리 등의 신호를 사용하고 있기 때문이다.

손자는 먼저 군대의 조직과 편제의 중요성에 대해서 설명하고 있다. 많은 병사를 조직하거나 편성하지 않고 그대로 방치한다면 그 집단은 단순한 오합지졸에 불과할 것이다. 그러한 오합지졸을 가지고 전투를 한다면 그것은 승리를 장담할 수 없을 것이다. 그래서 군대는 조직과 편성이 중요한 것이다. 군사적 목표를 신속하고 정확하게 달성하기 위해서 비록 많은 병사를 통솔하는 경우에도 적은 병사를 통솔하듯이 군대를 조직적으로 편성을 하는 것이다. 조직이 적절하게 편성만 하더라도 수십만의 대군도 그것을 열 손가락을 움직이듯 일사불란하게 운영할 수 있을 것이다. 이런 점에서 조직이나 군대의 편성은 인간의 대뇌피질이나 인체의 신경계통과 같은 역할을 하는 기본적 기능이라고 볼 수 있는 것이다.

기원전 1,050년경 주(周)나라의 무왕(武王)이 은(殷)나라의 주왕(紂王)을 목야(牧野)에서 격파했을 때, 주나라의 군대는 전차 4천을 동원했고, 주왕은 70만의 대군으로 전투를 했다는 전설이 있으나 군의 편제에 대해서는 정확한 자료가 없다. 그런데 춘추시대에 들어서서 중원의 패권을 장악한 진(晉)의 문공이 송(宋)을 원조하기 위해서 성복에서 초군을 격파 했을 때 상군(上軍), 중군(中軍), 하군(下軍)의 각군(各軍) 병력 1만 2천 5백 명 등이 편성되고, 3군 이외에 3행(行)이라는 보병부대를 편성했다는 기록이 있다. 진군의 군의 편성이 6군으로 된 것이지만, 그때부터 군대는 탄력성과 기동성을 터득하여 본격적으로 힘을 발휘할 수 있었다고 보아도 무방할 것이다.

기원전 3세기 진(秦)의 시황을 섬기었던 병법가 울료(尉繚)의 병서에 의하면 지휘계통의 확립을 위해서 군대를 편성했다고 한다. 5명으로 구성된 단위를 오(伍)로 편성, 10명으로 구성된 십(什)으로 편성하여 서로 연대책임을 진다. 50명으로 구성된 속(屬), 100명으로 구성된 려(閭)로 부대를 편성하고 서로 연대 책임을 지게 한다는 기록이 있으며, 아버지라 하더라도 자식의 죄를 사사롭게 감싸줄 수 없고, 형이라 하더라도 동생의 죄를 감싸줄 수 없듯이 법령을 어긴 자는 사사로운 감정으로 눈감아 줄 수 없다고 법령의 중요성도 말하고 있다.

군사적 목표를 유효적절하게 달성하기 위해서 군대를 분할하고, 부대를 편성하고, 기동성을 발휘하기 위해서는 행동 단위를 더욱 세분화할 필요가 있을 것이다. 그러나 분할된 부대와 부대 사이와 지휘자와 병사 사이에 의사 소통이 없으면 신속하고 정확한 군사 행동을 할 수 없을 것이다. 그리하여 손자가 말하는 많은 군대를 전투에 참가시켜도 소수의 군대를 전투에 참가 시키듯이 할 필요성이 절실하게 요청되었을 것이다. 한 부대를 한 몸뚱이처럼 움직이게 하려면 지휘계통의 확립이 필요하다는 것이다.

부대와 부대가 소통을 하거나 지휘자와 병사 사이에 명령을 전달하기 위해서 깃발이나 북으로 신호를 하는 방법은 춘추시대부터 있었다.

촉한의 대신이며, 군사였던 장예(張豫)는 '말이 들리지 않기 때문에 북을 만들어 치고, 또 보이지 않을 경우에는 깃발을 사용했다'라고 말하고 있다. 부대와 부대 사이의 거리가 너무 멀기 때문에 목소리의 힘이 미치지 않아 신호나 표시를 사용했다는 것이다. 이 신호나 표시는 깃발을 높이 드는 경우는 공격을 의미하였고, 북소리는 공격중지를 의미하고 있었다고 하는데, 그러한 신호나 표시의 사용은 용감한 자도 공격을 멈추게 했고, 또 겁쟁이의 경우에는 혼자서 도망칠 수 없게 함으로써 많은 군대를 통제할 수 있었다고 한다. 임진왜란 당시에 이순신 장군이 제3차 한산대첩 때 사용했던 학익진(鶴翼陣)의 경우에도 병선과 병선 사이를 신속하고 정확한 명령 전달하기 위하여 취한 포진이었던 것이다.

전술도 임기응변이다

三軍之衆 可使必受敵而無敗者 奇正是也 兵之所加
삼 군 지 중 가 사 필 수 적 이 무 패 자 기 정 시 야 병 지 소 가

如以碬投卵者 虛實是也
여 이 하 투 란 자 허 실 시 야

삼군의 군대로 적과 마주쳐서 반드시 패배하지 않는 것은 변칙과 정석의 원칙을 조화롭게 운용함에 있는 것이다. 병력을 더 투입하는 것은 마치 숫돌로 계란을 치듯이 적의 허와 실을 잘 알고 있어야 한다.

전쟁은 정정당당하게 적군과 정면에서 마주하여 싸우는 정공법과 유도작전과 복병으로 적의 측면이나 배후를 기습하는 기공법이 있다. 그러나 상황의 변화에 따라 임기응변으로 이를 적절하게 사용하여 적을 궁지로 몰아넣은 후 전멸 시키는 것이다.

우리는 사람을 일컬어 이 사람은 고지식하다, 저 사람은 평범한 사람이라고 말하는 경우가 있다. 원리 원칙을 고수하는 융통성 없는 사람을 가리켜서 하는 말인데, 인간은 기계가 아니기 때문에 원리 원칙대로만 살 수 없는 것이다. 항상 움직이므로 그 움직임은 주변 환경에 따라 상황이 수시로 다르게 나타나기 때문에 그때그때의 상황 변화에 따라 원칙이 바뀌어야 하는 것이다. 원칙은 변칙이 있으므로 그 진가를 발휘하게 된다.

하(暇)는 칼을 가는 숫돌을 말하는 것이다. 전쟁터에서 오랜 시간을 보냈을 손자의 입장에서는 같은 돌이라도 들판에 널려 있는 보통 돌보다 창이나 칼을 갈기 위해 쓰였을 숫돌이 먼저 생각되었을 것이다. 누군가는 돌로 달걀을 깨려고 내려치기도 하고, 또 누군가는 달걀로 돌을 깨려고 할 것이다. 그러면 서로 상반된 행동을 하는 사람의 차이는 어디에 있을까?

손자는 바로 돌과 달걀이 가지고 있는 허(虛)와 실(實)을 아느냐, 모르느냐의 차이에 있다고 간단명료하게 대답을 한다. 달걀은 깨지기 쉬운 약한 물건이고, 돌이 단단하고 강한 물건이라는 것을 알고도 달걀로 돌을 치려는 어리석은 사람은 없을 테니까 말이다. 그래서 전쟁에서는 돌맹이로 달걀을 치듯 쉽게 싸워 이기려면 강한 것으로 약한 것을 치면 된다는 것이다. 허(虛)는 아군과 적군의 준비가 허술한 부분을 가리키고, 실(實)은 아군과 적군의 준비가 충실하게 되어 있는 부분을 말한다.

아군의 충실함으로 적군의 허술한 곳을 친다면 전쟁에서 쉽게 승리할 수 있다는 것이다. 그래서 장수가 허와 실을 어떻게 적절하게 활용하느냐는 전쟁의 승패를 좌우하게 되는 것이다. 전쟁에서 승리하려면 상대의 허와 실에 대한 파악이 우선적으로 이루어져야 하며, 아울러 아군의 허(虛)를 실(實)로 바꾸려는 전법이 필요하며, 그 전법을 잘 활용한다면 어떤 상대를 만나더라도 우세한 위치를 차지할 수 있을 것이다.

전쟁에는 원칙이 없다

凡戰者 以正合 以奇勝 故善出奇者 無窮如天地 不竭如江河
범 전 자 이 정 합 이 기 승 고 선 출 기 자 무 궁 여 천 지 불 갈 여 강 하

終而復始 日月是也 死而復生 四時是也
종 이 부 시 일 월 시 야 사 이 부 생 사 시 시 야

聲不過五 五聲之變 不可勝聽也 色不過五
성 불 과 오 오 성 지 변 불 가 승 청 야 색 불 과 오

五色之變 不可勝觀也 味不過五 五味之變
오 색 지 변 불 가 승 관 야 미 불 과 오 오 미 지 변

不可勝嘗也 戰勢不過奇正 奇正之變 不可勝窮也
불 사 승 상 야 전 세 불 과 기 정 기 정 지 변 불 가 승 궁 야

奇正相生 如循環之無端 孰能窮之哉
기 정 상 생 여 순 환 지 무 단 숙 능 궁 지 재

모든 전쟁은 정공법으로 싸우고 기공법으로써 승리하는 것이다. 그러므로 기공법을 잘 하는 사람은 마치 하늘과 땅처럼 끝이 없으며, 큰

강물과 바다처럼 마르지 않으며, 시작되었다가 다시 시작되는 해와 달처럼 없어졌다가 다시 나타나며, 죽었다가 다시 생동하는 사계절처럼 지나갔다가 다시 오는 것과 같다. 음계(音階)는 궁·상·각·치·우의 다섯 가지에 불과하지만, 소리의 변화는 헤아릴 수 없어 다 들을 수 없고, 원색(原色)은 청·황·적·백·흑의 다섯 가지에 불과하지만, 색채 변화는 실로 헤아릴 수 없어 다 볼 수 없는 것이며, 맛의 기본은 감·함·신·산·고의 다섯 가지에 불과하지만 맛의 변화는 실로 헤아릴 수 없어 다 맛볼 수 없는 것이다. 이와 마찬가지로 전쟁에 있어서 세(勢)라는 것은 기공법과 정공법에 불과하지만, 그 변화에서 비롯한 전략과 전술은 이루 다 헤아릴 수 없는 것이다. 기공법과 정공법이 서로 나오는 것은 마치 끝없이 순환하는 둥근 고리처럼 끝이 없으니 누가 능히 그것을 다 알아낼 수 있으랴.

손자는 기습하는 방법은 천지와 같이 무궁무진하고 강물처럼 마르는 일이 없다고 한다. 또 어두워졌는가 하면 다시 밝아오는 태양이며, 또 죽었는가 싶었는데 다시 소생하는 계절의 변화와 같이 얼마든지 변화시킬 수 있는 것이다. 그래서 기습의 방법은 전략적으로 볼 때 장소, 시간 및 병력 등을 예상하지 못한 전략인 것이다. 당나라의 전략가 이정(李靖)이 말한 바와 같이 하늘과 땅 사이에 오가는 번갯불처럼 막을 수가 없을 만큼, 언제 어디서 나타났다가 사라지는 신출귀몰, 또 흐르는 강물처럼 일정한 원칙에 구애받지 않고 상황에 따라 혹은 병력의 많음에 따라 임기응변으로 대처하는 천태만상의 변화를 하며, 또 죽은 듯이 침묵을 지키고 있다가 갑자기 나타나 적을 공격한다. 따라서 기습은 모든 조건에 따라 그 방법이 헤아릴 수 없을 만큼 많을 것이다.

기습은 본질적으로 적이 공격을 예상하지 못하는 것을 이용하여 공격하는 것이지만, 그러나 적이 기습에 대하여 알았을 경우에는 효과적인 반격을 하기에는 이미 시기가 늦을 때 신속하게 또 다른 기만술을 가지고 수단과 방법을 가리지 않고 공격하는 수도 있을 것이다. 때로는 얼른 보아 공격이 불가능할 수도 있을 것이다. 그러나 기습은 가장 적은 노력으로 가장 큰 성과를 가져오게 하는 방법이다.

사나운 급류처럼 기세를 잡아라

激水之疾 至於漂石者 勢也 鷙鳥之疾 至於毀折者 節也
격 수 지 질 지 어 표 석 자 세 야 지 조 지 질 지 어 훼 절 자 절 야

是故, 善戰者 其勢險 其節短 勢如彍弩 節如發機
시 고, 선 전 자 기 세 험 기 절 단 세 여 확 노 절 여 발 기

빠르고 거세게 흐르는 물이 무거운 돌을 떠내려가게 하는 힘이 세(勢)라 한다. 독수리가 질풍처럼 날아와 다른 새를 급습하여 그 뼈를 부수고 날개를 꺾는 것을 절(節)이라 한다. 그러므로 전쟁을 잘 하는 장수는 그 기세가 맹렬하고 그 절도는 극히 짧다. 그 기세는 활의 시위를 팽팽하게 당겨 놓은 것 같고, 절도는 화살이 활을 떠날 때와 같다.

세는 적군과 싸우기 이전에 형성된다. 병력이 많고, 병참기가 좋고, 음식이 풍족하다면 우선적으로 전쟁에 유리하다. 10만의 병력으로 1만을 상대로 싸운다면 누구나 전쟁에서 패배하리라고는 생각하지 않는

다. 그러나 전쟁에서는 전력이 상대보다 월등히 우월하다면 좋겠지만, 전력이 비슷하거나 저조하더라도 어쩔 수 없이 전쟁을 할 때도 있을 것이다.

전쟁에 앞서서 총 지휘관은 장수 및 부하들을 집결시켜 일장 연설을 한다. 가족을 위해서라든가, 풍부한 자원이 있는 땅을 차지하기 위해서라든가 등의 연설을 하여 왜 전쟁을 해야만 하는가에 동기 부여를 주어 병사들로 하여금 의무와 욕망으로 전투력을 최대한 상승시켜 마치거센 물결처럼 엄청난 기세와 속도로 공격해 들어가는 것이다.

혼란과 평온은 군대의 편제이다

❖

紛紛紜紜 鬪亂而不可亂也 渾渾沌沌 形圓而不可敗也
분 분 운 운 투 란 이 불 가 난 야 혼 혼 돈 돈 형 원 이 불 가 패 야

亂生於治 怯生於勇 弱生於强 治亂 數也 勇怯 勢也 强弱 形也
난 생 어 치 겁 생 어 용 약 생 어 강 치 난 수 야 용 겁 세 야 강 약 형 야

의견이 분분하듯 어지럽게 싸우는 전투가 혼란해져도 흔들리지 않게 싸우며, 혼돈스럽게 적군의 진형에 둥글게 포위되었어도 패배하지 않는다. 혼란은 질서에서 비롯되어지고, 비겁함은 용기에서 나오며, 나약함은 강함에서 각각 비롯되는 것이다. 혼란에 빠지거나 질서가 유지되는 것은 군대의 조직 편제의 문제이다. 비겁하거나 용감한 것은 군대의 기세에 달려있고, 약하고 강하다는 것은 군대의 태세와 배치에 의해 좌우되는 것이다.

전쟁이 벌어지면 군사들을 통제하지 못할 때가 생겨난다. 평소 잘 짜인 대형도 난전이 되고 적군과 아군이 서로 뒤엉켜 한 덩어리가 된다. 그러나 그 혼돈 속에서도 상호 법칙과 질서를 유지시켜야 하는 것이다. 혼란하다는 것은 다스림에 문제이고, 겁을 먹는다는 것은 용기의 문제이며, 약한 것은 강함의 문제라고 하였다. 다시 말하자면 다스림이 없다면 혼란하다는 개념도 없을 것이고, 용감함이 없다면 두려움에 떤다는 개념도 없을 것이며, 강하다는 개념이 없다면 약하다는 개념도 나오지 못할 것이다.

우리는 이 말에서 한 가지 중요한 것을 얻을 수 있다. 바로 다스림, 용감함, 강함과 그 반대 상황은 모두 각각의 공통된 연결 고리가 있다는 점이다. 그 연결 고리가 문제를 해결할 수 있는 열쇠다. 이 말은 곧 어떠한 일이든 근본적인 문제를 해결하면 원하는 것을 얻을 수 있지만, 그렇지 못하면 원하지 않는 부작용을 감내할 수밖에 없다는 말로 해석할 수 있다는 것이다. 군대의 질서가 엄격하게 유지되고 그렇지 못하고의 문제는 군대의 조직편성에 있다. 조직의 편제가 체계적이면 질서 있는 모습을 보일 것이요, 그렇지 않다면 혼란스럽고 어수선한 모습을 보일 것이다. 군사들이 용기가 있고 없다는 것은 그 군대의 기세와 연관이 있다. 군대의 기세가 맹렬하고 강하다면 군사들은 용기가 승천하여 어떠한 전투 명령에도 겁을 먹지 않겠지만, 그렇지 않다면 그저 꽁무니를 빼고 달아날 것이다. 또한 군대의 전투력이 강하고 약하다는 것은 군대의 태세 문제이다. 전략적인 진형(陣形)이 제대로 갖추어지고, 물질적 조건이 충족되었으며, 상대를 공격하기에 유리한 태세가 마련되었다면 그 군대의 전투력은 강해질 수밖에 없는 것이다.

이로움을 주듯 적을 유인하라

❀

故, 善動適者 形之 適必從之 予之 適必取之 以利動之 以卒待之
고, 선 동 적 자 형 지 적 필 종 지 여 지 적 필 취 지 이 리 동 지 이 졸 대 지

그러므로 적을 능숙하게 다룰 줄 아는 장수는 아군이 불리한 것처럼 위장하여 적으로 하여금 그를 따르게 하고, 적에게 이로운 조건을 주는 척하여 그것을 취하려고 덤벼들도록 하는 것이다. 그 이로움을 미끼로 삼아 적을 유인하여 움직이게 만들어 기습하는 기회를 기다리는 것이다.

고구려 즉위 11년, 유리왕은 국경을 자주 넘어오는 선비족을 대대적으로 토벌하기 시작하였다. 이에 선비족은 험한 산속에 숨어 있으면서 유리하다고 판단되면 나와서 약탈을 일삼고 불리하면 산으로 들어가는 게릴라 전법을 구사하였다. 이에 대하여 유리왕은 선비족을 정벌할 것을 의논하였다.

"선비족이 우리와 우호관계를 맺지 않고 잦은 약탈로 백성의 근심이 되고 있소. 이들을 꺾을 묘책이 없겠소?" 그러자 지략이 뛰어난 부분노가 나서서 말했다.

"선비족은 험한 지형에 의지한 족속으로 사납고 또한 무지하니 이들은 계교로써 정복해야 합니다."

"어떤 계교를 쓰는 것이 좋겠소?" 이에 부분노가 대답했다.

"거짓으로 나라를 배반한 사람을 보내어 고구려는 나라가 작고 군사력도 보잘것없어 오래 지탱하지 못할 거라고 말한다면 선비족은 우리

에 대한 방비를 소홀히 할 것입니다. 신이 이 기회를 놓치지 않고 군사를 거느리고 지름길로 나가 진을 칩니다. 그리고 별도로 약한 군사를 보내어 성의 남쪽에 진을 치고, 싸우다가 패하여 달아나는 척하다면 적은 반드시 멀리 추격해 올 것입니다. 이 틈에 신은 군사를 거느리고 비어있는 성을 공격하고, 대왕께서는 기병을 이끌고 양쪽에서 적을 친다면 크게 무찌를 수 있습니다."

유리왕은 그렇게 하도록 명하였다. 과연 부분노의 계략대로 고구려 군사가 패한 체하며 달아나자, 선비족은 성문을 열고 추격해 왔다. 이때 부분노가 빈 성 안으로 쳐들어가자, 선비족은 함정에 빠진 것을 알고 되돌아왔으나 부분노는 그들을 막아내며 크게 무찔렀다. 유리왕도 이 틈에 기병을 이끌고 쳐들어가니 선비족은 앞뒤로 공격을 당해 마침내 항복하여 선비족을 고구려에 복속시킬 수 있었다.

기세로 승리를 찾는다

❀

故, 善戰者 求之於勢 不責於人
고 선 전 자 구 지 어 세 불 책 어 인

故, 能擇人而任勢 任勢者 其戰人也 如轉木石
고, 능 택 인 이 임 세 임 세 자 기 전 인 야 여 전 목 석

木石之性 安則靜 危則動 方則止 圓則行
목 석 지 성 안 즉 정 위 즉 동 방 즉 지 원 즉 행

故, 善戰人之勢 如轉圓石於千仞之山者 勢也
고, 선 전 인 지 세 여 전 원 석 어 천 인 지 산 자 세 야

고로, 전쟁을 잘 하는 장수는 승리를 세(勢)에서 찾고, 병사들에게 책임을 지우지 않는다. 그리하여 인재를 잘 발탁하여 적재적소에 배치하고 나머지는 세에 맡기는 것이다. 세에 맡겨 전쟁을 지휘하는 장수는 병사들을 싸우게 함에 있어 마치 통나무나 돌을 굴리는 것처럼 싸우는 것이다. 통나무나 돌의 특성은 평탄한 곳에 두면 정지하고 있으나, 비탈진 곳에서는 굴러가는 법이다. 모난 것은 정지하고 둥글면 굴러간다. 그러므로 전쟁을 잘하는 장수는 마치 천 길 낭떠러지에서 돌을 굴리는 것과 같이 세(勢)를 만들어야 하는 것이다.

손자는 싸움의 기세에 대하여 전쟁에 잘 싸우는 자는 승리를 하는데 기세로 하고, 사람의 능력에 의지하려고 하지 않는다고 말하고, 다시 사람을 잘 선택해서 기세가 움직이는 데로 시킬 수 있다고 말하고 있다. 둥근 돌을 비탈진 곳에 놓으면 구른다. 이것이 곧 선택해 낸 인재를 기세로 움직이게 한다는 것이다. 그때 돌은 사람의 힘을 가하지 않아도 혼자서 구르게 되고 가속도가 붙어 상상을 초월한 속력을 낸다. 적재적소에 인재를 썼을 때 비로소 인재가 지니고 있는 힘이 몇 배의 일을 하게 된다는 것이다.

전국시대, 제나라 맹상군(孟嘗君)은 제후와 빈객 그리고 죄를 짓고 도망친 사람들에게 재물을 아끼지 않고 예의를 다하여 빈객들을 후하게 대접하였다. 식객이 수 천명이 되었지만, 그는 귀천의 구분 없이 한결같이 자신과 동등하게 대우하였다. 그 명성을 전해들은 진소왕은 맹상군을 진나라의 재상으로 등용하고자 하였다. 그런데 어떤 사람이 진소왕에게 말하길

"맹상군은 어질고 제나라의 왕족인데 지금 진나라의 재상으로 삼는

다면, 그는 반드시 제나라를 먼저 생각하고 진나라는 나중에 생각할 것이니, 그렇게 되면 진나라는 위태로워질 것입니다." 라는 소리를 듣고 망설이다가 다시 쫓아버리면 맹상군에게 원한을 사게 되리라 생각하고 은밀히 없애고자 그를 옥에 가두어 버렸다. 맹상군은 소왕이 총애하는 애첩에게 부탁해서 고국으로 돌려보내 달라고 청하였다. 그러자 그녀는 호백구를 달라는 조건을 내세웠다. 호백구란 맹상군이 소왕에게 선물로 바친 것으로 여우 가죽 옷으로 값이 천금이나 되고 천하에 둘도 없는 귀중품이었다. 난처해진 맹상군이 식객들에게 의논을 하자, 천하의 호걸이라는 사람들도 한숨만 쉴 뿐이었다. 그때 한 사람이 말석에서 나왔다. 그는 언제나 여러 사람들에게 바보 취급을 받고 있던 사나이로 개의 흉내를 내어 도적질을 하는 사람이었다. 그는 밤에 개의 흉내를 내어 진나라의 궁중 창고에 들어가 호백구를 훔쳐내 오고, 맹상군은 시치미를 떼고 그것을 애첩에게 헌상하여 위기를 모면했다. 야음을 틈타 객사에서 탈출한 맹상군 일행이 함곡관에 도착하였으나 관의 법으로는 닭이 울어야 객들을 내보내기 때문에 다시 곤란에 빠졌을 때 앞으로 나서는 자가 있었으니, 그는 닭의 울음소리를 흉내내는 것으로 식객이 된 사내였다. 그 사나이의 닭 울음소리를 문지기가 날이 샌 줄 알고 문을 열자, 맹상군은 무사히 제나라로 돌아올 수 있었다.

🏢 기업 경영에 준하여

많은 사원들을 적은 사람처럼 움직이려고 한다면, 우선 조직이 완전하고 체계적으로 구성되어야 한다. 사업은 사회적 정의감과 상거래 도의를 지키는 정도(正道)를 원칙으로 하되, 그때그때의 경우와 상황에 따라 임기응변의 전략을 활용할 줄 알아야 한다.

해와 달은 졌다가는 다시 뜨고, 계절은 해마다 제철이 되어 찾아온다. 또 소리는 5음계에 불과하지만, 그 소리들이 조화를 이루고 변화를 일으키면, 이루 헤아릴 수 없는 소리들이 나온다. 또 색은 5원색에 불과하지만, 그 색들이 조화를 이루고 변화를 일으키면, 이루 헤아릴 수 없는 많은 색상이 나타난다. 맛도 5가지에 불과하지만, 그 맛들이 조화를 이루고 변화를 일으키면, 이루 헤아릴 수 없는 맛들이 생겨나게 된다.

이와 마찬가지로 원칙인 정도(正道)와 임기응변의 기도(奇道)도 조화를 이루고 변화를 일으키면, 이루 헤아릴 수 없을 만큼 무궁무진한 지략이 나오게 되는 것이다. 마치 원을 그리는 듯 도는 것과 같아서 그 지략도 무궁무진한 것이다.

기업체라는 단체의 움직임에 있어서도 무엇보다도 중요한 것은 세력이다. 세력은 마치 거세게 흐르는 물이 큰 바위를 움직이게 하는 것과 같다. 세력은 평소에 꾸준히 길러야 한다. 세력은 완전무결한 조직과 체계적인 명령계통의 확립에서 생겨난 것이다. 아무리 혼란한 상태에서도 질서와 세력을 유지하면, 결코 혼란에 빠지는 일이 없이, 발전에 발전을 거듭해 나갈 수가 있다. 조직이 완전하지 못하면 혼란이 일어나고, 명령계통이 체계적으로 확립되지 못하면 능력이 약화되고, 세력을 유지하지 못하면 용기를 잃게 된다.

기업경영을 잘하는 사람은 고객들을 따라오게 만들고, 적은 투자로 큰 이득을 올리게 한다. 또 기업경영을 잘하는 능력을 전체의 세력에서 구하고, 개인의 능력에서 구하지 않는다. 전체의 세력이 중요함을 알고 있기 때문에, 그는 사람들을 그 능력에 따라 적재적소에 배치하여 능히 전체 사원을 잘 움직여 나갈 수가 있는 것이다.

사람들은 성공을 이루고자 하는 마음을 간직하고 있는 것이 사실이겠지만, 성공을 이루기 위하여 얼마나 기본을 다지고 있는가는 다시 한 번 생각해 보아야 할 것이다. 첨단을 추구하는 현대이지만, 세상이나 인생, 목표나 방향 등과 같은 기본을 확고하게 설정하여 추진하여야만 성공을 이룩할 수 있는 것이다. 첨단이나 급변이라고 하는 현대의 흐름 속에도 여전히 기본은 매우 중요한 역할을 하고 있다. 목표, 과정, 성취라고 하는 대의적 명분 속에 계획, 기간, 난관, 관계 등과 같은 사실적 내용들을 체계적으로 구축해가면서 실천해 나간다면, 어려움 속에서도 현실에 좌절당하지 않으며 목표를 실현시킬 수 있을 것이다.

6

허실편
虛實篇

허실편은 아군과 적군의 약점과 강점을 적절하게 활용하는 방법에 대한 내용으로 전투에 있어서 승리하는 비결은 아군의 실(實)로써 적의 허(虛)를 찌르는 것을 말하고, 그런 전술은 오직 적을 조종하고 적에게 조종되지 않는데 있다는 것을 설명하고 있다. 용병하는 방법도 상황에 따라 천태만별하니 항상 적의 실을 피하고 허를 찔러야 한다고 강조하였다.

적에게 끌려가지 말고 적을 움직이게 하라

孫子曰, 凡先處戰地而待敵者佚 後處戰地而趨戰者勞
손 자 왈, 범 선 처 전 지 이 대 적 자 일 후 처 전 지 이 추 전 자 로

故, 善戰者 致人而不致於人
고, 선 전 자 치 인 이 불 치 어 인

손자가 말하길, 전쟁터에 먼저 좋은 거처를 선점하고 적군을 기다리는 군대는 편하게 싸울 수 있고, 늦게 전쟁터에 도착한 군대는 급하게 전투를 해야 하므로 피로하다. 그러므로 전쟁을 잘하는 장수는 적을 끌어드리지, 적에게 끌려 다니지 않는 것이다.

아군이 장악해야 할 요충지에 적군보다 먼저 도달하여 방어진지나 매복지역을 갖추고 부대의 정돈과 휴식, 지형 정찰, 진지 구축, 위장 등 모든 태세를 완전히 갖추어 적보다 시간과 힘의 여유를 가지고 싸울 수가 있다. 그러나 뒤늦게 싸움터로 달려온 군대는 이미 소모된 전력과 태세를 갖추지 못하고 싸워야 하기 때문에 어려운 싸움이 되기 마련이다. 그러므로 전쟁을 잘하는 유능한 장수는 주도권을 가지고 아군의 작전대로 적군을 끌어들이는 요격전법을 사용한다.

1920년 6월, 독립군 1개 소대가 함경도 종성군 강양동에 1개 소대가 주둔한 일본군 헌병 국경초소를 습격하여 격파시켰다. 당시 일본군은 독립군의 국내 진입과 대안(對岸)의 독립군 활동에 방비책을 강구하고 있을 때, 강양동 전투는 대전투의 도화선이 되었다. 일본군 남양수비대는 1개 중대를 출동시켜 반격을 하였다. 독립군은 1개 소대를 매복시

켜 약간의 총격전으로 본부대의 매복지까지 일본군을 유도하였다. 독립군은 100m 고지에서 일제히 사격을 하여 60명을 사살하였다. 이에 일본군은 보병 및 기관총대 1개 대대를 출동시켰다. 독립군 수뇌부는 열세한 병력으로 우세한 적과 전투를 하려면 작전상 요지를 점령하는 것이 최선책이라 판단하였다. 안산 촌락 후방 고지에서 잠복하였다. 일본군이 안산 촌락에 진입하여 오는 것을 독립군은 일제히 총격을 시작하였다. 일본군은 다른 부대와 합세하여 전투를 하였지만 지리적 악조건과 기습작전으로 큰 타격을 입었다. 재정비를 마친 일본군은 독립군을 추격했다. 일본군이 고려령 서방에 도착했을 때, 북방 및 동북방 고지에 매복해 있던 소수의 독립군에게 참패를 당하였다. 일본군은 작전의 실패에도 거듭된 독립군의 유도작전에 말려들어 봉오동으로 유인되었다.

봉오동은 두만강에서 40리 거리에 위치하고, 고려령의 험준한 산줄기가 사방으로 병풍처럼 둘러쳐진 수 십리의 계곡 지대이다. 독립군의 근거지의 하나며, 독립군의 훈련장이었다. 독립군은 일본군의 침입에 대비하여 부대를 재편성하였다. 일본군의 선봉이 봉오동 어구를 통과하도록 유도하고, 일본군 주력 부대가 잠복한 포위망에 들어설 즈음 일제히 사격을 가하였다. 일본군은 독립군의 작전계획에 속수무책으로 패배를 하였다. 이 전투에서 일본군 157명 전사자와 200여 명의 부상자를 내고, 아군의 피해는 장교 1명 및 병사 3명이 전사하고 약간의 부상자를 냈을 뿐이다. 이 압도적인 승리는 독립군의 사기와 지휘관의 판단력, 그리고 지리적 요지를 선용한 뛰어난 '봉오동 전투'이다.

적을 유인하라

能使敵人自至者 利之也 能使敵人不得至者 害之也
능 사 적 인 자 지 자　이 지 야　능 사 적 인 부 득 지 자　해 지 야

故, 敵佚能勞之 飽能飢之 安能動之
고, 적 일 능 로 지　포 능 기 지　안 능 동 지

出其所不趨 趨其所不意
출 기 소 불 추　추 기 소 불 의

적군으로 하여금 스스로 공격해 오도록 하려면 이익을 보여 주어야 하고, 적군으로 하여금 오지 못하도록 하려면 해로움이 있는 듯 보여 주어야 한다. 따라서 적이 편안히 휴식을 취하고 있으면 한사코 그들을 피로케 만들고, 배부르게 먹고 있으면 그들을 굶주리게 하고, 안정되어 있으면 동요하도록 해야 하고, 적의 수비가 약한 곳으로 나아가며, 적의 뜻하지 않는 곳을 공격해야 한다.

아군이 아무리 좋은 전쟁 요충지를 선점하고 있으면서 적군이 움직일 만한 이익이 없어서는 안 된다. 이익이 된다는 것을 상대가 느끼지 않으면 상대는 절대로 움직이지 않는다는 것이다. 움직이면 반드시 그에 수반하는 손실이 있으므로 무리해서 움직여 올 리가 없는 것이다.

한 기업의 신상품이 출시된다고 한다면, 본질적으로 색다른 새로운 제품의 구성에서 생긴 것, 그리고 지금까지 그런 것이 없어서 불편함을 느꼈던 것, 또는 기성품과는 비교도 되지 않을 만큼 사용법이 간편하고 견고한 것, 혹은 파격적인 가격타파로 저렴하면서 품질이 좋은 것 등등

소비자에게 충분히 구매 요건을 충족시키지 않는다면, 신상품에 대한 구매욕은 기대할 수 없다는 것이다. 더구나 그 상품이 인체 및 환경에 유해한 상품이라는 그런 염려가 있다는 것만으로도 상대는 절대로 뛰어들지 않을 것이다. 이것은 우리의 인생이나 기업의 사업에도 적용되는 것이다.

평온하고 안정된 상대만큼 싸움 상대로서 대하기가 매우 힘든 것은 없다. 이러한 상대와 싸우게 되었을 때에는 어떠한 움직임도 상대에게 노출되기 쉬우므로 한수 늦어지게 되는 것이다. 평온한 상태에 있는 상대에게는 허점이나 결함을 찾아 볼 수가 없는 법이다. 상대가 움직이게 되었을 때, 그것이 어떤 형태의 것이 되었든 거기에는 찌르고 들어갈 허점의 기회도 생긴다.

사업면의 경우, 판매 유통이나 구매를 혼란시키는 수단도 있을 것이고, 자금의 흐름을 혼란시키는 방법도 있을 것이다. 목적은 일 자체에 있는 것이 아니라 상대의 동요, 이쪽이 찌르고 들어갈 허점을 만드는데 있다. 상대가 자발적으로 움직이려들지 않는다면, 움직일 수 밖에 없는 상황을 만들 수밖에는 없다는 것이다.

적이 예상하지 못한 곳을 공격하라

---- ❀ ----

行千里而不勞者 行於無人之地也 攻而必取者
행 천 리 이 불 로 자　행 어 무 인 지 지 야　공 이 필 취 자

攻其所不守也 守而必固者 守其所不攻也
공 기 소 불 수 야　수 이 필 고 자　수 기 소 불 공 야

故, 善攻者 敵不知其所守 善守者 敵不知其所攻
고, 선 공 자　적 부 지 기 소 수　선 수 자　적 부 지 기 소 공

微乎微乎 至於無形 神乎神乎 至於無聲 故, 能爲敵之司命
미 호 미 호　지 어 무 형　신 호 신 호　지 어 무 성　고, 능 위 적 지 사 명

천리 길을 행군하고도 아군이 피로하지 않는 것은 저항하는 적군이 없는 곳을 가기 때문이다. 적군을 공격하여 반드시 빼앗을 수 있는 것은 적군이 지키지 않는 곳을 공격하기 때문이다. 수비가 견고한 것은 적군이 공격할 수 없는 곳을 지키기 때문이다. 따라서 공격에 능숙한 장수는 적군이 어디를 수비해야 할 곳을 알지 못하게 하는 것이고, 수비에 능숙한 장수는 적군이 공격해야 할 곳을 알지 못하게 하는 것이다. 은밀하고 은밀하여 형체가 없고, 귀신이 다가오듯 소리가 없는 경지에 이른다, 그러므로 이런 것이 가능해야만 적의 목숨을 장악할 수 있는 것이다.

한나라의 유방과 초나라의 항우는 서기 전 205년부터 4년간 광대한 북부 중국을 무대로 패권을 다투는 혈전을 벌였다. 결국 유방이 최후의 승리를 거두어 한나라 왕조를 세우게 되었지만, 처음 얼마 동안은 유

방에게 불리한 싸움이었다. 싸우면 패하고, 싸우면 또 패하여 초나라의 군대를 피해 돌아다녔다. 유방은 부득이 전선을 후퇴시켜 최후의 방어선을 펴고, 항우군의 진격을 방어하려 했다. 계속 패전하는 바람에 유방의 군대는 사기가 그만큼 저하되었던 것이다. 그런데 이때 역생(酈生)이라는 참모가 이렇게 말했다.

"아군에게 무엇보다도 필요한 것은 군량입니다. 그런데 오창(敖倉)은 예로부터 천하의 식량이 다 모여드는 곳으로, 지금도 그곳에는 식량이 산처럼 쌓여 있습니다. 그런데도 항우는 오창의 방위를 소홀히 하여 수비대도 별로 없는 형편입니다. 지금이야말로 좋은 기회입니다. 민첩하게 오창을 탈취하여 식량을 확보해야 합니다."

오창이란 20년 전에 진시황이 만들어 놓은 식량의 저장지였다. 유방은 곧 군대를 이끌고 오창으로 가서, 수비태세가 별로 없었으므로 어려움 없이 탈취했다. 이로서 유방의 군대는 배불리 먹고 충분한 휴식을 취할 수 있었다. 유방이 역전의 승리를 시작한 것은 이 오창 탈취작전 때부터였다. 그야말로 적이 지키지 않는 곳을 공격하여 승리를 거둔 좋은 예라 하겠다.

가장 이상적인 공격 방법은 상대방에게 어디를 어떻게 지켜야 완벽한가에 대한 판단을 할 수 없게 하거나, 또 이상적인 수비에 부딪히면 상대는 어디를 어떻게 공격하면 좋을지 실로 미묘해져 목표를 세울 수가 없게 하는 것이다. 마치 목소리가 없는 것을 상대로 하거나 형태가 없는 것을 잡는 것과 같다. 따라서 뜻대로 상대를 요리할 수가 있는 것이다. 이쪽의 진격을 눈치 채더라도 상대의 허점을 불의에 찌르는 것이므로 응수할 수가 없게 된다. 똑같이 상대가 퇴각한다는 것을 알아도 그 행동이 뒤쫓을 수 없을 만큼 빠르다면 팔짱을 끼고 바라볼 수밖에 없다. 상대가 어디서 어떻게 나올지 짐작조차 할 수가 없다. 이쪽으로 올 것으로 예상하고 그리로 군사를 모으면 그 틈을 노려 허점으로 불쑥 쳐들어온다. 그렇다고 해서 이쪽에서도 그런 수를 썼는데 상대가 지켜야 할 곳을 빈틈없이 지키고 있다면, 정체가 없는 도깨비를 상대하고 있는 것 같아 손을 쓸 수가 없게 된다. 지키지도 못하고 공격도 하지 못하는 속수무책의 상태가 되는 것이다.

허점을 찔러라

進而不可御者 沖其虛也 退而不可追者 速而不可及也
진 이 불 가 어 자 충 기 허 야 퇴 이 불 가 추 자 속 이 불 가 급 야

아군이 공격할 때 적군이 방어할 수 없는 것은 그 허점을 찌르기 때문이요, 아군이 후퇴할 때 적군이 추격할 수 없는 것은 아군이 신속하게 달아나 적군이 급히 추격할 수 없기 때문이다.

발해의 2대 무왕(武王) 대무예(大武藝)는 당나라의 야욕과 발해의 자주독립을 확고히 하고자 기초적인 지방행정조직을 정비하였다. 그러나 주변 유목민족들은 발해의 급성장을 견제하기 시작하였다. 흑수말갈은 발해를 거치지 않고 당나라나 돌궐과 직접 교역하길 원하여 사신을 파견하게 되었다. 당나라 현종은 마침 발해에 대한 견제책을 찾고 있던 중 흑수말갈의 교섭으로 흑수말갈의 땅을 흑수주(黑水州)로 삼고 장사(長史)라는 관리를 두어 발해를 압박하였다. 무왕은 당나라와 흑수말

갈이 공모하여 공격하려는 음모를 알고 선제공격으로 친아우 대문예와 함께 흑수말갈을 치고, 그 땅을 복속시켰다. 이 과정에서 당나라와의 갈등이 커졌다. 대문예에게 당나라 공격의 총책임을 맡겼으나 당나라 공격계획을 반대하였다. 그러나 무왕은 공격을 명령하여 출정을 하였으나, 지속적으로 공격을 반대했다. 그러자 무왕은 노하여 대문예를 불러 죽이려하자, 병사를 버리고 당나라로 망명하였다. 무왕은 당 현종에게 사형을 요청했지만 오히려 옹호해 주었다. 당나라가 그를 이용하여 발해의 갈등과 분열을 획책할 것이 분명하여 당나라에 대한 공격을 미룰 수 없어 선제공격에 나섰다.

732년 장군 장문휴(張文休)를 보내어 바다 건너 당나라 등주(登州, 산동성 봉래)를 공격했다. 등주는 발해를 공격하게 위해 당나라가 전쟁 물자를 모아놓은 보급기지이자 해군기지이기도 했다. 이곳을 장문휴는 해상으로 기습적으로 공격하였다. 등주자사 위준(韋俊)은 기습으로 인하여 저항 한번 해보지 못하고 목숨을 잃었다. 당 현종은 등주 침공 소식에 갈복순(葛福順)을 파견하였지만, 등주에 도착했을 때 장문휴는 기습과 철수가 신속하여 이미 자취를 감추고 사라진 뒤였다. 쑥대밭으로 변한 등주는 매우 처참하였다. 당나라는 처음부터 다시 군수물자를 보급해야 할 상황이 되었던 것이다. 이에 당 현종은 망명한 대문예를 유주(幽州)에 파견하여 군사를 징벌하여 발해군을 치게 하고, 신라에게 발해의 남쪽 국경을 치게 하였지만, 때마침 산도 험하고 날씨가 추운 겨울이라 눈이 한길이나 내려 병사들 대부분이 얼어 죽어 철수 한다는 이유로 당나라 요구를 기부히였다. 등주에 보관된 군수물자가 모두 사라져 보급품이 제대로 갖춰질리 없으니 당연한 결과였다. 그런데 발해와 당나라와의 전쟁에 알려지지 않은 전투가 있었으니 그것은 바로 마도산 전투(마도산은 요서 지방에 있는 산)이다. 이는 장문휴 장군의 수군기동작전과는 별도로 발해 무왕의 전략이라 할 수 있다. 발해군이 당 조정의 간담을 서늘케 하는 일종의 전면전과 같은 정벌전쟁을 펼친 셈이었다. 발해군이 요서의 마도산에 진격한 것은 엄청나게 위협적인 기습 작전으로 평가된다. 발해군에 맞서고자 했던 당나라 오승자(吳承資)는 군을 움직여 길을 막고 언덕을 파고 돌을 쌓아 400리 구간에 걸쳐 깊이와 높이가 각각 3길이나 되게 만들었다. 당시 당나라가 400리에 걸친 참호를 만들 정도로 발해의 기습전 능력이 뛰어났음을 가늠해볼 수 있다.

싸울 수밖에 없는 상황을 만들어라

❖

故, 我欲戰 敵雖高壘深溝 不得不與我戰者 攻其所必救也
고, 아 욕 전 적 수 고 루 심 구 부 득 불 여 아 전 자 공 기 소 필 구 야

我不欲戰 雖劃地而守之 敵不得與我戰者 乖其所之也
아 불 욕 전 수 획 지 이 수 지 적 부 득 여 아 전 자 괴 기 소 지 야

그러므로 내가 전쟁을 하고자 하는 욕심이 있다면, 비록 높은 성루와 깊은 구덩이를 파고 방비를 하더라도 어쩔 수 없이 나와 싸울 수밖에 없는 것은 적군이 반드시 구해야만 하는 곳을 공격하기 때문이다. 내가 전쟁을 하지 않을 욕심이면, 비록 땅에 선만 긋고 지키더라도 적군이 공격해 오지 못하는 것은 적이 공격할 방향을 미리 어그러뜨렸기 때문이다.

전쟁을 하고 싶다고 생각했을 때에는 전쟁을 할 수 있고, 전쟁을 하고 싶지 않는다고 판단했을 때는 전쟁을 하지 않아도 되는 무형, 무성의 정신이다. 명장이라고 불리는 사람들의 전술에는 이와 같이 똑같지는 않아도 이에 가까운 것이 많다.

초(楚)나라 성왕(成王)과 홍수(泓水)라는 강을 끼고 대처한 송(宋)나라 양공(襄公)은 무형, 무성이란 점에서 보면 거의 낙제였었다. 양공의 군세는 적고 성왕의 군세는 훨씬 많았다. 군세를 믿고 성왕의 초군은 홍수를 건너기 시작했다. 자어(子魚)가 양공에게 말했다.

"적은 저희처럼 대군입니다. 지금이라면 적의 허를 찌를 수 있으니 강을 다 건너기 전에 공격하십시오." 양공은 듣지 않았다. 강을 다 건넜으나 초군은 잠시 진형을 정비하지 못하고 있었다. 자어가 또다시 말했다.

"이 기회를 놓치면 공격할 시기는 없습니다."

"아니다! 적이 진형을 정비할 때까지 기다려라." 이렇게 해서 초군의 진형이 정비되자 양공은 공격 개시의 북을 울렸다. 물론 양공은 진형을 갖춘 초의 대군을 이길 수가 없었다. 송나라 사람들이 원망하자 양공은 태연하게 말했다.

"군자란 남이 곤경에 처했을 때 그것을 괴롭혀서는 못쓰는 법이다. 초군의 진형이 정비될 때까지 공격 신호를 내리지 않는 것은 그 때문이다." 자어는 화를 내며 말했다.

"전쟁은 승리가 전부입니다." 자어의 말대로 전시에 평화시의 도리를 들추어 봤자 아무 소용도 없는 것이다. 양공은 아군을 무형이 아니라 유형으로 하고, 적군을 유형이 아니라 무형에 가깝게 한 다음 싸웠다. 전쟁 법칙과는 전혀 반대되는 지휘를 했으므로 패하는 것은 당연했다.

적을 분산시켜라

❖

故, 形人而我無形 則我專而敵分 我專爲一 敵分爲十
고, 형 인 이 아 무 형 즉 아 전 이 적 분 아 전 위 일 적 분 위 십

是以十攻其一也 則我衆而敵寡 能以衆擊寡者
시 이 십 공 기 일 야 즉 아 중 이 적 과 능 이 중 격 과 자

則吾之所與戰者約矣 吾所與戰之地 不可知
즉 오 지 소 여 전 자 약 의 오 소 여 전 지 지 불 가 지

則敵所備者多 敵所備者多 則吾之所戰者寡矣
즉 적 소 비 자 다 적 소 비 자 다 즉 오 지 소 전 자 과 의

故, 備前則後寡 備後則前寡 備左則右寡 備右則左寡
고, 비 전 즉 후 과 비 후 즉 전 과 비 좌 즉 우 과 비 우 즉 좌 과

無所不備 則無所不寡 寡者備人者也 衆者使人備己者也
무 소 불 비 즉 무 소 불 과 과 자 비 인 자 야 중 자 사 인 비 기 자 야

그러므로 적의 진형은 드러나게 하고 아군의 진형은 안보이게 한다. 즉, 아군의 병력을 전부 한곳으로 집중할 수 있게 하고, 적군의 병력은 분산될 수밖에 없게 한다. 나는 아군을 전부 한곳으로 집중하고, 적군은 분산하여 열로 나누어지니 이것은 열개의 힘으로 적군은 한곳을 공격하는 것이 된다. 그리하여 아군은 수가 많고 적군의 수는 적어지게 된다. 이렇듯이 많은 수의 아군으로 적은 수의 적군을 공격하면 아군은 그만큼 상대하기가 쉬워지는 것이다. 아군이 공격할 장소를 적군이 알지 못하게 해야 한다. 즉 적군이 방어해야 할 장소가 많게 하라. 적군이 방어해야 할 장소가 많게 되면 아군이 싸울 적군의 수가 적게 된다.

그러므로 전방에 집중하여 방어하면 후방의 병력이 적어지고, 후방

에 집중하여 방어하면 전방의 병력이 적어진다. 좌측을 방어하면 우측의 병력이 적어지고 우측을 방어하면 좌측의 병력이 적어진다. 방어하지 않을 장소가 없어지게 되면 병력이 부족하지 않은 곳이 없게 된다. 적군의 수가 적은 이유는 아군을 방어해야 하기 때문이다. 아군의 수가 많은 이유는 적군이 아군을 방어 하도록 만들기 때문이다.

손자는 아군의 집중된 병력으로 적군의 분산된 병력을 공격해야 한다는 것을 강조하고 있다. 그러기 위해서는 아군의 전투태세를 드러내지 말고, 또한 어디를 노리고 있는지를 적군이 모르게 해야 한다는 것이다. 그리하면 적군은 여러 곳을 방어해야 하기 때문에 어쩔 수 없이 병력을 분산시킬 수밖에 없게 되어 아군은 분산된 적군의 병력을 상대로 집중된 힘을 발휘할 수 있게 된다. 우세한 병력으로 약화된 적군을 상대로 전투를 하게 된다면 당연히 우세한 병력이 승리하는 것은 당연한 일인 것이다. 적군을 분산시켜 정복하는 방법은 전쟁에 있어서는 그 효과가 매우 크게 나타나고 있다.

미국의 남북전쟁 당시 북군이 남군을 패배시키는 작전의 하나는 우선 남부를 둘로 분리시키는 일로부터 시작되었다. 북군은 처음에 미시시피강을 정복하고, 다음에 셔먼 장군이 이끄는 군대가 죠지아를 통과하여 동부 해안에 이르렀다. 이렇게 하여 남부는 둘로 분리 되었던 것이다. 분리되면 그 만큼 전력이 약화되기 마련이다.

우리가 잘 알고 있는 GE의 최연소 경영자 출신으로 퇴직하기까지 1,700여건의 M&A를 성사시키는 등 세계 최고 기업으로 성장시킨 잭 웰치(Jack Welch)의 사회적 기업과 브랜드는 마케팅 자원으로 최대의 효과를 내야 하는데 필요한 선택과 집중이 중요하다는 것이다. 세계시장에서 현재 1위를 하고 있거나, 1위를 할 수 있는 사업을 제외하고는 사업을 모두 정리하라고 했다. 그것은 자신의 전력을 한 곳으로 모으겠다는 것이다. 하지만 이 말은 사용하는 사람에 따라서 그 뜻이 달라지고 있다. 선택과 집중이란 말의 뜻을 제대로 알지 못하고 사용하는 사람이 많아졌다는 것이다. 무엇을 선택하고 무엇인가를 버려야 한다는 뜻인데 사람의 욕심은 너무 많아 선택을 하지 못하고 있는 것이다. 선택과 집중이란 말만 외칠 뿐 정작 모든 것을 선택하고 모든 것을 집중하는 결과만이 남아버린 것이다. 손자는 모든 것을 다 지키려면 모든 것이 다 약해질 수밖에 없다는 것을 말하고 있다.

전쟁할 장소와 시간을 정확히 파악하라

❖

故, 知戰之地 知戰之日 則可千里而會戰 不知戰地
고, 지 전 지 지 지 전 지 일 즉 가 천 리 이 회 전 부 지 전 지

不知戰日 則左不能救右 右不能救左
부 지 전 일 즉 좌 불 능 구 우 우 불 능 구 좌

前不能救後 後不能救前 而況遠者數十里 近者數里乎
전 불 능 구 후 후 불 능 구 전 이 황 원 자 수 십 리 근 자 수 리 호

以吾度之 越人之兵雖多 亦奚益於勝敗哉
이 오 탁 지 월 인 지 병 수 다 역 해 익 어 승 패 재

故, 日勝可爲也 敵雖衆 可使無鬪
고, 왈 승 가 위 야 적 수 중 가 사 무 투

그러므로 전쟁을 하게 될 곳과 날짜를 잘 알고 있는 자는 천리나 떨

어진 먼 거리라도 가서 전투가 가능하지만, 전쟁을 하게 될 곳과 날짜를 잘 알지 못하는 자는 좌측이 우측을 구할 수 없고, 우측이 좌측을 구할 수 없으며, 전방이 후방을 구하는 것이 불가능하고, 후방에서 전방을 구하는 것이 불가능하다. 하물며 먼 곳은 수십 리, 가까운 곳도 몇 리나 떨어져 있는 경우는 말해 무엇하겠는가? 내가 헤아려 보건대, 월나라 병사의 수가 많다고 하지만 어찌 이것으로 전쟁의 승패를 결정하는데 도움이 되겠는가?

그러므로 승리란 만들어지는 것이니 적군이 비록 많을지라도 적군이 아군과 전투를 하지 못하게 만들 수 있는 것이다.

적군의 움직임과 허실을 살펴 전투할 장소와 시기를 알고 있다면 이것은 바로 전쟁의 주도권을 장악한다는 것이다. 또한 천 리나 되는 먼 곳을 원정하여 싸워도 승리할 수 있지만, 주도권을 빼앗기고 적에게 조종당한다면 전투할 장소 및 시간도 몰라 적에게 끌려 다니며 혼란을 일으키게 된다. 따라서 군사가 아무리 많아도 상대방의 술수에 말려들면 전후좌우로 서로 분산시킬 뿐 집중된 힘을 펼칠 수 없는 것이다. 이렇게 약화된 적을 상대로 집중된 병력을 투입하여 전투를 한다면 크게 승리하는 것이다. 승리란 결국 지혜로운 이에 의해서 만들어지는 것이다.

춘추시대에 오(吳)나라와 월(越)나라는 오랜 동안 원수로 지냈다. 거기에서 원수끼리 같은 배를 탔다는 오월동주(吳越同舟)라는 말이 생겨 지금도 사용되고 있으며, 두 나라 사이에 서로가 원수를 갚기 위하여 한시도 이를 잊지 않고 갖은 고난을 이겨내는 와신상담(臥薪嘗膽)의 고사도 바로 이 두 나라에서 비롯되었다. 손자는 오(吳)나라에 있었는데, 그는 적국인 월(越)나라의 군대 수가 비록 많기는 하나 싸움의 승패에는 아무런 영향도 주지 못하고 있다고 생각했다. 즉 군대 수의 많음이 승패를 결정하는 요인이 될 수는 없다는 것이다. 왜냐하면 승리의 조건은 사람이 만들어 내는 것이므로, 적군이 아무리 많다 하여도 싸울 수 없도록 만들면 이쪽이 이기게 되기 때문이다.

적의 동정을 파악하라

❖

故, 策之而知得失之計 作之而知動靜之理
고, 책 지 이 지 득 실 지 계 작 지 이 지 동 정 지 리

形之而知死生之地 角之而知有余不足之處
형 지 이 지 사 생 지 지 각 지 이 지 유 여 부 족 지 처

그러므로 적군의 정황을 수집하고 분석하여 이해득실을 계산하고, 적군을 자극하여 적군이 움직이는 동정을 파악해야 하는 것이다. 적군의 명확한 준비태세를 조사하여 그들이 패배할 지세와 패배하지 않을 지리를 얻고 있는가를 파악해야 하며, 적군과 작은 충돌을 일으켜 병력의 우세한 곳과 부족한 곳과의 차이를 알아 아군의 병력에 운용을 결정한다.

적군의 정황을 확실히 알지 못한 상태에서는 공격을 해서는 안 되는 것이다. 손자는 적군의 허실을 파악하는 방법으로 책지(策之), 작지(作之), 형지(形之), 각지(角之) 4가지를 말하였다. 적군의 태세를 살피는 구체적인 방법이므로, 적절하게 활용한다면 적군의 전력을 분석하여 아

군의 전략 전술을 결정하는 데 큰 도움을 얻을 수 있다는 것이다.

첫째, 적군의 정황과 의도를 정확히 분석하여 아군의 이해득실을 계산하는 것이다. 그래서 책(策)은 분석하고 판단한다는 뜻이다. 전쟁을 하기 전에 쌍방이 처한 상황과 작전계획의 우열을 분석하고 예측해 보는 것이 우선이다. 적군의 어디를 공격하면 가장 피해가 많은지, 적군의 방어가 가장 약한 곳이 어디인지를 파악하여 아군의 이익과 손해를 분석하여 판단하는 것이다.

둘째, 적군을 자극하여 그 대비태세의 유형을 파악하는 것이다. 그래서 작(作)은 무언가를 만들고 누군가를 부리는 행위를 가리킨다. 적군의 전투에 대한 방어 준비가 어떠한지 작은 전투로 어떻게 반응하는지, 아군의 행동에 어디로 이동하는지, 질서는 갖추어져 있는지 등 동정을 파악함으로써 공격과 수비에 대비할 수 있다. 이는 상당히 계획적이고 의도적인 방법이라고 할 수 있다.

셋째, 적군을 정탐하여 주둔지나 싸움터의 지형, 환경, 도로 상태 등이 공격과 방어에 유리한지 알아내는 것이다. 형(形)은 모양을 드러내는 것을 의미한다. 아군의 모습을 거짓으로 드러내 적을 움직이게 할 수도 있고, 거짓 정보를 흘려 움직이게 할 수도 있다. 갖은 방법을 모두 동원하여 적군이 자신들도 모르는 사이에 실체를 드러내게 한 후 적진이 어떤 장단점을 가지고 있는지 파악하는 교묘한 방법이다.

넷째, 적군을 자극하여 허와 실, 병력의 보유 정도를 파악하는 것이다. 각(角)은 원래 뿔을 가리키는 글자로, 동물이 뿔로 서로 힘겨루기를 한다는 의미이다. 가상 확실한 방법은 직접 부딪혀 보는 것이다. 어디가 강하고 약한지, 병사들의 사기는 어느 정도인지 알 수 있는 것이다. 이러한 4가지 사항에 대한 정보수집과 이에 대한 합리적인 분석은 승리에 이르는 지름길이 된다.

최고의 전술은 형태가 없는 것이다

---❖---

故, 形兵之極 至於無形 無形則深間不能窺 智者不能謀

고, 형 병 지 극 지 어 무 형 무 형 즉 심 간 불 능 규 지 자 불 능 모

因形而錯勝於衆 衆不能知 人皆知我所以勝之形

인 형 이 조 승 어 중 중 불 능 지 인 개 지 아 소 이 승 지 형

而莫知吾所以制勝之形

이 막 지 오 소 이 제 승 지 형

故, 其戰勝不復 而應形於無窮

고, 기 전 승 불 부 이 응 형 어 무 궁

그러므로 군형의 극치는 형태가 눈에 띄지 않는 데 있다. 그 형태가
없다면 깊이 침투한 적군의 간첩이 엿볼 수 없고, 아무리 지혜로운 적
장이라 하더라도 능히 계략을 세우지 못할 것이다. 적군의 나타난 형태
에 따라 승리를 하여도 군사들은 어떻게 이겼는지 알지 못한다. 군사들
은 아군이 승리할 때에의 전투태세는 알지만, 어떠한 계략으로 승리할
수 있었는지 이해하지 못하는 것이다. 그러므로 한번 전쟁에서 승리한
방법은 다시 사용하면 안 된다. 상황에 따라 대응하는 계략과 전술은
무궁무진해서 끝없이 응용해 나가는 것이다.

군대에 있어서의 최선의 태세는 결국 적군이 아군의 태세를 알 수 없

게 만드는 일이다. 작전을 자유자재로 변화시키면서도 조직의 본질을 잃지 말아야 한다. 이와 같이 하면 깊이 잠입해 들어온 적의 간첩도 아군의 실정을 엿볼 수 없게 되고, 또 지혜 있는 적장도 치밀한 전략을 세우지 못하게 된다. 이와 같이하여 아군의 형태는 변화무쌍하여 드러나지 않고 반대로 적군의 형태는 드러나게 된다. 그러므로 비록 아군의 수는 적지만, 수가 많은 적군에게 승리를 거두게 된다. 그러나 적군들은 이 원리를 깨닫지 못하는 것이다. 무슨 일을 하든지 형태가 드러나지 않는다면 아무리 스파이가 들어와도 무사할 것이다. 또 적장이 아무리 머리를 짜내도 옳은 판단을 내리지 못할 것이다. 그러므로 손자는 형태를 나타내지 않는 것이 전쟁에 있어서 가장 좋다고 말하고 있다.

월왕 구천이 오나라에게 패하고 회계산에서 구원을 받아 돌아온 지 7년이 지난 때였다. 나라의 힘도 이제 충실해지고 백성들은 구천에서 은혜를 느껴 오나라에게 보복을 하려고 했다. 그러나 대부(大夫) 봉동(逢同)이 간청하였다.

"우리나라는 지금 국세를 회복하여 상승을 하기 시작했습니다. 여기서 다시 전쟁 준비를 시작한다면 오는 근심을 하고 반드시 공격해 옵니다. 맹수가 먹이를 공격할 때는 반드시 그 형을 숨기는 법입니다. 아직 당분간은 오나라에게 원한을 품고 있는 제(齊), 초(楚), 진(晉) 3국과 화친하도록 노력하고, 오나라에 대해서는 정중하게 대해야 합니다. 오왕이 신이 나서 싸움을 가볍게 생각하게 되었을 때가 기회입니다."

그로부터 3년이 지났다. 대부 종(種)이 월왕에게 간했다.

"오왕의 정치를 보고 있자니 근래 교만해진 것 같습니다. 오왕에게 식량을 빌려 달라고 청을 하고 실정을 탐지해 보십시오." 과연 오왕은 월왕에게 식량을 주었다. 월왕은 아직 공격할 때가 안 되었다고 생각했다.

다시 3년이 지났다. 월왕 구천은 범려에게 물었다.

"이제 오를 공격해도 좋지 않을까? 오왕은 충신인 오자서를 죽이고, 그 후로는 아첨하는 자만을 상대하고 있다고 하는데⋯⋯." 범려가 대답했다. "아직 시기가 아닙니다."

다음해 봄, 오왕은 북상하여 황지(黃地)라는 곳에서 제후를 모았다. 정병은 전부 왕을 따랐으므로 오나라에서는 노인들과 아이들만이 남아 있었다. 범려가 말했다.

"기회가 왔습니다." 월왕은 노도같이 오나라로 진격해 들어가 오군을 대파했다. 다시 4년이 지났다. 오나라의 정예는 거의 제(齊), 진(晋)과의 전투에서 전사하고 백성은 피폐되어 있었다. 월왕은 이 기회를 놓치지 않고 오나라를 공격하여 각처에서 크게 오군을 격파했다. 오나라의 도읍을 3년 동안 포위, 오군은 완전히 격멸 당했다. 오왕은 마침내 자살하고 월왕 구천은 20년의 복수를 끝냈다. 자기를 나타내지 않고 상대의 형세를 탐색하여 거기에 대응함으로써 드디어 승리를 한 것이다.

군의 태세는 물과 같다

夫兵形象水 水之形避高而趨下 兵之形 避實而擊虛
부 병 형 상 수 수 지 형 피 고 이 추 하 병 지 형 피 실 이 격 허

水因地而制流 兵應敵而制勝
수 인 지 이 제 류 병 인 적 이 제 승

故, 兵無常勢 水無常形 能因敵變化而取勝者 謂之神
고, 병 무 상 세 수 무 상 형 능 인 적 변 화 이 취 승 자 위 지 신

故, 五行無常勝 四時無常位 日有短長 月有死生
고, 오 행 무 상 승 사 시 무 상 위 일 유 단 장 월 유 사 생

군대의 태세는 물과 같아야 한다. 물은 높은 곳을 피하고 낮은 곳으로 흐르기 마련이다. 마찬가지로 군대의 태세 적군의 강한 곳을 피하고 허점을 공격해야 하는 것이다. 물은 땅의 형태에 따라 흐름이 정하여지고, 전쟁은 적군의 형태에 따라 승리가 결정된다. 그러므로 군대의 형세도 항상 변해야 한다. 적군의 변화에 따라 적절히 대응하여 승리를 얻는 자가 귀신같은 군대라고 이른다. 그러므로 오행은 항상 이기는 것이 없고, 사계절도 언제나 돌고 도는 것이다. 해는 계절에 따라 짧고 길게 변하고, 달은 한 달을 주기로 차고 기운다.

물은 일정한 형태가 없다. 둥근 그릇에 넣으면 둥글어지고 네모진 그릇에 넣으면 네모가 된다. 이와 마찬가지로 전쟁에 있어서도 일정불변한 태세란 있을 수 없다. 그러므로 능히 적군의 태세에 따라 적절한 작전을 세우고 적군의 허를 공격함으로서 승리를 거두는 장수를 전략이

신묘하다고 말하는 것이다. 그것은 마치 오행(五行)이 항상 변화해가고, 사계절의 기후도 그때그때 변화해가는 것으로 일정한 상태라는 것은 없는 것이다. 해도 제자리에 있지 않고 순환하며, 해가 길어졌다가는 짧아지고, 짧아졌다가는 길어지고, 달도 둥글게 찰 때가 있고, 기울 때가 있어서 하루하루 그 모습을 바꾸는 것이다. 전쟁에 있어서의 태세도 항상 적군의 태세에 따라 변화하기 마련인 것이다. 노자(老子)도 '지극한 선은 물과 같다'고 말했고, 울료자(尉繚子)의 무의편(武議篇)에도 '용맹한 군대는 물에 비유할 수 있다. 물은 몹시 부드럽고 약하지만, 그러나 흘러가는 쪽에 있는 언덕도 무너뜨릴 힘을 가지고 있다. 그것은 물의 성질이 한결같아 변함이 없지만, 그 움직이는 법이 변화무쌍한 이치를 지니고 있기 때문이다.' 라는 말이 있다.

🏢 기업 경영에 준하여

기업은 조직과 명령의 체계와 사원들의 사기가 높은 완전한 태세를 갖추어야 한다. 완전한 태세가 갖추어졌을 때 비로소 어떠한 사업이든 튼튼하게 해 나갈 수 있다. 반대로 일을 시작해 놓고 태세를 갖추려고 해서는 안 된다. 일에 휘말려서 태세를 갖추기는 너무 힘들기 때문이다. 그러므로 태세를 먼저 갖추어 놓고 일을 한다면 회사는 이득을 보지만, 일부터 시작하는 회사는 손실을 보게 된다는 것이다. 태세를 먼저 갖추어 놓는 회사는 아무리 어려운 일이 닥쳐와도 능히 이를 극복하고 성공을 거둘 수가 있다. 그러므로 기업경영을 잘하는 사람은 적극적인 운영이든, 소극적인 운영이든 언제나 성공을 거둘 수가 있다. 사회적 여건이 안정되고 좋은 아이디어가 없을 때 소극적인 운영 방법을 선택한다면 능히 어려운 난관을 극복할 수 있기 때문이다. 기발한 아이디어가 있을 때에는 심한 불경기나 사회적 여건이 좋지 않더라도 적극적인 운영방법을 채택하고, 그렇지 않을 때에는 소극적인 운영방법을 채택해야 한다.

어떤 회사나 기밀이 있기 마련이다. 이 기밀이 외부로 세어 나가지 않도록 하는 것이 중요하다. 그리고 모든 사원이 회사의 발전을 위해 일치단결하여 총력을 기울인다면, 비록 중소기업이라 할지라도 능히 대기업보다 높은 수익을 올릴 수 있을 것이다. 대기업은 아무래도 허점이 있게 마련이다. 그러나 중소기업에 있어서는 경영만 철저히 하면 허점이 전혀 없는 완전한 태세를 갖출 수가 있다. 중소기업에 있어서는 사업의 목표와 실천계획을 완전무결하게 세울 수가 있다. 이 치밀하게 세운 목표와 계획이야말로 중소기업만이 지닐 수 있는 강력한 무기라 할 수 있다. 그러므로 허점이 많은 대기업보다는 차라리 중소기업의 운영에서 더 많은 성공을 거둘 수 있는 것이다. 그러나 사회적인 여건은 잠시 쉬지 않고 변해가고 있다. 무엇보다도 사회적인 변화에 민감하여, 미리 이 변화에 적응하도록 이해득실을 검토하여 항상 새로운 전략을 세워 나가야 한다. 따라서 기업운영의 전략은 항상 유동적이라야 한다. 그래야만 항상 사회적 변화에 따라서 여건에 가장 적합한 작전을 세워 나갈 수 있는 것이다. 그러므로 기업경영의 작전은 마치 물과 같다는 것이다. 물은 일정한 형태가 없다. 또 계절이나 해와 달도 일정한 형태가 없이 항상 순환한다. 기업에 있어서의 작전도 항상 사회적 여건의 변화에 따라 거기에 가장 적합하도록 변화시켜 나가야만 하는 것이다.

◆
7

군쟁편
軍爭篇

군쟁(軍爭)이란 유리한 싸움을 할 수 있도록 움직여서 승리를 얻는다
는 뜻이다. 즉, 전투를 말한다. 지금까지는 전투에 있어서의 중요한 전
제 요건이었다. 그러나 군쟁편부터는 실제 전투에 있어서 응용하는 전
술이다. 심리전에 있어서는 허실의 기계(奇計)를 써서 이른바 사치(四
治)의 주도권을 장악해야 한다는 것을 설명하고 있다.

군쟁보다 가장 어려운 것은 없다

孫子曰, 凡用兵之法 將受命於君 合軍聚衆 交和而舍 莫難於軍爭
손 자 왈, 범 용 병 지 법 장 군 명 어 군 합 군 취 중 교 화 이 사 막 난 어 군 쟁

軍爭之難者 以迂爲直 以患爲利
군 쟁 지 난 자 이 우 위 직 이 환 위 리

故, 迂其途 而誘之以利 後人發 先人至 此知迂直之計者也
고, 우 기 도 이 유 지 이 리 후 인 발 선 인 지 차 지 우 직 지 계 자 야

손자가 말하였다

군대를 운용하는 방법은 장수가 군주로부터 명령을 받아 군사를 징집하고, 군대를 편성하여 군영을 이루고 적군과 대치하는 것이며, 군쟁보다 더 어려운 것이 없다. 군쟁이 어려운 것은 먼 길로 돌아가면서도 곧바로 가는 것처럼 하고, 전쟁에 불리한 조건을 유리하게 바꿔야 하기 때문이다. 그러므로 길을 돌아서 가는 것처럼 하여 적군에게 유리한 듯 유인하면 뒤에 출발한 군대가 먼저 도착하는 것이다. 이를 먼 길로 돌아가면서도 곧바로 가는 것처럼 하는 계책을 안다고 하는 것이다.

손자는 군쟁이 가장 어렵다고 말했다. 군쟁이란 군사들을 단순하게 이동시키는 것이 아니라 유리한 싸움을 할 수 있도록 움직이는 것이다. 현대에는 기동이라는 말에 가까우며, 행군과는 구별이 다르다. 전쟁을 하는 방법은 우선 장수가 군주에게서 출동명령을 받아 군사를 집합시키고 군사들을 모아 부대를 편성하여 적군과 대치하는 것이다. 그러나 무엇보다도 어려운 것은 적군과 싸워 승리를 거두는 일이다. 6편까지

는 주로 이론적인 전략에 관한 설명이었지만, 7편에서 비로소 적군과 직접 싸우는 전투상황에 대한 작전전략이 전개된다. 손자가 말한 바와 같이 전쟁에서 가장 어려운 것은 전투행위이다.

　적군과 싸워서 승리를 거두기가 어려운 것은 돌아가는 길을 가까운 길로 만들고, 전투에 불리한 조건을 유리하게 만드는 일에 있다. 그러므로 적군보다 길을 돌아가면서 작은 이익으로 적군을 유인하여 공격하거나, 적군보다 늦게 떠나서 적군보다 먼저 도착하여 뒤늦게 오는 적군을 공격하는 방법이다. 이와 같은 전략을 쓸 줄 아는 장수를 돌아가 곧게 가는 전략을 아는 사람이라고 말한다. 우(迂)는 돌아가는 곡선이고, 직(直)은 직선이다. 같은 거리를 돌아가는 것보다 직선으로 가는 것이 시간을 단축시킬 수 있다. 이것은 하나의 상식이다. 그러나 일부러 멀리 돌아가는 것은 적군을 안심시키는 하나의 전략이다. 안심한 적군을 공격하는 것이 우직(迂直)의 계략이다. 적군을 안심시켜 놓고 공격하는 것이므로 적이 받는 타격은 더욱 크게 마련이다. 이 우직의 계략을 사용하여 승리를 거둔 예로서 '알여(閼與)의 전투'를 들 수 있다.

　전국시대에 진(秦)나라의 대군이 조(趙)나라의 영토인 알여를 침공해 들어왔다. 조나라에서는 조사(趙奢)를 최고 사령관으로 임명하여 이를 방어하게 하였다. 그런데 조사는 알여에서 멀리 떨어진 도읍에서 3백리 떨어진 지점에 방어선을 치고는 알여를 구원할 기색조차 보이지 않았다. 그러는 동안 진나라 군대는 알여를 향하여 계속 진격을 하였다. 때 마침　진나라의 간첩이 조나라의 군대 속으로 몰래 침투하였다. 조사는 침투한 간첩을 체포하여 후하게 대접한 다음 돌려보냈다. 진나라의 장군은 간첩의 상황 보고를 듣고서 적군은 도읍에서 3백리 떨어진 곳에 머물고 있으므로 알여는 이미 우리가 점령한 것과 마찬가지라고 생각하고 좋아하였다. 그러나 조사는 진나라의 간첩을 돌려보내고, 바로 전군에게 출동명령을 내려 신속하게 행군하여 진나라 군대보다 알여에 먼저 도착하여 진형을 갖추고, 일부 군대를 출동시켜 알여 방위의 요충지인 북산(北山)을 점거하게 했다. 뒤늦게 도착한 진나라의 군대가 서둘러 북산을 공격했지만, 조사는 주력부대를 일시에 투입시켜 진나라의 군대를 쳐부수고 대승리를 거두었던 것이다.

우리의 인간관계도 마찬가지이다. 서로 틀어진 관계를 원래대로 돌리려면 묵묵히 시간을 두고 생각해야 한다. 또한 일을 추진하거나 상대와 협상을 할 때에도 빠르게 무턱대고 일을 추진한다면 상대와 오히려 협상이 결렬되고 만다. 상대를 더 치밀하게 분석하여 시간을 두고 협상한다면 오히려 효과를 볼 수 있다. 손자가 말하는 곡선사고라고 말할 수 있다.

군쟁은 이로움과 위태로움이 있다

---❖---

故, 軍爭爲利 軍爭爲危 擧軍而爭利則不及 委軍而爭利則輜重捐

고, 군 쟁 위 리 군 쟁 위 위 거 군 이 쟁 리 즉 불 급 위 군 이 쟁 리 즉 치 중 연

是故, 夯甲而趨 日夜不處 倍道兼行 百里而爭利

시 고, 권 갑 이 추 일 야 불 처 배 도 겸 행 백 리 이 쟁 리

則擒三將軍 勁者先 疲者後 其法十一而至

즉 금 삼 장 군 경 자 선 피 자 후 기 법 십 일 이 지

五十里而爭利 則蹶上將軍 其法半至

오 십 리 이 쟁 리 즉 궐 상 장 군 기 법 반 지

三十里而爭利 則三分之二至

삼 십 리 이 쟁 리 즉 삼 분 지 이 지

是故, 軍無輜重則亡 無糧食則亡 無委積則亡

시 고, 군 무 치 중 즉 망 무 양 식 즉 망 무 위 적 즉 망

　그러므로 군쟁은 유리한 것이 되기도 하고, 위태로움이 될 수도 있다. 모든 군대를 동원하여 이로움을 다투면 기동력이 둔화되어 일찍 목적지에 도착하지 못하게 되며, 일부의 군사를 남겨두고 이로움을 다투면 군수물자를 버려야 하는 것이다. 그런 까닭으로 갑옷과 투구를 벗어던지고 밤낮으로 길을 달려 배의 속도로 행군하여 100리 이상의 먼 거리를 갈 수 있지만, 모든 장군이 포로로 잡히고, 강한 군사는 먼저가지만 피로한 군사는 뒤처지게 되니, 이러한 방법으로는 군사의 10분의 1만 전쟁터에 도착하게 된다. 50리에 걸쳐 이로움을 다투면 상장군이 쓰러지고, 군사의 절반이 목적지에 도착한다. 30리에 걸쳐 이로움을 다투면 군사의 3분의 2만 목적지에 도착하게 된다. 이 때문에 군대의 군

수물자가 없으면 패망하게 되고, 양식이 없어서 패망하고 쌓아 놓은 물자가 없어서 패망하게 된다.

적군과 싸워 승리를 거두면 이익이 되지만, 그러나 여기에는 위험이 뒤따르게 된다. 즉 중장비 부대까지 합쳐서 전군을 싸움터에 투입하려 하면, 적군보다 뒤떨어져 승리를 거둘 수 없게 되고, 또한 무거운 갑옷이나 투구 등을 벗어 버리고 가벼운 차림으로 한때의 휴식도 없이 주야로 강행군을 하여 100리나 떨어진 곳에서 승부를 지으려고 하면 곧 무리가 생기기 때문에 장군 모두 포로가 되어 버리고 만다. 이렇듯 무리한 강행군이면 완강한 자만이 앞서고, 지친 자는 점점 뒤쳐져서 목적지에 도착한 것은 겨우 10명에 1명 정도이고, 나머지는 낙오 하거나 뒤늦게 도착하게 된다. 만약 50리의 거리면 상장군은 쓰러지고, 제때에 도착한 군사는 반 남짓할 것이다. 그리고 30리의 거리라 하더라도 그 한계선까지 무리한 행군을 한다면 역시 3분의 2의 병력이 남고, 3분의 1의 병력은 고스란히 줄어들 것이다. 이러한 강행군에는 가장 중요한 군수물자가 제때에 도착되지 않기 때문에, 군사는 맨손으로 덤비는 꼴이 되어지는 것이다. 양식의 경우도 같다. 배가 고파서는 싸움이 되지 않는다는 것은 동서고금을 통한 원칙이다. 이쯤 되고 보면 도저히 이길 수 없다고 해도 과언이 아니다.

612년(영양왕 23년) 수나라의 양제는 두 번째 고구려를 침략하였다. 이때도 첫 번째 침략 때와 마찬가지로 수륙양로를 통해 쳐들어왔다. 먼저 수나라 군사는 좌우 각각 12군으로 편성하여 고구려를 향해 진군하였다. 동원된 병력은 모두 113만 3천여 명과 군량운반의 수는 정규군의 배가 되었으며, 군대를 출정시키는 데도 40여일이 소요되었다.

고구려의 저항으로 막대한 희생을 치르면서 겨우 요하 도하작전에 성공한 수나라는 바로 요동성(遼東城)을 포위하여 공격하였으나, 고구려의 완강한 저항과 지휘계통의 혼란 등으로 장기전으로 돌입하게 되었다.

이에 수나라는 우중문(于仲文)과 우문술(宇文述)이 거느린 30만5천명의 별동대를 편성해 오골성(烏骨城 : 지금의 봉황성)을 거쳐 압록강을 건너 고구려 평양성을 공격하기로 결정하였다. 군사들이 출정할 때 1인당 100일분의 식량과 말먹이를 지급받았으나, 군사들은 이 무거운 짐을 짊어지고 갈 도리가 없어 상당한 분량을 천막 아래에 묻어버렸다. 그리하여 몰래 버린 물자부족 등으로 굶주리게 되었다. 우문술은 회군을 하고자 했으나 우중문은 반대하였다. 이러한 약점을 압록강을 건너기도 전에 고구려 주장(主將) 을지문덕(乙支文德)은 알고 이들을 더욱 지치게 하기 위해 싸우다가 일부러 지는 체하며 달아났다. 수나라 군사는 하루에 일곱 번 싸워 일곱 번을 이기자, 이미 고구려를 정복한 것으로 착각하였다. 별동대는 고구려군의 게릴라전술에 고전하면서 겨우 평양성 30리 지점에까지 진군하였다. 이때 을지문덕이 우중문에게 조롱하는 시를 지어 보냈다.

"싸움마다 이겨 이미 큰 공을 세웠으니, 흡족한 마음으로 그만 돌아가시지요." 그러나 우중문은 답장을 보내어 항복하기를 종용했다. 우문술은 군사들이 굶주리고 지쳐 더 이상 싸울 수도 없고, 또한 평양성이 견고하여 빼앗을 수도 없음을 알고 퇴각을 하게 되었다. 퇴각하는 수군이 살수를 건너고 있을 때, 고구려 군사들이 그 후미를 공격하여 수나라 장수 신세웅(辛世雄)이 전사하는 등 대대적인 전과를 올려 요동성까지 살아간 병력은 겨우 2,700명에 불과했다고 한다.

알아야 이로움을 누린다

———— ❖ ————

故, 不知諸侯之謀者 不能豫交 不知山林 險阻 沮澤之形者
고, 부지제후지모자 불능예교 부지산림 험조 저택지형자

不能行軍 不用鄉導者 不能得地利
불능행군 불용향도자 불능득지리

그러므로 제후의 계략을 알지 못하면 교류를 할 수 없고, 산림의 험난함을 모르고, 늪지대의 지형을 모르는 자는 행군이 불가능하다. 그 지방의 길잡이를 이용하지 못하면 지리적인 이득을 얻을 수 없다.

손자는 제후들이 전략, 지형, 향도 세 가지를 활용하지 못하면 매우 무모한 전쟁이 될 수밖에 없다고 하였다. 즉 외교관계, 지형적 조건 파악, 현지 사정에 능통한 자들의 도움이 있어야 정확하게 움직일 수 있다는 것이다. 지형을 강조하는 이유는 용병과 포진이 일정한 장소에서 이루어지기 때문이다. 자연조건은 공격과 수비에 결정적인 영향을 미치게 되며, 이는 천(天), 지(地), 인(人) 세 가지를 아는 자는 승리하고 그렇지 못한 자는 패배한다는 말이 표현되어 있다.

1805년 오스트리아, 1807년에는 프로이센과 러시아의 양국을 굴복시킨 나폴레옹은 이번에 다시 스페인 포르투갈을 장악하고 영국에 대한 봉쇄 정책을 강화하려고 하였다. 이 계획에 대하여 스페인 왕은 찬성을 하기로 하였지만, 국민들은 이에 대하여 반발했고, 또한 프랑스의 헌법을 강요하자 국민의 분노는 폭발하게 되었다. 스페인의 각지에서 난동과 파업이 일어나, 새로운 왕 죠셉도 수도에서 도망치지 않을 수 없는 상황에 처해 있었다. 더욱이 그 무렵에 영국군이 포르투갈에 상륙했을 뿐만 아니라, 배후에 있는 러시아, 프로이센, 오스트리아가 프랑스의 배후를 공격할 태세였다. 이에 나폴레옹은 스스로 대군을 이끌고 스페인에 출정하여 영국군을 축출하는 등 소탕작전의 목적을 대체로 달성하였다. 그러나 스페인의 지형은 중부 유럽과는 달리 산악으로 둘러싸여 있어서 교통이 불편했을 뿐만 아니라 지형이 험악하여 프랑스군이 평소에 자랑하고 있던 야전에서의 섬멸 작전을 실시할 수가 없었다. 더욱이 용감하고 집요한 스페인 국민들은 농민, 어부, 상인 할 것 없이 무기를 들고 저항을 했으며, 드디어 게릴라전을 조직적으로 시도해왔다. 측방이나, 후방에 대한 경계는 고려치 않고 기동력만 강조해온 프랑스군은 게릴라전 형식의 공격에는 약하였다.

클라우제비츠는 전쟁론에서 국민정신은 군대의 산악전에 있어 그 영향력이 가장 두드러지게 나타난다. 왜냐하면, 산악전에 있어서는 한 사병에 이르기까지 일체가 각자의 자유행동에 맡기어졌기 때문이다. 그러므로 국민이 무장봉기하는 경우에 산악은 가장 좋은 투쟁 장소가 되는 것이라고 말하고 있다. 그리고 이런 지형은 산악, 산림지 혹은 소택지에 의해 형성되고, 또 경작(耕作)의 성질에 의해 생기는 경우도 있다. 스페인 국민들은 산악과 산림지대를 이용한 게릴라전 때문에 프랑스는 30만의 병력 가운데 겨우 7만의 병력만이 대영전(對英戰)에 투입되었으며, 전쟁이 장기화되자 나폴레옹에게 불리하게 되었다. 게릴라전과 지형과는 끊을 수 없는 관계에 있으며, 나폴레옹군의 스페인에서의 실패는 손자의 견해가 그대로 적중한 예이다. '산림이나 소택지 등의 지형을 모르는 자는 전투를 할 수 없고, 토착민의 안내자를 사용하지 못하는 자는 지형의 이익을 얻을 수 없는 것이다.'

전쟁의 방법

※

故, 兵以詐立 以利動 以分合爲變者也
고, 병 이 사 립 이 리 동 이 분 합 위 변 자 야

故, 其疾如風 其徐如林 侵掠如火 不動如山 難知如陰 動如雷霆
고, 기 질 여 풍 기 서 여 림 침 략 여 화 부 동 여 산 난 지 여 음 동 여 뇌 정

掠鄕分衆 廓地分利 懸權而動 先知迂直之計者勝 此軍爭之法也
약 향 분 중 확 지 분 리 현 권 이 동 선 지 우 직 지 계 자 승 차 군 쟁 지 법 야

그러므로 전쟁은 속임수로써 성립하고, 이로움으로써 행동하며, 병력을 분산시키거나 통합하여 변화를 일으키는 것이다. 그러므로 빠르기는 바람과 같고, 고요함은 숲과 같으며 침략은 불처럼 기세가 왕성하게, 움직이지 않는 것은 산처럼 진중하고, 알 수 없음은 어둠과 같고, 움직일 때는 벼락이 치는 것과 같다. 적의 고을에서 약탈한 노획물은 나누고, 적의 땅을 점령하여 얻은 이익은 공정하게 분배하며, 상황의 변화에 따라 움직인다. 우회와 직진의 장단점을 아는 자는 승리할 것이다. 이것이 전쟁의 방법이다.

진심으로 감동시키던지, 속임수로 속이던지 그 목표는 같다. 기회를 잡으면 바람처럼 빠르게 움직이면서도 적군이 눈치를 채지 못하도록 숲처럼 조용하게 움직이고, 불같이 쳐들어가고, 움직이지 않는 산처럼 꼼짝하지 않는 군대를 만드는 것이다. 공격의 3가지 중에 하나인 선제공격을 하고, 빠르고 바람처럼 전쟁의 주도권을 잡으려면 불처럼 기세가 사나워야 한다. 기습을 하려면 몰래 소리 없이 숲처럼 가야 한다. 그

러나 움직이지 않을 때는 산처럼 꼼짝하지 말아야 한다.

1941년 2월, 롬멜 장군은 독일군 아프리카 군단의 사령관으로 임명되었다. 그는 광활한 리비아 사막을 바라보며 사막은 흡사 바다와 같은 특성을 지니고 있어 해군식 전차 전술이 가장 효과적인 전술이라고 생각했다. 롬멜은 전시상황을 검토하여 412대의 전차를 동원하는 총공격의 계획을 수립하였다. 목표는 스에즈 운하로 가는 요로에 자리 잡은 토브루크였다. 반년 전부터 독일군의 포위에 있던 토브루크 요새는 이탈리아의 발브 원수가 건설한 근대 요새로서 주요한 시설은 모두 지하에 매몰되어 있었다. 그 외측은 대전차포, 기관총, 전차호, 철조망이 2중 3중으로 가설되어 있고, 그리고 지뢰까지 매설하였으며, 영국군 3만 5천명이 수비하고 있었다. 이 요새를 공격하는 롬멜의 전략은 요새의 남쪽과 서쪽에서 양동작전을 실시하여 영국군을 유인하는 사이에 주력은 동쪽에서 공격하는 것이었다.

5월 20일 아침 예정대로 공격을 개시한 독일군은 수백 대의 공군기와 대전차포의 맹사격을 가한 후, 공병대가 지뢰를 제거하고, 전차호는 다리를 놓아 대기했던 전차의 대군이 쇄도하여 요새를 하루 만에 점령하였다. 이 전투에서 독일은 포로 1만여 명, 전차 1천대 이상, 400문의 화포, 전차용 연료와 전군이 3개월간 사용할 수 있는 식료품 및 탄약을 획득했다. 롬멜은 숨 돌릴 사이도 없이 22일부터 패주하는 영국군의 추격을 전개했는데, 이런 추격전을 가능하게 한 것도 토브루크 요새에서의 전리품 덕택이었다.

몽고메리 장군을 새로운 지휘관으로 임명한 영국군도 가만히 있지는 않았다. 병사들의 교육훈련에 전념하고 독일군을 압도하는 충분한 병력과 무기 및 장비를 갖출 때까지 과도한 공격을 취하지 않는 정공법을 취했다. 그리고 다행히 미국의 대보급 선단이 속속 도착하였다. 7월에 B-24 100대, 9월 초에는 성능이 우수한 샤먼 전차 300대, 105밀리 대전차포 100문이 도착하고, 새로 편성한 보병 사단도 증원되어 독일군의 2배의 병력을 유지하게 되었다. 반면 롬멜의 독일군은 병참선이 연장되었고, 제공권 및 제해권을 상실하여 보급이 제대로 이루어지지 않았다. 10월 23일부터 영국군의 반격이 시작되었다. 불리한 상황에서도 롬멜은 교묘히 그리고 용감히 싸웠다. 그의 전술상의 특징을 살피면 트럭을 달리게 하여 모래먼지를 일으켜 마치 전차단이 지원차가 집결한 것처럼 적군으로 하여금 오인케 하거나, 적으로부터 포획한 차량을 사용하여 적을 당혹하게 하거나, 혹은 가짜 전차를 즐비하게 세워놓고 적의 눈을 기만하여 유리한 상황에서 전투를 하는데 노력했다. 그리하여 그는 언제나 독일군이 승리하고 영국군은 패배한다는 인상을 주었다. 이윽고 롬멜은 영국으로부터 사막의 여우라는 별명을 받게 되었다. 한마디로 롬멜 전술의 특징은 손자가 주장한 '전투는 적을 기만하는 것으로서 성립하고, 이로운 방향에 쫓아 행동하는 것이다.'와 같은 것이었다.

손자가 강조한 여기에서 풍림화산(風林火山)이란 말이 생겨나, 마치 병법의 대명사처럼 사용되고 있다. 즉 때로는 바람과 같이 빠르게, 또 때로는 숲과 같이 고요하게, 때로는 불길과 같이 맹렬하게, 또 때로는 태산과 같이 태연하게 군대를 움직여야 한다는 말이다.

사람을 움직이게 만드는 것은 어떤 형태이든 상과 벌로 규결된다. 돈을 좋아하는 사람은 돈을 받으면 좋아할 것이고, 명예를 중요하게 생각하는 사람은 명예를 수여 받으면 좋아할 것이다. 이와 반대로 벌로서는 돈을 좋아하는 사람은 돈을 빼앗으면 되고, 명예를 중요하게 생각하는 사람은 명예를 빼앗고 치욕을 주게 되면 될 것이다.

눈과 귀를 하나로 합쳐라

軍政曰, 言不相聞 故爲鼓金 視不相見 故爲旌旗

군 정 왈, 언 불 상 문 고 위 고 금 시 불 상 견 고 위 정 기

夫金鼓旌旗者 所以一民之耳目也

부 금 고 정 기 자 소 이 일 민 지 이 목 야

民旣專一 則勇者不得獨進 怯者不得獨退 此用衆之法也

민 기 전 일 즉 용 자 부 득 독 진 겁 자 부 득 독 퇴 차 용 중 지 법 야

故, 夜戰多火鼓 畫戰多旌旗 所以變民之耳目也

고, 야 전 다 화 고 주 전 다 정 기 소 이 변 민 지 이 목 야

故, 三軍可奪氣, 將軍可奪心

고, 삼 군 가 탈 기 장 군 이 탈 심

옛 병서인 군정에 이르기를 말을 하여도 서로 들리지 않으므로 북과 징으로 신호를 하고, 보려고 하여도 서로 보이지 않으므로 깃발로 신호한다. 이런 북과 깃발 등은 모두 군사의 귀와 눈을 하나로 만들어 이목을 끌기위해 사용한다. 군사들에게 신호를 전달하여 눈과 귀를 하나로 일치시키면 용감한 자는 혼자서 진격하지 않고, 겁쟁이는 혼자서 퇴각하지 않는다. 이것이 많은 병력을 다루는 원칙이다. 그러므로 야간 전투에서는 불과 북을 많이 사용하고, 주간 전투에서는 깃발을 많이 사용하는 것은 적군의 눈과 귀를 어지럽게 하기 위함이다. 그러므로 적군의 사기를 꺾을 수 있고, 적장의 마음을 어지럽힐 수 있는 것이다.

병서에는 많은 군사에 대하여 우렁찬 목소리의 말을 하더라도 듣지 못하므로 징이나 북을 쓰며, 손짓으로는 도저히 군사들이 볼 수 없으므

로 깃발의 색상이나 모양을 바꾸어서 신호를 한다고 쓰여 있다. 북이나 깃발은 신호표지로서의 기능도 기능이지만 그것보다는 사람들의 이목이나 주의를 통일시키는 것이라는 점에 주목하지 않으면 안 된다. 군사들이 하나로 통일되어 있으면 특별히 무용에 뛰어나다고 하여 혼자서 공을 세울 수도 없고, 겁쟁이라고 하여 혼자 도망칠 수도 없는 일이니, 이것이 많은 군사를 다스리는 원칙이다.

또한, 군중은 개체의 집단이란 것뿐 아니라 군중특유의 강력한 힘이 생겨나는 법이다. 개체의 힘을 그 숫자만큼의 배율로 커지는 것이 아니라 또 다른 강력한 힘이 된다. 이것은 강한 자가 단독으로 돌진하는 대신 약한 자도 함께 끌어 모두가 동등한 활동을 하는 것이므로 이것이 합쳐져 다른 힘이 되는 것이다. 집단에는 집중된 힘은 크다. 따라서 야간 전투를 할 경우에는 많은 횃불을 쓰고 힘껏 북을 치며, 주간 전투에는 깃발을 사용함으로써 압도적인 기세를 보여 적군의 기를 꺾고 적장의 마음에 동요를 일으키려는 일종의 심리작전이다. 손자의 의도는 신호 보다는 군중이란 것과 그 위력, 또는 그에 수반되는 군중심리나 상대편에 주는 대집단의 위압감 등의 심리적인 면에 대하여 설명하고 있다고 보아야 할 것이다.

전투를 할 때와 기다려야 할 때가 있다

❖

是故, 朝氣銳 晝氣惰 暮氣歸
시 고, 조 기 예 주 기 타 모 기 귀

故, 善用兵者 避其銳氣 擊其惰歸 此治氣者也
고, 선 용 병 자 피 기 예 기 격 기 타 귀 차 치 기 자 야

以治待亂 以靜待譁 此治心者也
이 치 대 란 이 정 대 화 차 치 심 자 야

以近待遠 以佚待勞 以飽待飢 此治力者也
이 근 대 원 이 일 대 로 이 포 대 기 차 치 력 자 야

無邀正正之旗 勿擊堂堂之陣 此治變者也
무 요 정 정 지 기 물 격 당 당 지 진 차 치 변 자 야

원래 군대는 아침에는 기세가 날카롭고, 낮에는 게으르고, 저녁에는 기세가 사라진다. 그러므로 군사를 잘 쓰는 사람은 적군의 기세가 날카로울 때는 피하고, 게으르고 기세가 사라질 때에 적군을 공격한다. 이 것이 사기를 다스리는 것이다. 아군은 정돈된 태세로써 적군의 혼란을 기다리며, 아군의 고요함으로 적군의 소란함을 공격한다. 이것이 심리를 다스리는 방법이다. 전쟁터 가까운 곳에 먼저 도착하여 먼 길을 오는 적군을 기다리고, 편안함으로써 적군이 피로하기를 기다리며, 배부름으로써 적군의 굶주림을 기다린다. 이것이 군대의 체력을 다스리는 방법이다. 적군의 깃발이 질서정연하면 대적하여 싸우지 말고, 의연하고 당당하게 태세를 갖춘 적군을 공격하지 않는다. 이는 군대의 변화를 다스리는 방법이다.

전투를 하기 전에 적군을 다스리는 4가지 요령에 대하여 말하고 있다.

첫째는 적군의 사기가 왕성할 때는 전투를 피하고, 지치고 해이해질 때까지 기다리는 적군의 기세를 다스리는 요령이다.

둘째는 아군은 안정과 질서를 유지함으로써 적군의 혼란을 기다리는 적군의 심리를 다스리는 요령이다.

셋째는 아군은 휴식과 배부름으로써 전군의 피로와 굶주림을 기다려 적군의 전투력을 다스리는 요령이다.

넷째는 질서정연한 적군의 위용을 갖춘 진지를 공격하지 말라는 변화를 다스리는 요령이다. 4가지 요령을 제대로 다스릴 수 있는 장수라면 결코 패배하는 일은 없을 것이다.

서기전 684년에 제나라의 대군이 노나라의 영토를 침략해 들어왔다. 이때 노나라의 군주 장공(莊公)은 친히 군사를 이끌고 장작이란 곳에 나아가 싸웠다. 노나라 장공은 진을 다 친 다음 북을 울리고 공격하려 했다. 그러자 장수인 조귀(曹劌)가 '아직은 싸울 때가 아닙니다.'라고 만류했다. 이리하여 노나라의 군대가 조용하자, 적군인 제나라의 군대가 세 번 북을 울리고 공격의 태세를 취하기 시작했다. '자, 이제 출격하십시오.'하는 조귀의 말을 듣고, 노나라 장공은 비로소 북을 울리고 전군에게 출격 명령을 내렸다. 그 결과 노나라의 군대가 대승리를 거두었다. 노나라 장공은 승리가 의심스럽다는 듯이 조귀에게 그 이유를 물었다. 그러자 조귀는 이렇게 대답했다.

"전투는 시기가 중요합니다. 북을 한 번 울리면 군대의 사기를 불러 일으키고, 두 번 울리면 사기가 떨어지고, 세 번 울리면 사기는 말라버립니다. 적군의 사기는 말라버리고, 아군의 사기는 충천하므로 승리한 것입니다." 즉 적군의 사기가 다하기를 기다렸다가 출격했기 때문에 승리했다고 말한 것이다.

용병의 원칙

—— ❖ ——

故, 用兵之法 高陵勿向 背丘勿逆 佯北勿從 銳卒勿攻
고, 용병지법 고릉물향 배구물역 양배물종 예졸물공

餌兵勿食 歸師勿遏 圍師必闕 窮寇勿迫 此用兵之法也
이 병 물 식 귀 사 물 알 위 시 필 궐 궁 구 물 박 차 용 병 지 법 야

그러므로 용병의 원칙은 고지를 점거하고 있는 적을 공격하지 말고, 언덕을 뒤로 하고 있는 적과 맞서지 말아야 한다. 거짓으로 패배한 척 달아나는 적을 쫓지 말고 정예 부대를 공격하지 말아야 한다. 미끼가 되어 유인하는 적을 덥석 물지 말고 달아나는 군대를 막지 말아야 한다. 적군을 포위할 때는 달아날 구멍을 터주고 궁지에 몰린 적군은 뒤쫓지 말아야 한다. 이것이 용병의 원칙이다.

전투에서 패배할 수밖에 없는 하나의 싸움이 있다는 것은 적군이 유리한 고지를 차지하고 있다는 것이다. 전투를 벌이는 것보다 우선적으로 해야 하는 것은 어떻게 적군을 고지에서 나오도록 하는 것이 급선무이다. 적군도 마찬가지로 이길 수 있는 전투만 한다는 것은 서로의 공통점을 가지고 있다. 적군은 아군이 나약해지기를 기다리거나, 아니면 나약하게 만들거나, 나약한 곳을 찾아내려고 할 것이다. 이런 작전에 휘말려서는 안 된다. 적군이 거짓으로 도망을 하는 것은 아군이 유

리한 위치를 차지하고 있다는 것이므로 유인책에 말려들어 유리한 고지를 뺏길 수 있다. 그러므로 산처럼 꼼짝하지 말고 지키는 것이 중요하다.

임진왜란이 일어나자, 조선의 원병 요청에 명나라제독 이여송(李如松)에게 군사 5만을 주어 조선에 구원병을 이끌고 압록강을 건넜다. 이여송은 원군을 요동병은 이여송의 직속부대이고, 남방병은 대포와 화전 등 강력한 무기로 무장된 부대로 편성하였다. 이여송은 남방병으로 하여금 선두에 서게 하여 일제히 평양성을 공격하였다. 고니시 유키나가(小西行長)가 지휘하는 왜병은 조총으로 대적했지만 대포의 위력에는 꼼짝하지 못하고 달아나기 시작하였다. 왜병은 대동강을 건너 한양으로 달아났다. 이여송은 순식간에 평양성을 탈환하였다. 그리고 개성을 수복하고 한양을 탈환하기 위해 남하하였다. 그는 파주에 도착하여 군사를 쉬게 하고 적군의 동태를 살폈다. 당시 왜장 고바야카와는 명군을 요격하고자 북상하는 중이었다. 왜군의 선봉과 명의 부총병 사대수(査大受) 및 조선 장수 고언백의 군사 수백 명은 벽제관(碧蹄館)의 남쪽 여석령에서 소규모 접전으로 왜군을 무찔렀다. 이여송은 직속부대인 요동병만 거느리고 출병을 하였다. 이때 왜장 고바야카와는 여석령 뒤쪽에 대군을 매복시키고 수백 명만 고개위에 주둔시킨 것이다. 이것은 명군을 유인하기 위한 미끼인 것이었다. 이여송은 적군이 소수인 것을 보고 기병을 좌우로 벌린 채 접근하였다. 왜군도 이에 맞서 아래로 내려왔다. 서로 거리가 좁혀지자 매복하고 있던 왜군이 고개를 넘어 내려오기 시작했다. 명나라는 함정임을 알고 후퇴하려 하였으나 이미 때는 늦었다. 이때 명군은 조총이 없고 단지 기병으로만 구성되어 무기가 칼이 전부였다. 왜군은 일본도와 조총으로 무장하여 왜군의 칼과 조총의 집중사격으로 명군은 힘없이 쓰러져 갔다. 부총병 양원(楊元)이 거느린 화병(火兵)들의 도움으로 간신히 포위망을 뚫고 파주로 후퇴했다. 그 후 이여송은 개경에서 군사를 주둔시킨 채 적군의 동태만 살피다가 평양으로 철수하게 되었다. 이여송의 벽제관 전투는 미끼로 내놓은 적군을 공격하다가 복병에 걸려 패배를 한 것이다.

🏢 기업 경영에 준하여

군쟁이란 쉽게 말하면 경쟁에서 승리하는 것이다.

현대기업에 있어서는 무엇보다도 이기기가 가장 어려운 일이다. 그러면서 우선 조직이 체계적으로 잘 세워져야 하고, 지휘명령계통과 사원들의 사기가 중요하다. 한편 거래처들이나 고객들의 반응도 무시할 수 없다. 기업에 있어서는 성공만을 쟁취하려고 조급하게 굴어서는 안 된다. 오히려 돌아가는 길이 더 빠를 수도 있다. 요컨대 다른 사람들보다 늦게 출발하여 먼저 성공을 거두려면, 돌아가는 전략을 세우는 것이 좋다. 경쟁이 심한 현대기업에 있어서의 이익의 추구에는 위험도 뒤따르게 된다. 그러므로 너무 서둘다 보면 회사가 망하고, 중간쯤이면 현상유지는 하고, 마음을 느긋하게 먹으면 오히려 성공이 빨리 온다. 그러므로 기업에는 우선 자금이 필요하고 좋은 작전이 필요하고, 사원들의 사기가 필요하다.

우선 시장과 경영업체의 모든 어려움의 조건을 다 알고 있어야 이에 대한 작전계획도 잘 세울 수가 있다. 기업의 경영이란 숲속과 같이 고요함 속에서도 판단이 바람과 같이 빨라야 하고, 태산과 같이 움직이지 않는 속에서도 번개와 같이 작전을 실천으로 옮겨야 하며, 어둠과 같이 드러내지 않는 속에도 타오르는 불길과 같이 이득을 쟁취해야 한다. 경영자는 이득이 많으면 사원들에게 특별휴가나 특별상여금을 주어 사기를 복 돋아야 하며, 좋은 아이디어를 여러 방면에서 모아 판단을 빨리 하되, 돌아갈 전략을 세우는 사람이 먼저 성공을 거두게 된다.

◆ 8 ◆

구변편
九變篇

구변(九變)은 공격할 때 주의해야 할 9가지 변칙을 말한다. 따라서 전쟁이란 시시각각 변하여 변수가 많이 따른다. 장수는 승리하려면 상황의 변화에 따라 유리함과 불리함을 고려하여 공격과 대비태세를 갖추어 할 힘을 강조하는 것이다.

지형의 변화에 따르라

孫子曰, 凡用兵之法 將受命於君 合軍聚衆
손 자 왈, 범 용 병 지 법 장 군 명 어 군 합 군 취 중

圮地無舍 衢地合交 絶地無留 圍地則謀 死地則戰
비 지 무 사 구 지 합 교 절 지 무 류 위 지 칙 모 사 지 즉 전

손자가 말하기를, 무릇 전쟁을 하는 방법은 장수가 임금에게 명령을 받아 군사를 모집하여 군대를 편성한다. 거친 땅에는 막사를 세우면 안 되고, 사방이 트인 곳에서 외교관계를 잘 맺어둔다. 길이 끊어진 곳에서는 오래 머물지 말아야 하고, 산이나 포위되기 쉬운 지형에서는 신속히 빠져나갈 계략을 세우며, 사지에서는 죽기 살기로 싸워야 한다.

군대는 전쟁에서 싸워 승리하기 위한 것이다. 그러나 승리하기까지는 많은 변수가 발생한다. 거친 도로나 험한 산길, 큰 강을 만나기도 한다. 육박전을 벌일 수도 있고, 죽을 고비도 넘기고, 협상을 잘 하여 전쟁이 끝나기도 하는 등 상황에 맞추어 계략을 세워야 하는 것이다.

여행을 하더라도 미리 준비물을 준비하고 가야 할 여행지의 숙박 및 레저 생활 등 여러 가지 계획을 세워 출발하지만, 막상 도착하여 살펴보면 계획과 다르게 움직일 수도 있는 것이다. 이렇듯 상황에 맞추어 적절하게 움직이면 되는 것이다.

싸우지 말아야 할 것과 명령을 거부해야 할 것이 있다

塗有所不由 軍有所不擊 城有所不攻 地有所不爭 君命有所不受
도 유 소 불 유　군 유 소 불 격　성 유 소 불 공　지 유 소 부 쟁　군 명 유 소 불 수

가서는 안 되는 길이 있고, 공격해서는 안 되는 군대가 있고, 공격해서는 안 되는 성이 있으며, 다투어서는 안 되는 땅이 있고, 임금의 명령이라도 받아들여서는 안 되는 때가 있다.

전쟁은 적군의 실(實)을 피하고 허(虛)를 찔러야만 승리할 수 있다. 그래서 작전상 편리한 길을 피하고, 험난한 길을 가야 할 때도 있는 것이다. 또한 요새를 공격해서는 안 되는 요새가 있다.

러·일전쟁 때 일본군은 견고한 여순 요새를 공격하여 비록 승리는 하였으나 막대한 희생을 치러야만 했다. 만일 일본군이 여순 요새를 공격하지 않고 견제만 하고, 일부의 군사를 시베리아 철도를 파괴하는 우회전술을 하였다면 러시아군의 전쟁 수행 능력에 많은 어려움을 가져다주었을 것이다.

땅에도 빼앗고자 다투지 말아야 할 때가 있다. 구릉지로 둘러싸인 좁고 막힌 지형에서 대군이 소수의 적군에게 기습을 당한다면 어떠한 전술도 전개할 수 없어 패배를 하고 말 것이다. 이런 곳에서는 군대를 주둔시키지 말고 빨리 벗어나오는 것이 현명할 것이다. 그리고 임금은 장수의 작전에 관여를 하지 말아야 한다. 물론 선전포고를 하거나, 장수로 임명하는 것은 임금의 권한이지만, 전쟁터에 장수가 효과적으로 작전을 수행하기 위해서는 그 권한을 주어야만 적절한 전술을 사용하기

때문이다.

고구려 원정에 나선 수양제는 장수에게 현지 상황을 보고받으며, 직접 작전지시를 하였다. 장수의 권한을 허용치 않는 조치 때문에 고구려는 늘 완벽한 전투태세를 갖출 수가 없었다. 이렇게 임금이 군대의 진격과 후퇴에 간섭한다면, 전쟁터에 있는 장수의 발목을 묶는 결과를 가져오게 되는 것이다. 그러므로 손자는 이런 부당한 조치는 때로는 거부할 수 있어야 한다는 것을 강조한 것이다.

임기응변의 전략

❖

故, 將通於九變之利者 知用兵矣 將不通於九變之利者 雖知地形
고, 장 통 어 구 변 지 리 자 지 용 병 의 장 불 통 어 구 변 지 리 자 수 지 지 형

不能得地之利矣 治兵 不知九變之術 雖知五利 不能得人之用矣
불 능 득 지 지 리 의 치 병 부 지 구 변 지 술 수 지 오 리 불 능 득 인 지 용 의

그러므로 장수가 아홉 가지 변화의 이로움에 능통해야만 싸우는 법을 아는 것이다. 장수로써 아홉 가지 변화의 이로움에 능통하지 못한다면 비록 땅의 형세를 잘 안다고 하여도 땅의 이익을 얻지 못한다. 군대를 다스리는 데 아홉 가지 변화의 전술을 알지 못하고, 비록 다섯 가지 이로움만 안다고 하여도 그것들을 제대로 전술에 활용하지 못하는 것이다.

용병의 아홉 가지 원칙
1) 고지에 진을 치고 있는 적군에게 정면 공격은 하지 말아야 한다.

2) 언덕을 등지고 있는 적과는 응전하지 말아야 한다.

3) 패배를 위장하여 달아나는 적군은 추격하지 말아야 한다.

4) 적군의 정예 부대는 공격하지 말아야 한다.

5) 미끼로 아군을 유인하는 적병과는 교전하지 말아야 한다.

6) 철수하는 적군의 퇴로를 봉쇄하지 말아야 한다.

7) 적군을 포위할 경우에는 반드시 퇴각할 틈을 마련해 주어야 한다.

8) 막다른 지경에 빠진 적군은 성급하게 공격하지 말아야 한다.

9) 본국과 멀리 떨어진 적지에 오래 머물러 있어서는 안 된다.

승리를 위한 다섯 가지 원칙

1) 길이라도 가서는 안 될 길이 있다.

2) 적군도 공격해서는 안 될 적군이 있다.

3) 요새도 공격해서는 안 될 요새가 있다.

4) 지역도 쟁취해서는 안 될 지역이 있다.

5) 군주의 명령도 받아들여서는 안 될 명령이 있다.

지혜로운 자는 이익과 손실을 함께 생각한다

---- ❈ ----

是故, 智者之慮 必雜於利害 雜於利
시 고, 지 자 지 려 필 잡 어 리 해 잡 어 리

而務可信也 雜於害 而患可解也
이 무 가 신 야 잡 어 해 이 환 가 해 야

是故, 屈諸侯者以害 役諸侯者以業 趣諸侯者以利
시 고, 굴 제 후 자 이 해 역 제 후 자 이 업 추 제 후 자 이 리

그러므로 지혜로운 장수는 여러 가지를 생각한다. 필히 이로움과 해로움을 모두 반영한다. 이로움을 생각해 두면 하는 일에 소신을 가질 수 있고, 해로움을 생각해 두면 환난을 방지 할 수 있다. 그러므로 적국의 제후를 굴복시키려면 해로움을 보여줌으로써 그것을 알게 하기 때문이고, 적국의 제후를 부리는 것은 쓸데없는 일에 힘을 쓰게 하기 때문이며, 적국의 제후를 달려오게 하는 것은 이로움을 보여 주어야 한다.

전쟁도 세상을 살아가는 일과 마찬가지로 유리한 곳에 불리함이 있고, 불리한 곳에 유리함이 함께 공존하기 마련이다. 그래서 최고의 악조건에 있다고 하더라도 절망하지 말고 방법을 찾으려고 노력한다면, 최악의 상태를 벗어나게 되는 것이다.

6.25사변 때 아군과 북한군의 주력부대와 낙동강 전선에서 힘겨운 전투를 벌이고 있는 상황에 유엔군 맥아더 장군은 일부의 병력을 이용하여 인천상륙작전을 펼쳐 일거에 전세를 역전시켰다. 이렇게 탁월한 지휘관은 단 한 번의 작전으로 불리한 전세를 유리하게 되돌리게 되는 것이다.

항상 대비하라

故, 用兵之法 無恃其不來 恃吾有以待也 無恃其不攻
고, 용 병 지 법 무 시 기 불 래 시 오 유 이 대 야 무 시 기 불 공

恃吾有所不可攻也
시 오 유 소 불 가 공 야

그러므로 용병의 원칙은 적군이 공격해 오지 않을 것이라고 기대하지 말고, 어떤 적군도 대적할 수 있는 자신의 대비를 믿어야 한다. 적군이 공격하지 않기를 기대하지 말고, 어떤 적도 공격해 오지 못하도록 하는 자신의 방비 태세를 믿어야 하는 것이다.

적군이 공격하지 않을 것이라는 생각보다는, 적군이 언제 어디서든 공격해 오더라도 막아낼 수 있는 방비 태세를 항상 갖추어야 하는 것이다.

임진왜란 이순신 함대가 견내량(見乃梁)에서 왜선과 대치 상태에 있을 때 일이다. 어느 달 밝은 밤에 이순신 장군은 갑옷을 입은 채 북을 베개 삼아 누워 있다가 갑자기 술상을 가져오게 하여 한 잔의 술을 마셨다. 그리고 부하들을 불러 모아 명령했다.

"왜인은 원래 교묘한 무리들이오. 달빛이 없을 때는 아군을 기습할 것이나, 오늘처럼 달 밝은 밤에도 쳐들어 올수가 있소. 그러니 경계를 느슨하게 해서는 아니 되오." 그리고 나팔을 불어 모든 함선의 닻을 걷어 올리게 한 후, 척후선을 보내어 적선의 동태를 살피게 했다. 잠시 후 척후선에 있던 병사가 달려와 적군의 함대가 접근해 오고 있음을 알렸

다. 그 시각 달이 서산에 걸려 산 그림자가 바다에 나타나 한쪽 면이 그늘이 생겨있는 것이었다. 그 그늘진 곳을 이용하여 왜선이 은밀하게 아군의 함선을 향해 다가오고 있었던 것이다. 이순신 장군은 아군 함대에게 발포 명령을 내렸다. 일제히 대포를 쏘며 함성을 지르자, 왜군도 이에 조총을 쏘기 시작하였다. 그러나 왜군은 이순신 장군의 방어 태세가 만만치 않음을 알고 더 이상 접근을 하지 못하고 후퇴를 하였다. 이에 장군의 부하들은 그의 심모원려(深謀遠慮)에 새삼 탄복하였다고 한다.

장수의 다섯 가지 위험요소

故, 將有五危 必死可殺也 必生可虜也 忿速可侮也
고, 장 유 오 위 필 사 가 살 야 필 생 가 로 야 분 속 가 모 야

廉潔可辱也 愛民可煩也
염 결 가 욕 야 애 민 가 번 야

凡此五者 將之過也 用兵之災也 覆軍殺將 必以五危 不可不察也
범 차 오 자 장 지 과 야 용 병 지 재 야 복 군 살 장 필 이 오 위 불 가 불 찰 야

그러므로 장군에게는 다섯 가지 위험요소가 있다. 필히 죽음을 각오하고 싸우면 결국 죽게 되고, 필히 살기를 각오하고 싸우면 적에게 포로가 될 것이고, 성을 잘 내고 성급하면 수모를 당할 것이고, 청렴하고 깨끗함만을 생각한다면 치욕을 당할 것이고, 또한 백성을 사랑하면 마음이 번거로워진다. 그러므로 이러한 다섯 가지는 장수가 빠지기 쉬운 과오이며, 용병에 있어 재앙이 된다. 군대가 전멸당하고 장군이 죽는

것은, 필히 이 다섯 가지의 위험 때문이니 세심히 경계하지 않으면 안된다.

　장수는 지혜롭고 훌륭한 인품의 소유자여야 할 것이다. 그러나 일방적으로 치우친 성품이라면 그것 자체가 약점이 될 수 있다. 그래서 지나친 용기나 비겁함은 바람직하지 못한 자질일 뿐이다. 용기는 군인의 필수적 자질의 일부에 지나지 않고, 비겁함은 군인으로서 자격이 없기 때문이다. 또한 성을 잘 내며 침착하지 못한 자는 적에게 우롱을 당하게 된다. 또한 지나치게 지조를 내세우는 자나, 너무 백성을 아끼는 자도 그 융통성 없는 성품으로 인해 적에게 약점을 잡힌다. 그래서 장수의 성격적 결함은 결국 군대를 파멸시키는 자기 함정이므로 평소에 경계해야 하는 것이다.

　삼국지의 오장원에서 촉군과 대치하고 있던 위나라의 사마의는 촉군의 제갈량으로부터 여자 옷을 선물 받게 되었다. 이는 결전을 기피하고 있는 사마의를 싸움터로 끌어드리기 위한 술책이었다. 그러나 사마의는 분노를 참으며, 선물을 가져온 사자에게 제갈량의 일상생활에 대한 질문만 할 뿐이었다. 만일 사마의가 조급한 성품을 가지고 있었더라면 적의 심리전술에 말려들어 즉각 싸움터로 달려갔을 것이다.

🏢 기업 경영에 준하여

　기업의 경영자는 먼저 기업 내의 조직을 강화시키고, 명령계통의 체계를 확립하여 사원들의 근무 환경을 개선하여 사원의 사기를 환기시켜 만반의 태세를 갖추어야 한다. 계획은 무리하게 세우지 말고, 동업자들과 친교를 도모하고, 거래처들과 화합을 도모하여 고립상태에 놓이지 않도록 하고, 사회정세와 경제사정이 좋지 않을 때는 지략으로써 이를 타개해야 하고, 난관을 당하면 총력을 기울여 이를 극복해야 한다.

　국제정세와 사회현실에 적합하고 상도의를 준수하는 계획으로 사업을 추진해나간다는 것을 원칙으로 삼으면서, 어려운 사태가 닥쳐올 것을 미리 알아 이에 대한 대책을 강구해야 하고, 과도한 선전과 광고비를 지출하지 않도록 하고, 중소기업이라면 대기업과의 경쟁을 피해야 하고, 영업망 구축에 힘을 쓰며, 경영진은 시장의 변화에 대하여 잘 알아 사원들에게 실정에 맞는 지시와 명령을 내려야 한다. 경영진은 임기응변의 지략을 발휘할 수 있는 능력이 있어야 한다. 그리하여 시시각각으로 변화해 나가는 객관적인 실정에 맞는 계획을 세우고, 총력을 잘 활용함으로써 회사의 발전을 도모해야 한다. 그러려면 우선 기초적인 이론에 정통해야만 이것을 기초로 여러 가지 조건의 변화에 따라서 적절한 임기응변의 지략도 나올 수 있는 것이다. 사람들은 독단으로 생각하기 쉽다. 그러나 기업경영을 하는 사람은 항상 계획을 세울 때, 이득과 손실을 아울러 세밀히 검토한 다음 결정을 내려야 한다. 이득을 생각할 때에도 손실을 아울러 검토하기 때문에 회사는 발전해 나갈 수 있는 것이며, 손실을 생각할 때에도 이득을 아울러 검토하기 때문에, 경영상의 어려움을 미리 제거할 수 있는 것이다. 다른 동업자들과는 항상 친목을 도모함으로써, 새로운 정보에 뒤떨어지지 않도록 노력해야 하고, 각 거래처들과는 성실과 신의를 지켜야 하며, 또 이득을 함께 나누도록 노력해야 한다. 요컨대 기업의 운영에 있어서는 항상 태세를 갖추고 총력을 기울임으로써, 회사의 발전을 도모하는 한편, 불의의 사고나 불경기에 대비해야 한다.

경영자에게 다섯 가지 위험이 있다. 지나치게 사운을 건 적극적인 경영방식은 피해야 하고, 또 지나치게 소극적인 경영방식을 취하여 회사의 발전을 더디게 해서는 안 된다. 또 너무 성급하게 일을 추진해 나가면 큰 손실을 가져오게 되고, 지나치게 결벽하여 도량이 넓지 못하고 독단으로만 생각하면 회사가 큰 피해를 입게 되고, 사원들의 과로나 후생 문제를 너무 생각하면, 자연히 회사의 운영이 소극적이게 되어져 여러 가지 폐단이 일어나게 된다. 그러므로 경영자는 마땅히 마음의 여유를 가지고 먼 장래를 바라보면서 회사를 운영해 나가야 한다.

孫子兵法

9

행군편
行軍篇

행군이란 군대의 행군이나 전투에 있어서의 행군, 주둔, 정찰, 작전과 통솔 등 모든 것을 널리 포함하고 있다. 또한 적의 정세와 징후를 관찰하여 상황에 따라 적절하게 판단을 하는 것을 말하고 있다. 손자는 지형과 전투 배치를 네 가지로 구분하고 있다. 산악지대, 하천지대, 저습지대, 평지에 따라 전투 배치는 각각 달라야 한다고 했다. 이 행군편은 전투에 임하는 최후의 주의사항인 것이다.

지형에 따라 전법을 구사하라

❖

孫子曰, 凡處軍相敵 絶山依谷 視生處高 戰隆無登 此, 處山之軍也
손 자 왈, 범 처 군 상 적 절 산 의 곡 시 생 처 고 전 륭 무 등 차, 처 산 지 군 야

絶水必遠水 客絶水而來 勿迎之於水內 令半濟而擊之 利
절 수 필 원 수 객 절 수 이 래 물 영 지 어 수 내 영 반 제 이 격 지 리

欲戰者 無附於水而迎客 視生處高 無迎水流 此, 處水上之軍也
욕 전 자 무 부 어 수 이 영 객 시 생 처 고 무 영 수 류 차, 처 수 상 지 군 야

絶斥澤 惟亟去無留 若交軍於斥澤之中
절 척 택 유 극 거 무 류 약 교 군 어 척 택 지 중

必依水草 而背衆樹 此, 處斥澤之軍也
필 의 수 초 이 배 중 수 차, 처 척 택 지 군 야

平陸處易 而右背高 前死後生
평 륙 처 이 이 우 배 고 전 사 후 생

此, 處平陸之軍也 凡此四軍之利 黃帝之所以勝四帝也
차, 처 평 륙 지 군 야 범 차 사 군 지 리 황 제 지 소 이 승 사 제 야

손자가 말하길, 군대가 적과 대치함에 있어서 적이 처해 있는 상황을 잘 살펴야 한다. 산을 넘고 골짜기에 의지하며, 살기를 바란다면 높은 곳을 차지하여 시야를 확보하고, 높은 곳에 있는 적군을 올라가면서 싸워서는 안 된다. 이것이 산악전의 원칙이다. 강을 건너거든 필히 물과 원거리를 유지하라. 적군이 강물을 건너올 때는 물속에서 싸우지 말고, 반쯤 물을 건널 때 공격하면 이익을 얻을 수 있다. 싸우고자 한다면 물가에서 적군과 싸우지 말고, 초목이 무성한 것을 보거든 높은 곳을 차지하며, 상류에 있는 적군을 상대로 싸워서는 안 된다. 이것이 물가에

서 전투하는 원칙이다. 늪지를 건널 때는 빨리 지나가 머물지 말아야 한다. 만약 이러한 늪지에서 적군과 싸울 때는 필히 수초를 의지하고 우거진 숲을 등지고 싸워야 한다. 이것이 늪지와 같은 택지에서 전투하는 원칙이다. 평지에서는 이동이 편리한곳에 진을 치고, 오른쪽이 높은 언덕을 등지고, 초목이 없는 곳을 앞으로 하고, 초목이 무성한 곳을 뒤로하고 진을 쳐야 한다. 이것이 평평한 육지에서 전투하는 원칙이다.

이러한 4가지 군대의 운용법이 옛날 황제가 사방의 제후들에게 승리를 거두었던 방법이다.

지형과 관련한 전법에 대하여 구체적으로 설명하는 것으로 산악, 물가, 늪지, 평지 등 4가지 조건에서 전투하는 원칙을 말하고 있다.

손자의 시대에는 강에 대하여 가장 구체적인 장애물이었을 것이다. 무릇 강뿐만 아니라 어떤 장애물을 통과하려면 상당한 힘을 그 장애물과의 사투를 하지 않으면 안 된다. 그래서 많은 전투력이 상실되는 것이고, 이때야말로 적군을 격파할 수 있는 절호의 기회라고 손자는 말하고 있다. 그러나 상대가 강을 건너지 않으면 이런 기회는 생기지 않는 것이다.

춘추시대 진(晉)나라 장군 양처부(陽處父)가 초(楚)나라 장군 자상(子上)과 지수(泜水)를 사이에 두고 대진했다. 양처부가 초군에게 강을 건너게 하려고 진을 거두는 척 퇴각 명령을 내렸다. 하지만 자상(子上)도 후퇴를 했던 것이다. 결국 양군 모두 강을 건너지 않아 싸우지도 않고 그냥 돌아갔다는 것이다. 자기가 강을 건너면 불리하고, 상대가 강을 건너면 유리한 것을 양처부나 자상이 아니더라도 쉽게 알 수 있는 일이다. 그렇다면 그저 상대가 강을 건너기를 기다리지 않고, 수단과 방법을 가리지 않고 억지로라도 상대에게 강을 건너게 하지 않으면 안 된다.

기원전 203년 한나라의 한신(韓信)이 거듭 승리하자, 유방은 제(齊)나라에 사신을 보내어 투항을 권고했다. 이때 한신의 참모인 괴통(蒯通)이 제나라를 함락시켜 공을 세울 것을 부추겼고, 한신은 제나라를 급습하여 크게 승리했다. 갑작스런 공격에 도망친 제왕 전광(田廣)을 추격해서 고밀(高密) 서쪽에 이르렀다. 제나라 왕은 초나라에 원군을 요청하였다. 초나라에서 용저(龍且)를 대장으로 삼아 20만의 원군을 파견해서 제(齊)나라를 도왔다. 제왕 전광은 용저와 군을 합쳐 한신과 싸우려고 했다. 잠시 후 한신의 군사가 도착하자, 양군은 유수(濰水)를 끼고 진을 쳤다. 밤이 되자 한신은 1만이 넘는 포대에다 토사(土砂)를 넣어 토낭을 만든 다음 그것으로 유수의 상류를 막게 했다. 날이 새자, 한신은 군사를 이끌고 이미 물이 빠진 유수를 건너 용저의 군사를 습격했다. 용저의 군사가 반격하자, 한신의 군사는 지는 척 도망쳐 돌아왔다. 용저는 그 광경을 보고서 크게 기뻐했다. 한신이 겁쟁이란 것을 오래 전부터 소문으로 알고 있어 바로 추격 명령을 내렸다. 전군이 말라버린 강바닥으로 들어가자, 한신은 흐름을 막고 있던 토낭벽을 터놓았다. 물이 왈칵 내리쏟아져 용저의 군사는 강을 건널 수 없어 그 자리에 꼼짝도 하지 못하였다. 이때다 하고 급습을 한 한신은 어렵지 않게 용저를 죽였다. 유수 동쪽 언덕에 남아있던 용저의 군사는 그 광경을 보고 패주하고, 제왕 전광도 도망쳤다. 그러자 한신은 도망치는 적을 쫓아 드디어 성양(城陽)에 이르러 초나라의 병사를 전부 포로로 삼았다. 한신은 인위적으로 강물을 줄어들게 하여 적군이 그리로 들어갔을 때, 다시 인위적으로 막은 둑을 터 건너지 않았을 적군이 강을 건넌 것과 같은 효과를 얻은 것이다. 아마도 이것은 손자병법의 고도한 응용이라 하겠다. 손자는 이런 응용과 갖가지 변화를 예상하면서 전투를 한다면 반드시 승리를 가져올 것이라고 말하는 것이다.

지형에 따라 진을 쳐라

❖

凡軍, 好高而惡下 貴陽而賤陰 養生而處實 軍無百疾 是謂必勝
범 군, 호 고 이 오 하 귀 양 이 천 음 양 생 이 처 실 군 무 백 질 시 위 필 승

丘陵堤防 必處其陽 而右背之 此, 兵之利 地之助也
구 릉 제 방 필 처 기 양 이 우 배 지 차, 병 지 리 지 지 조 야

上雨 水沫至 欲涉者 待其定也
상 우 수 말 지 욕 섭 자 대 기 정 야

군대가 주둔할 때는 높은 지대를 좋아하고 낮은 지대를 싫어하며, 양지를 귀중하게 생각하여 주둔하고 음지는 천하게 생각하고 피하며, 위생에 유의하고 생기 있는 곳에 군사를 거처하게 한다. 이렇게 되면 군대의 백가지 질병이 없어지므로 필승의 태세라고 하는 것이다. 언덕이나 제방에서는 필히 양지쪽에 자리를 잡고, 오른쪽으로 등지고 진을 쳐야 한다. 이것이 전투함에 유리하며 지형의 도움을 얻을 수 있는 것이다. 상류에 비가 내려 물거품이 내려올 때 그곳을 건너고자 할 때는 안정될 때까지 기다려야 한다.

높은 곳을 등지는 것은 좋지만 특히 오른쪽으로 등지는 것이 좋다는

것은 높은 곳에서 아래로 내려찍는 공격이 훨씬 강하기 때문이다. 또한 대부분 사람들은 오른손잡이다. 물론 왼손잡이도 있지만 비율로 따지면 대체로 오른손을 사용하는 사람이 많다. 그래서 오른쪽이 높은 것이 싸움에 유리한 것이다.

유럽의 성에는 꼭대기로 오르는 나선형 계단이 있는데, 하나같이 오른쪽으로 휘어 오르는 모양을 갖추고 있다. 이것은 아래쪽에서 올라오는 침입자는 오른손에 잡은 칼이 불편하고, 위에서 싸우는 사람은 오른손이 칼을 휘두르는데 편하기 때문이다. 이렇게 군대가 주둔해야 할 지형과 위생문제, 언덕과 제방, 홍수 등에 대하여 포진하는 방법에 대해서 말하고 있는 것이다. 이런 세심한 배려가 승리의 원동력이 되는 것이다.

접근해서는 안 되는 지형이 있다

凡地有絶澗 天井 天牢 天羅 天陷 天隙 必極去之 勿近也
범 지 유 절 간 천 정 천 뢰 천 라 천 함 천 극 필 극 거 지 물 근 야

吾遠之 敵近之 吾迎之 敵背之
오 원 지 적 근 지 오 영 지 적 배 지

지형의 종류에는 깎아지른 듯 높이 솟은 절벽에 둘러싸인 깊은 계곡, 바깥은 높고 가운데는 낮아 물이 흘러 들어가는 곳, 높은 산들로 둘러싸여 빠져 나오기 어려운 곳, 나무와 풀이 얽혀 군사들이 움직이기 힘든 곳, 늪지로 수레와 말이 빠져 나오지 못하는 곳, 길은 좁고 땅이 고

르지 못해 패인 데가 많은 곳 등이 있으니, 이런 곳은 되도록 빨리 지나
가야 하며, 가까이 해서도 안 된다. 아군은 그런 곳을 멀리하고 적군이
가까이 오도록 유인하고, 아군은 그런 곳을 앞에 두고 적군은 그곳을
등지게 만드는 것이다.

군대는 무릇 가까이 하지 말아야 할 6가지의 지형에 대하여 절간(絶
澗), 천정(天井), 천뢰(天雷), 천라(天羅), 천함(天陷), 천극(天隙) 등으로 세
분화하여 분류하고 있다. 이 6군데의 해로운 지형을 6해(害)의 땅이라
고 하는데 이런 곳을 가급적 접근을 하지 말고, 부득이 접근할 경우는
신속히 빠져 나오도록 하는 것이다. 그리고 아군은 이런 곳을 피해야
하지만, 적군은 이런 곳에 접근하도록 유도하는 것이 승리할 수 있는
것이다. 또한 이런 곳에서 적군과 전투를 할 경우에는 험한 지역이 전
방이 되도록 위치를 선점하고, 적군에게는 등지도록 하는 것이 유리하
다. 이것은 위험지역에 대한 주의와 역 이용으로 적군을 패배시키는 방
법인 것이다.

철저한 경계를 해야 하는 지형

軍旁有險阻 潢井 葭葦 山林 蘙薈 必謹復索之 此伏姦之所也
군 방 유 험 조 황 정 가 위 산 림 예 회 필 근 부 색 지 차 복 간 지 소 야

군대가 주둔해 있는 근처에는 험난한 곳이나 물이 고여 있는 웅덩이,
갈대가 우거진 곳과 나무와 초목이 우거진 곳이 있으면 반드시 조심하

여 거듭 수색해야 한다. 이러한 곳은 적군의 매복이 가능한 장소이기 때문이다.

험난한 곳이나 웅덩이, 갈대밭, 초목이 무성한 곳을 주둔지로 하거나, 행군할 때에는 필히 철저한 경계가 필요한 곳이다. 이런 곳에는 적군의 매복이나 감시병이 숨어 있기에 매우 적합하기 때문이다. 그래서 본대 가 오기 전에 정찰병을 보내어 철저히 수색해야 한다는 것이다.

작은 소리에도 귀를 기우려라

❖

敵近而靜者 恃其險也 遠而挑戰者 欲人之進也 其所居易者 利也
적 근 이 정 자 시 기 험 야 원 이 도 전 자 욕 인 지 진 야 기 소 거 이 자 이 야

衆樹動者 來也 衆草多障者 疑也 鳥起者 伏也 獸駭者 覆也
중 수 동 자 래 야 중 초 다 장 자 의 야 조 기 자 복 야 수 해 자 복 야

塵高而銳者 車來也 卑而廣者 徒來也
진 고 이 예 자 거 래 야 비 이 광 자 도 래 야

散而條達者 樵采也 少而往來者 營軍也
산 이 조 달 자 초 채 야 소 이 왕 래 자 영 군 야

적에게 가까이 접근하여도 조용한 것은 그들이 지형의 험준함을 믿 고 있기 때문이며, 적군이 먼 거리에 있는데도 불구하고 도전을 하는 것은 아군을 끌어내기 위함이며, 적군이 높은 곳에 주둔하지 않고 평 평한 장소에 있는 것은 얻을 수 있는 이득이 있기 때문이다. 많은 나무

들이 움직이는 것은 적군이 오고 있다는 것이며, 풀숲에 장애물이 많은 것은 의심을 불러 일으키려는 것이다. 새가 날아오르는 것은 적군이 매복해 있는 것이고, 짐승이 놀라 움직이면 적군이 기습을 하려는 것이다. 먼지 같은 분진이 높이 발생하면 전차가 온다는 것이고, 먼지가 넓고 낮게 퍼지면 보병이 오는 것이다. 먼지가 흩어지고 줄기처럼 오르는 것은 땔나무를 채집하는 것이며, 먼지가 적게 왔다 갔다 하는 것은 적군이 진형을 구축하는 것이다.

　손자는 아주 작은 일에도 적군의 상황을 판단해야 한다는 것이다. 자연 현상의 변화로 적의 상태를 파악하여 치밀하고 세심한 관찰력으로 전투에 승리를 이끄는 것이다.

　요즘 TV에 방영되고 있는 동물의 왕국이란 프로그램에서 보듯이 무리지어 있는 소떼들이 싱싱한 풀을 찾아 우두머리의 뒤를 따라간다. 그냥 가는 것이 아니라 작은 소리에도 귀를 쫑긋 세우고 주변의 자연적인 현상을 보는 것이다. 풀숲의 작은 움직임은 자연의 움직임인지 맹수의 움직임인지 상황을 관찰하는 것이다. 만약 맹수의 움직임으로 판단되면 울음소리로 동료에게 알리고 훤히 보이는 광야로 무리지어 달려가는 것이다. 이것은 시야의 확보가 되어야만 맹수의 추격을 알 수 있기 때문이다. 맹수도 마찬가지로 소떼의 움직임을 보면서 풀숲에 몸을 낮추고 사정권에 들어오기를 기다렸다가 일시에 추격하여 먹이를 잡는다. 이렇듯 작은 소리 및 주변의 갈대나 나무들의 움직임과 지형의 변화에 적의 상황을 판단하여 적절한 대응을 해야 하는 것이다.

화친의 속내를 파악하라

辭卑而益備者 進也 辭强而進驅者 退也 輕車先出其側者 陣也
사 비 이 익 비 자 진 야 사 강 이 진 구 자 퇴 야 경 거 선 출 기 측 자 진 야

無約而請和者 謀也 奔走而陳兵車者 期也 半進半退者, 誘也
무 약 이 청 화 자 모 야 분 주 이 진 병 거 자 기 야 반 진 반 퇴 자 유 야

적군의 언행이 공손하지만 더욱 방비하는 것은 진격할 뜻이 있는 것이고, 적군의 언행이 강경하고 진격하려는 것처럼 하는 것은 후퇴할 뜻이 있는 것이다. 가벼운 전차가 먼저 나와 측면에 배치되는 것은 출격하려는 것이고, 약속도 없이 화친을 청하는 것은 음모가 있는 것이다. 분주히 돌아다니며 전차의 진형을 만드는 것은 공격할 시기를 기다리는 것이고, 반쯤 진격했다가 반쯤 후퇴하는 것은 아군을 유인하려는 것이다.

말과 속내가 다른 경우가 많다는 것을 의미하고 있다. 전쟁에 있어서 눈을 속이는 속임수도 전쟁의 중요한 전술이다. 적이 보낸 사신이 겉으로는 공손하고 예의를 갖추어 말하면서 저자세를 보이지만, 그 속내에는 방어태세를 더욱 굳건히 하겠다는 것으로 그것은 아군을 안심시킨 후 공격하려는 의도를 감추고 있는 것이다. 반대로 적의 사신이 금방이라도 공격해 올 것 같은 강한 어조로 말하는 것은 아군에게 겁을 주어 시간을 벌어 후퇴를 하려는 마음이다.

말에는 사람의 마음이 자신도 모르게 나온다. 또한 진실된 말과 거짓으로 꾸민 허풍은 다르다. 그래서 상대의 말을 잘 살피는 것도 상대의

의도를 알아 낼 수 있는 한 가지 방법이다. 그리고 이미 갖추어져 있는 전투태세도 상황에 맞추어 다시 갖추고, 군사력이 약하다 하더라도 강하게 보이도록 해야 한다. 그래서 전쟁에서는 상대의 속임수를 간파 할 수 있는 능력이 매우 중요한 것이다.

적군의 실태를 파악하라

倚仗而立者 飢也 汲而先飲者 渴也 見利而不進者
의 장 이 립 자 기 야 급 이 선 음 자 갈 야 견 리 이 부 진 자

勞也 鳥集者 虛也 夜呼者 恐也
노 야 조 집 자 허 야 야 호 자 공 야

軍擾者 將不重也 旌旗動者 亂也 吏怒者 倦也 殺馬肉食者
군 요 자 장 부 중 야 정 기 동 자 난 야 이 노 자 권 야 살 마 육 식 자

軍無糧也 懸缶不返其舍者 窮寇也
군 무 양 야 현 부 불 반 기 사 자 궁 구 야

무기를 지팡이 삼아 의지하고 서 있는 것은 굶주리고 있기 때문이고, 성급하게 물을 길어 먼저 마시는 것은 목마르기 때문이다. 이득을 보고도 진격하지 않는 것은 피로하기 때문이다. 새들이 모여드는 것은 군영이 비었기 때문이며, 밤에 소리쳐 부르는 것은 두려워하기 때문이다. 군영에서 시끄런 소리가 발생하는 것은 장군이 위엄이 없기 때문이고, 깃발이 어지럽게 움직이는 것은 대오가 혼란스럽다는 것이다. 장수들이 성내어 소리치는 것은 지쳐있기 때문이다. 말을 죽여 고기를 먹는

것은 식량이 없기 때문이고, 걸어놓은 솥을 내버리고 막사로 돌아가지 않는 것은 궁지에 몰린 것이다.

　장수는 군사들과 다르다. 장수는 자신의 감정을 조절할 수 있는 능력이 전쟁에서는 중요하기 때문이다. 순간적 감정에 휩싸이지 않고 이성적으로 말하고, 행복할 때 비로소 군사들에게 신망과 신뢰가 깊어져서 전투에 실수를 하지 않는 것이다. 만약 조급하게 서두르거나, 군사들의 행동에 불만이 있고, 시시때때 화를 내는 것은 장수의 심신이 지쳐있다는 것이다. 이런 상황에서 전투를 한다면 장수는 이성적 판단 부족으로 인하여 실수를 하기 때문에 이때를 놓치지 않고 공격을 한다면 승리하게 되는 것이다.

행동으로 나타나는 속마음

❖

諄諄翕翕 徐與人言者 失衆也 數賞者 窘也 數罰者 困也
순 순 흡 흡 　 서 여 인 언 자 　 실 중 야 　 삭 상 자 　 군 야 　 삭 벌 자 　 곤 야

先暴而後畏其衆者 不精之至也 來委謝者 欲休息也
선 포 이 후 외 기 중 자 　 부 정 지 지 야 　 내 위 사 자 　 욕 휴 식 야

兵怒而相迎 久而不合 又不相去 必謹察之
병 노 이 상 영 　 구 이 불 합 　 우 불 상 거 　 필 근 찰 지

　장수가 공손하고 부드럽게 낮은 소리로 말하는 것은 병사들에게 인심을 잃은 것이다. 자주 상을 주는 것은 군사 통솔에 궁색해졌기 때문

이고, 자주 벌을 주는 것은 지휘에 어려움이 많기 때문이다. 먼저 병사들을 난폭하게 다루고는 이윽고 이반을 두려워하여 달래는 것은 무능한 지휘자인 것이다. 적군이 사자를 보내어 고개 숙이고 사죄하는 것은 휴식할 시간을 얻으려는 것이고, 적군이 노기를 띠고 진격해 왔음에도 불구하고 오래도록 결전도 하지 않고, 또 철수도 하지 않을 경우에는 반드시 계략이 있는 것이니 조심스럽게 그 이유를 잘 살펴봐야 한다.

적정(敵情)의 다양한 모습을 논하고 있다. 모두 32가지다. 이를 통상 '상적(相敵) 32법'이라 한다. 사람과 말에 대한 관상을 상인(相人)과 상마(相馬)로 표현하듯이 적의 실상을 관찰하는 32가지 방법이라는 뜻이다. 상적 32법은 크게 2가지로 나눌 수 있다.

하나는 동식물 등 자연변화를 토대로 적정의 변화를 추론하는 방법이다. 초목이나 조수의 움직임을 살펴 복병 여부를 판단하는 식이다.

다른 하나는 적의 움직임을 관찰해 추론하는 방법이다. 적군의 진지를 보고 적군의 포진을 판단하거나 출동 양상을 보고 진퇴와 궤사(詭詐) 여부를 파악하는 식이다. 원시적이기는 하나 21세기의 전장에서도 그대로 통용될 수 있는 것들이다.

6.25 전쟁 중 공산군이 유엔의 정전원칙을 완강히 거부하다가 왜 갑자기 휴전회담을 수락하게 되었나 하는 것과 회담 장소를 개성으로 하자는 공산군측 제의에 수락한 것이 유엔군측에게 대단히 불리한 것이며, 적군의 계략에 넘어갔다는 것을 회담의 개최와 더불어 증명되었다.

1951년 1월, 50만으로 추산되는 중공군 및 북괴군은 서울을 향하여 공격을 해 왔다. 리지웨이 장군은 적에게 타격을 주면서 철수하다가, 1월 25일부터 다시 공격을 하여 적에게 많은 출혈을 강요하였으며, 다시 38선 돌파 문제가 대두되었지만, 리지웨이 장군은 맥아더 원수의 승인을 얻어 북진하였다. 적은 3월 18일부터 전 전선에서 유엔군과의 접촉을 끊게 되어 전선은 조용해졌다. 적은 춘계 공세의 준비를 하고 있었다. 유엔군도 새로운 작전에 착수했는데, 이 작전의 목적은 철의 삼각지(철원, 평강, 금화)에서 재편성 중인 공산군을 격파하는데 있었다. 미제1군단은 서서히 적에게 접근하였던바 점차로 강력한 저항을 받게 되었다.

이 무렵 4월, 트루만 대통령은 맥아더 원수를 해임하고, 리지웨이 장군을 유엔군 총사령관에 임명하였다. 중공군은 4월 22일을 기하여 재차 춘계 공세로 나와 작전 주도권을 장악하자 3개군으로 하여금 주력부대를 연천에 두고 공격을 개시하여 왔다. 유엔군은 강력히 저항을 하였으나, 미 제9군단의 중앙을 맡고 있었던 제6사단 정면이 돌파되고 말았다. 그래서 홍천까지 철수하였다. 또 공산군은 서부에서도 대공세를 취하여 서울을 북방과 동방에서 포위할 기세였으나 유엔군은 서울 6.5Km로 북방에서 저지하였다. 공산군이 부대 편성차 소강상태를 유지하자, 유엔군은 작전의 주도권을 장악하기 위하여 탐색전으로 5월 16일까지 13Km나 진격하였다. 5월 15일까지 철의 삼각지에 집결한 공산군은 그날 밤을 기하여 제2차 공세를 취하였다. 적은 서울 외곽을 포위하고 37도 선까지 점령할 목적으로 가평지구에 주공을 두고, 인제지구 제 10군단 제7사단 정면에 주공을 두었다. 막강한 지상포화의 지원을 받으면서 공산군은 동부에서 24Km나 진출했으나 유엔군의 공중 및 지상군의 강타를 받아 적은 5월 25일 공격을 중지하였다. 이번 공격에 참가한 적은 11만 5천명이었는데 4만 8천명 이상의 막대한 인적손실을 보았다. 공산군의 공세가 약화하자 유엔군은 5월 23일을 기하여 미 제1 및 10군단으로 즉각 공세로 나갔다. 38선을 넘고서부터 험준한 산악과 강력한 공산군의 저항을 받았지만, 6월 15일까지 39선을 훨씬 넘고, 동부 전선에서는 고성 가까이까지 진격했는데, 바로 이 무렵 소련 대표 말리크는 6월 23일 휴전협상에 대한 방송을 했던 것이다.

1950년 11월 중공군이 개입하여 유엔군을 패배시키고 있을 때, 유엔에서 제의한 휴전회담에는 조금도 귀를 기울이지 않았던 그들이 조심스럽게 휴전문제를 논의하자고 할 때는 무슨 모략이 있었다. 공산주의자들은 휴전회담을 결국 2년이나 끌어왔는데, 그들이 그 회담을 제의한 첫째 원인은 그들의 춘계 공세가 실패하여 유엔군의 추격을 완화시키고 또 그 동안의 시간 여유를 활용하여 재편성을 하고자 하는 속셈이었다.

군사가 많다고 유익한 것은 아니다

兵, 非益多也 惟無武進 足以倂力料敵 取人而已
병, 비 익 다 야 유 무 무 진 족 이 병 력 료 적 취 인 이 이

夫惟無慮而易敵者 必擒於人
부 유 무 려 이 이 적 자 필 금 어 인

군대란 병력이 많다고 이익이 있는 것은 아니다. 오직 무력만 믿고 진격해서는 안 되고, 전력을 합치고 적군의 실정을 헤아려 적당한 인재를 써서 임무를 맡기면 된다. 아무런 계략도 없이 적군을 가볍게 여기는 장수는 반드시 사로잡히게 된다.

전쟁에서 군사가 무조건 많다고 유리한 것은 아니다. 군사가 많으면 상호간의 갈등과 대립이 생기고, 명령을 내려도 전달되는 시간이 오래 걸려 즉각적인 대응을 하기 어렵다. 명확한 지휘 계통과 갈등에 대한 조절 능력이 없으면 많은 군사는 오히려 해가 되는 것이다.

한나라 유방에게는 실제로 전투에 대한 소질이 없었다. 그러나 전투를 잘하는 장수를 등용하는 데는 탁월하여 전략가인 장량(張良), 살림꾼인 소하(蕭何), 싸움꾼인 한신(韓信)의 삼각편대로 중원을 통일할 수 있었다.

옛날의 장수들이 수보다 질을 중요시하는 이유가 있다. 전쟁 규모가 작았고, 대부대 지휘를 위한 통신 및 수송 수단이 빈약했으며, 권력자의 압력 때문이었다. 그러나 클라우제비츠는 전쟁론에서는 수의 우세는 전술이나 전략에 있어서도 승리의 가장 일반적 원리라고 주장했는데, 거기에는 그만한 이유가 있었다. 왜냐하면 당시 유럽 각국의 군대는 무장, 편성 그리고 훈련이 비슷하였고, 다른 것이라고는 장수의 능력과 용기 정도였기 때문이다.

군사간의 화합이 중요하다

卒未親附而罰之 則不服 不服則難用也
졸 미 친 부 이 벌 지   즉 불 복   불 복 즉 난 용 야

卒已親附而罰不行 則不可用也
졸 이 친 부 이 벌 불 행   즉 줄 가 용 야

故, 令之以文 齊之以武 是謂必取
고, 령 지 이 문   제 지 이 무   시 위 필 취

令素行以敎其民 則民服 令不素行以敎其民
영 소 행 이 교 기 민   즉 민 복   영 불 소 행 이 교 기 민

則民不服 令素行者 與衆相得也
즉 민 불 복   영 소 행 자   여 중 상 득 야

군사들과 아직 친해지지 않은 상태에서 벌을 주면 복종하지 않게 되고, 복종하지 않으면 부리기가 어렵게 된다. 군사들과 이미 친하게 따르는데도 벌을 주지 않으면 부릴 수가 없게 된다. 그러므로 깊은 이해를 가지고 명령하고, 형벌로 통제한다면 필히 승리를 취하게 된다. 평소에 법령이 잘 시행되고 이로써 백성을 교육한다면 백성들은 복종하지만, 평소에 법령이 잘 시행되지 않은 채 백성들을 교육하면 백성들은 복종하지 않는다. 평소에 법령이 잘 시행된다는 것은, 백성들과 더불어 신뢰가 이루어져 있음을 얻는 것이다.

장수가 군사들을 잘 이끌려면 신뢰를 중심으로 질서와 상호이해가 이루어져야 한다. 상호관계가 원만하다는 것은 군사들과 일체가 되어 있다는 것이며, 또한 굳은 단합이 있다는 것이다. 이런 것을 잘 정비하

여 전투에 나아가 싸운다면 승리를 얻을 것이다. 국가가 중대한 위기에 접했을 때 군민들이 한 장수의 명령에 따라 기꺼이 적지에 나가는 까닭은 국가가 언제나 명령이나 법령의 보급에 힘쓰고, 국민의 교도(敎導)에 힘써 왔기 때문이며, 이와 반대로 국가가 먼저 국민의 교화(敎化)에 힘쓰지 않다가 하루아침에 유사시를 당해서 국민들을 채찍질하여 강제로 부린다면 민심은 결코 따르지 않는다는 말이다.

🏢 기업 경영에 준하여

　기업경영에 있어서는 목표를 너무 높게 설정해서도 안 되고, 너무 낮게 설정해서도 안 된다. 목표를 높게 설정하게 되면 자연히 지나치게 무리한 계획을 세우게 된다. 계획이 무리하면 회사 자체가 어려움을 겪을 수 있고, 직원들의 과중한 업무에 시달리고 건강을 잃게 되어 자연히 전력이 약화된다. 또한 목표를 너무 낮게 설정하게 되면 회사로서는 여유자본이 충분하지만, 직원들은 하는 일이 적어 나태해지기 쉽다. 이리하여 여유자금은 있지만 직원들의 역량을 충분히 발휘하지 못하게 되는 것이다. 그러므로 목표는 약간 높게 설정하는 것이 현명하다. 자금면에서 약간의 무리가 되는 것은 회사가 흔들릴 정도는 아니다. 한편 직원들은 항상 긴장상태에서 일할 의욕이 솟아오르게 된다. 물론 직원들의 생활문제나 건강문제는 충분히 고려해야 한다. 그리하여 사장 이하 모든 직원들이 마음과 몸이 하나로 단결될 때 강력한 힘이 솟아나오게 되며, 이와 같이 사기가 충만한 회사는 발전만이 기다리고 있을 뿐이다.

　기업경영에 있어서는 항상 사회정세와 주변정세에 밝아야 한다. 사회정세는 시시각각으로 변화해가고 있으며, 이에 따라 주변정세도 변화해가기 때문이다. 이리하여 정세의 변화에 따라 신속하게 이에 대응해 나가야 하는 것이다. 특히 당초의 계획에 포함되어 있지 않은 사항이 발생했을 때에는 신중하고 면밀하게 검토해 보아야 한다. 만일 잘못하여 엉뚱한 일에 휘말리게 되면, 자금에 곤란이 올 뿐 아니라 직원들의 사기도 저하되기 때문이다.

그러나 그 일이 유리하다고 판단되면, 신속하고 과감하게 밀고 나가야 한다.

직원들은 반드시 많아야 할 필요는 없다. 오히려 직원들이 너무 많으면 일에 나태해져서 사기만 저하될 뿐이다. 그것은 회사의 규모에 맞아야 하고, 일을 처리하는데 지장이 없을 정도면 충분하다. 오히려 약간 적은 인원으로 모두가 일할 의욕에 불타오르고 있는 편이 적당하다 하겠다.

사람은 누구나 감정을 지니고 있다. 만일 사장이나 간부들이 직원들을 거만하고 위압적인 태도로 대한다면, 사원들은 결코 마음으로부터 존경하고 따르려 하지 않는다. 또 사장이나 간부들의 태도가 권위가 없고 경솔해도, 직원들은 그들을 경멸하여 지시나 명령이 그대로 시행되기가 어려워진다. 사장이나 간부들이 직원들을 인격적으로 대할 때, 비로소 질서와 상호이해 관계가 유지된다. 평소에 사장이나 간부들이 마음으로부터 직원들을 사랑으로 이끌어 주면, 직원들은 자연히 그들을 존경하고, 그들의 말에 복종하여 의기투합하여 한 치의 틈도 없이 굳은 단결이 이루어져 강한 힘이 솟아나오게 되는 것이다.

사장과 간부는 직원들을 사랑하고, 직원들은 그들을 믿고 따르는 회사, 이런 회사야말로 무한한 발전이 이루어질 것이며, 또 이것이 기업에 있어서의 인간관계의 기본인 것이다.

◇ 10 ◇

지형편
地形篇

지형편은 전투에 임할 때 승리를 위하여 반드시 알아야 할 사항들을
말하고 있다. 지형을 알아야 하고, 자기를 알고, 적을 알고, 천시(天時)
를 아는 것이다. 따라서 본편의 결론은 '적을 알고 자기를 알며 지리를
알고 천시를 알면 백전백승할 수 있다.'는 것이다.

지형에 맞게 공격하라

孫子曰, 地形有通者 有挂者 有支者 有隘者 有險者 有遠者

손 자 왈, 지 형 유 통 자 유 괘 자 유 지 자 유 애 자 유 험 자 유 원 자

我可以往 彼可以來 曰通 通形者 先居高陽 利糧道 以戰則利

아 가 이 왕 피 가 이 래 왈 통 통 형 자 선 거 고 양 이 량 도 이 전 즉 리

可以往 難以返 曰挂 挂形者 敵無備 出而勝之

가 이 왕 난 이 반 왈 괘 괘 형 자 적 무 비 출 이 승 지

敵若有備 出而不勝 難以返 不利

적 약 유 비 출 이 불 승 난 이 반 불 리

我出而不利 彼出而不利 曰支 支形者 敵雖利我

아 출 이 불 리 피 출 이 불 리 왈 지 지 형 자 적 수 리 아

我無出也 引而去之 令敵半出而擊之 利

아 무 출 야 인 이 거 지 영 적 반 출 이 격 지 리

隘形者 我先居之 必盈之以待敵 若敵先居之 盈而勿從 不盈而從之

애 형 자 아 선 거 지 필 영 지 이 대 적 약 적 선 거 지 영 이 물 종 불 영 이 종 지

險形者 我先居之 必居高陽以待敵 若敵先居之 引而去之 勿從也

험 형 자 아 선 거 지 필 거 고 양 이 대 적 약 적 선 거 지 인 이 거 지 물 종 야

遠形者 勢均 難以挑戰 戰而不利 凡此六者

원 형 자 세 균 난 이 도 전 전 이 불 리 범 차 육 자

地之道也 將之至任 不可不察也

지 지 도 야 장 지 지 임 불 가 불 찰 야

손자가 말하길, 지형에는 통형(通形), 괘형(挂形), 지형(支形), 애형(隘形), 험형(險形), 원형(遠形)의 6가지가 있다. 아군이 갈 수도 있고, 적군도 올 수 있는 지형을 통형이라고 한다. 통형에서는 먼저 높고 양지 바

른 곳에 진을 치고, 식량의 보급로를 확보하고 싸우면 유리하다. 가기는 쉬운데 돌아오기가 어려운 곳을 괘형이라고 한다. 괘형에서는 적군의 대비가 없으면 이길 수 있지만, 적이 만반의 대비를 하고 있다면 이길 수도 없으며 후퇴하기도 어려운 곳이다. 아군이 출격해도 불리하고, 적군이 출격해도 불리한 곳이 지형이다. 지형에서는 적군이 비록 아군에게 이로움으로 유인하여도 공격해서는 안 된다. 아군은 뒤로 물러나 적군이 반쯤 나왔을 때 공격하면 유리하다. 애형에서는 아군이 먼저 그곳을 점령하고 적군을 기다리면 되지만, 만일 적군이 먼저 그곳을 점령하고 수비가 충실하면 싸우지 말고, 수비가 허술하면 따라가 싸워야 한다. 험형에서는 아군이 먼저 그곳을 점령하여 양지 바른 높은 곳에서 적군을 기다리면 된다. 만약 적군이 먼저 점령하였다면 아군을 이끌고 철수해야 하고, 쫓아가 싸워서는 안 된다. 원형에서는 서로 멀리 떨어져 있고, 적군과 세력이 비슷하면 싸우기가 어렵고, 막상 싸워도 이로움이 없다. 여섯 가지의 원칙은 지형에 따라 싸우는 방법이니, 장수의 중요한 임무이므로 잘 살펴야 하는 것이다.

손자는 먼저 지형의 형태를 살피고, 그 형태에 따라 대응하는 방법을 여섯 종류로 나누어 설명하고 있다.

첫째, 통형(通形)의 경우는 교통이 편리하여 적군과 아군이 다 같이 진출하기에 용이하여 평원 지대와 같은 곳이다. 이러한 지형에서는 적군이 공격해 오는지 한 눈에 볼 수 있도록 먼저 높고 양지바른 곳을 점령하는 것이 매우 중요하다. 그리고 편리한 보급로를 확보하고 충분한 준비를 갖추어 적이 오기를 기다려 싸운다면 유리하다는 것이다.

공산군은 3개월 전부터 철원을 중심으로 한 넓은 지역에서 가장 중요한 요충지로 알려진 백마산을 확보하기 위하여 치밀한 작전계획을 세웠다. 그리하여 10월 6일 중공군은 맹공격으로 백마고지를 향해 공격해 왔다. 그 지역을 방어하고 있는 국군은 9사단의 김종오 소장이었다. 그 어느 전투보다 다르게 중공군은 몇 개 사단의 병력으로 밤낮을 가리지 않고 공격을 계속해 왔기 때문에 식사를 할 시간뿐만 아니라, 오줌 눌 시간의 여유조차 주지 않았다. 9사단의 용사들은 부대의 전통과 명예를 걸고 중공군의 인해전술을 수류탄 및 백병전으로 저지하였으며, 치열한 전투는 유혈과 탄피위에서 계속 반복되었다.

적이 고지를 점령하면, 아군의 포탄은 고지를 불바다로 만들어 적군을 먼지와 함께 날려 버리고는 성난 노도와 같이 아군의 병사들이 올라가서 육박전으로 적응 구축하기를 수십 번, 10일간 12차례의 쟁탈전을 하여 7번이나 고지의 주인이 바뀌는 혈전을 수행하였다. 마침내 10월 15일 중공군이 고지탈환을 단념하고 철원 방면으로 후퇴함으로서 막을 내렸다.

백마고지전투는 1952년 10월 철원평야의 요충지인 395고지에서 벌인 전투로서 지역전투로서는 세계 전투사상 유래가 없을 정도로 치열하였다. 이 전투에서 백마부대는 중공군 1만 3,000여 명을 격멸하는 전과를 거둠으로써 한국군의 전투능력과 지휘관들의 부대지휘능력을 과시하게 되었다. 그리고 여기서 지적한 군량미는 반드시 그것만을 가리킨 것으로 볼 것이 아니라 병참선으로 해석함이 타당할 것이다.

둘째, 괘형(挂形)은 가기는 쉬우나 돌아오기는 어려운 경사지를 뜻한다. 급경사라면 위에서 내려가기는 쉬우나 아래에서 올라가기는 힘든 곳이다. 적군이 만반의 준비가 되어 있는 경우라면 진격하였다가는 패하게 된다. 따라서 되돌아온다는 것이 불가능할 것이니 진격하면 불리해진다. 만약 적군이 이러한 곳에 진을 치고 있으면서 이러한 지형만을 믿고 아무런 대비가 없으면 방비가 허술한 기회를 타서 공격을 해야 하는 곳이다.

셋째, 지형(支形)은 아군이 진격해도 불리하고 적군이 진격해도 불리한 곳이다. 구체적으로 하천, 습지, 소택지 등이다. 이런 지형이 앞에 있으면 적군이 전진하는데 불편할 뿐만 아니라, 적군이 이곳을 통과하여 아군과 대적하면 적이 이런 장애를 등에 지고 전투를 하게 되니 배수의 진, 즉 사지에 빠지는 불리한 점이 있다. 따라서 이러한 경우 적으로 하여금 습지나 소택지를 건너게 하여, 그 전술적으로 불리한 틈을 타서 공격하는 것이 유리하다.

넷째, 애형(隘形)은 산과 산 사이에 끼여 있는 협소한 지형이다. 높은 산과 절벽으로 둘러싸이고 사이에 좁은 길이 있는 통행하기가 어려운 지형이다. 따라서 방어하기에는 유리하고 공격하기는 어려운 곳이다. 아군이 먼저 점령하여 입구를 막고 충분한 준비를 갖추어 적이 공격해 오기를 기다리고 있어야 한다. 만약 적군이 먼저 점령했다면 적군의 허점이 있는 경우에만 공격을 해야 한다.

다섯째, 함형(險形)은 험준한 지형을 말한다. 굴곡이 많고 장애물로 가로막혀 상대의 움직임을 살펴보기 어려우므로 난공불락의 요지를 말하는 것이다. 그래서 아군이 먼저 점령했을 때는 지대가 높고 양지바른 곳에 방어를 견고히 하여 적을 기다리고 있으면 되는 것이고, 만약 적이 먼저 점령한 경우에는 절대로 공격해서는 안 되고 바로 철수해야 한다.

여섯째, 원형(遠形)은 아군과 적군이 상당한 거리를 두고 대치하고 있을 수밖에 없는 지형을 원형(遠形)이라 한다. 아군과 적군의 전력이 비슷한 경우는 먼 거리를 먼저 진격하여 싸우면 상대보다 빨리 지치므로 불리하다. 또한 병참선이 길어져 군수물자의 보급에도 어려움이 많아진다. 손자는 이 여섯 가지는 지형의 원칙이며, 장수는 그것을 적절히 활용하는 것이 중요한 임무이니 신중히 생각하지 않으면 안 된다고 했다.

패전의 원인은 장수의 책임이다

故, 兵有走者 有弛者 有陷者 有崩者 有亂者 有北者
고, 병 유 주 자 유 이 자 유 함 자 유 붕 자 유 난 자 유 배 자

凡此六者 非天之災 將之過也
범 차 육 자 비 천 지 재 장 지 과 야

夫勢均 以一擊十 曰走 卒强吏弱 曰弛 吏强卒弱 曰陷
부 세 균 이 일 격 십 왈 주 졸 강 리 약 왈 이 이 강 졸 약 왈 함

大吏怒而不服 遇敵대而自戰 將不知其能 曰崩
대 리 노 이 불 복 우 적 대 이 자 전 장 부 지 기 능 왈 붕

將弱不嚴 教道不明 吏卒無常 陳兵縱橫 曰亂
장 약 불 엄 교 도 불 명 이 졸 무 상 진 병 종 횡 왈 란

將不能料敵 以少合衆 以弱擊强 兵無選鋒 曰北
장 불 능 료 적 이 소 합 중 이 약 격 강 병 무 선 봉 왈 배

凡此六者 敗之道也 將之至任 不可不察也
범 차 육 자 패 지 도 야 장 지 지 임 불 가 불 찰 야

그러므로 군대에는 주병(走兵), 이병(弛兵), 함병(陷兵), 붕병(崩兵), 난병

(亂兵), 배병(北兵)의 6가지가 있다. 이것은 하늘과 땅의 재앙이 아니라 장수의 잘못인 것이다.

주병은 적군과 아군의 전력이 비슷한데도 1로써 10을 공격하는 것을 달아나는 군대라고 한다. 이병은 군사들은 강하고 장수가 약한 것을 해이한 군대라고 한다. 함병은 장수는 강하고 군사들이 약한 것을 결함이 있는 군대라고 한다. 붕병은 장교들이 성내며 장수에게 복종하지 않고, 적군을 만나면 원망하면서 제멋대로 싸우는데 장수가 장교들의 능력을 모르는 것을 무너진 군대라고 한다. 난병은 장수가 나약하여 위엄이 없고 군령이 명확하지 않아 장교와 군사들이 침착하지 못해 우왕좌왕 제멋대로인 것을 혼란의 군대라 한다. 배병은 장수가 적군의 실정을 헤아리지 못하여 소수의 병력으로 많은 병력과 싸우고, 약한 군대로 강한 군대와 싸우고, 선봉에 설 군대가 없는 것을 패배하는 군대라 한다. 이 여섯 가지의 유형에 해당하는 군대는 패배하는 길이므로, 가장 중요한 임무를 맡고 있는 장수로써 신중히 살피지 않으면 안 된다.

손자는 여섯 가지 군대는 천재지변과 자연의 변동에 의해서 비롯된 것이 아니라, 장수나 지휘관의 작전, 용병 등 통솔의 미흡에서 비롯된 것이라고 말하고 있다.

첫째, 주병(走兵)은 싸우지도 못하고 달아나는 것을 의미한다. 적군과 아군의 서로 전력이 비슷한 상황에서 10배나 넘는 적군을 공격하라고 한다면 달아나지 않을 수 없는 것이다. 빨리 달아나지 않으면 적에게 포위를 당하여 섬멸되거나 모조리 포로가 되고 말 것이다.

둘째, 이병(弛兵)은 군기가 해이해진 것을 말한다. 군사들은 용감무쌍함에도 불구하고 뜻밖에 장수가 겁이 많고 비겁하다면 군사들을 통솔하지 못할 것이다. 그래서 군사들이 장수의 명령을 두려워하지 않고 복종하지 않거나, 장수의 지휘명령이 교만하여 군사의 규율을 바르게 만들지 못하는 데서 비롯되는 것이다. 윗사람이 아랫사람을 제대로 통제하지 못하는 데서 오는 원인이다.

셋째, 함병(陷兵)은 결함 있는 군대를 말한다. 장수는 강한데 군사들이 겁쟁이며, 비겁하다면 장수가 아무리 위협적으로 적군을 향해 진격시켜도 군사들은 갈팡질팡하여 허우적일 뿐이다. 군사들이 감당할 수 없는 작전 명령은 헛된 것에 불과하다는 것이다. 또한 군사들의 훈련이 미숙하다거나, 오합지졸을 모아 병력 수만 늘려놓은 군대와 같다는 것이다.

넷째, 붕병(崩兵)은 무너지는 군대를 말한다. 군대의 질서가 위에서부터 파괴되어 밑에서는 어찌할 도리가 없는 상태에 빠지는 것이다. 군대의 고급간부들은 모두 중대한 임무와 책임이 있는 자들이다. 그러나 이들이 능력을 알지 못하고, 개인적인 생각과 편견 또는 고집에 얽매어 독단으로 작전을 지휘한다면, 인사(人事)의 불공정, 상벌의 불균형 등을 범하게 되고, 아래 간부들의 분노는 쌓이게 될 것이다. 그러면 장수의 작전명령에 따르지 않고 제멋대로 전쟁을 하고 있다면 그러한 군대는 붕괴될 것임에 틀림없다.

다섯째, 난병(亂兵)은 혼란의 군대를 말한다. 장수나 일선 지휘관이 나약할 뿐 아니라 재능도 없고, 따라서 위엄이 없고 명령이나 지도방침에 일정한 기준이 없어 불합리하며 인사배치나 병력배치에 있어서도 조령모개식이 되기 일쑤다. 그리하여 사병들은 어찌할 바를 모르고 혼란에 빠지게 될 것이다.

여섯째, 배병(北兵)은 패배하는 군대라고 한다. 장수가 적의 전력을 정확하게 판단할 능력을 갖고 있지 못하면, 적은 병력으로 많은 적을 상대하기도 하고 약한 부대로 강한 적을 공격하기도 한다. 이런 상황에서는 선봉(選鋒), 즉 가려 뽑은 정예 부대만이 선두에 싸우고, 주력 부대로는 적군과 싸울 수 없는 것이므로, 싸우다 패한 군사들은 제멋대로 도망치고 만다.

이상 여섯 가지의 모양은 패한 군사의 전형적인 모습이다. 이렇게 되는 것은 장수에게 책임이 있기 때문에 살피지 않을 수 없다.

장수는 신념이 중요하다

夫地形者 兵之助也 料敵制勝 計險厄遠近 上將之道也
부 지 형 자 병 지 조 야 요 적 제 승 계 험 액 원 근 상 장 지 도 야

知此而用戰者必勝 不知此而用戰者必敗
지 차 이 용 전 자 필 승 부 지 차 이 용 전 자 필 패

故, 戰道必勝 主曰無戰 必戰可也 戰道不勝 主曰必戰 無戰可也
고, 전 도 필 승 주 왈 무 전 필 전 가 야 전 도 불 승 주 왈 필 전 무 전 가 야

故進不求名 退不避罪 惟人是保 而利合於主 國之寶也
고 진 불 구 명 퇴 불 피 죄 유 인 시 보 이 리 합 어 주 국 지 보 야

지형은 싸움을 돕는 수단이 된다. 적군의 정세를 헤아려 승리를 얻기 위해서 지형의 험난함과 막히고 멀고 가까움을 잘 살펴야 하는 것이 장수의 도리이다. 이것을 알고 싸우는 장수는 반드시 승리하고, 이것을 알지 못하고 싸우는 장수는 반드시 패배한다. 그러므로 전쟁의 원리로

필히 이길 수 있다면, 군주가 싸우지 말라고 해도 싸워야 할 것이며, 전쟁의 원리로 필히 이길 수 없다면, 군주가 필히 싸워라 하여도 싸우지 말아야 한다. 그러므로 장수가 진격함에 명예를 구하지 않고, 후퇴할 때 죄를 회피하지 않는다. 그러므로 오직 백성을 보전하여 군주를 이롭게 하는 것이며, 이런 장수가 나라의 보배인 것이다.

지형은 결국 전투를 수행하는데 있어서 중요한 보조수단이다. 상대를 알고, 이길 수 있는 확실한 방법을 세우고, 지형의 원근이나 그 험난한 것을 고려하여 그 이치를 충분히 터득하여 전투에 임한다면 반드시 승리할 수 있다. 그리고 여러 가지 상황을 생각을 해보아도 이 싸움은 절대 이길 수 있을 거라는 판단이 서게 되면, 싸우지 말라는 임금의 명령이 있더라도 이를 거역하여 싸움을 하여야 한다. 또한 그 반대로 싸워 보아야 분명히 질 것이라고 판단되면 아무리 임금이 싸우라고 명해도 싸워서는 안 된다. 그리고 전쟁에서 승패를 판단하는 장수가 궁궐에 있는 임금보다 더 잘 알고 있으며, 장수 개인의 영광이 아니라 국가와 백성을 위한 것이어야 올바른 판단이 나오는 것이다. 그러므로 장수 된 자가 진격하는 것은 공명(功名)을 바라서 하는 것이 아니며, 후퇴하는 일도 죄(罪)가 될까 두려워하는 것도 아니다. 승리가 눈앞에 있는데 임금의 명령이라고 하여 진격을 단념할 수는 없다. 이때의 진격의 단념은 승리를 포기하는 것이다. 군명(君命)을 어기면 벌을 받게 될지라도 눈앞에 있는 승리를 포기할 수는 없다. 또한 패전이 확실한데 군명에 따라 진격하여 패할 수는 없다. 차라리 군명을 어기고 후퇴하는 것이 사심(私心)에서가 아니라 백성의 생명과 재산을 보호하고 국가의 이익에 공헌하려는 충성스러운 책임감에서 비롯된 것이면 된다. 군명을 어긴다는 것은 용서받을 수 없는 것이기는 하다. 그러나 국민과 국가를 위하여 그렇게 하지 않을 수 없을 경우에는 허용될 수 있는 것이다.

군사를 자식처럼 대하여라

---❖---

視卒如嬰兒 故, 可與之赴深溪 視卒如愛子 故, 可與之俱死
시 졸 여 영 아 고, 가 여 지 부 심 계 시 졸 여 애 자 고, 가 여 지 구 사

厚而不能使 愛而不能令 亂而不能治 譬如驕子 不可用也
후 이 불 능 사 애 이 불 능 령 난 이 불 능 치 비 여 교 자 불 가 용 야

군사 보기를 어린아이와 같이 하라. 그러므로 그들과 더불어 깊은 계곡에도 들어갈 수 있는 것이다. 군사 보기를 사랑하는 아들과 같이 하라. 그러므로 더불어 같이 죽을 수 있을 것이다. 그러나 군사들을 지나치게 사랑하면 명령을 내릴 수 없고, 지나치게 후대하면 부릴 수가 없으며, 혼란이 발생하면 통치하기가 불가능하다. 이를 비유하여 말하면 버릇없는 자식처럼 아무 쓸모없는 군대가 되는 것이다.

장수는 군사들을 마치 부모가 자식을 보는 것처럼 하여야 한다. 그렇게 함으로써 군사들은 진정으로 복종하여 장수와 함께 위험한 깊은 골짜기에도 함께 들어갈 수 있는 것이다. 장수는 군사들을 사랑하는 자기 자식처럼 대하여야 한다. 그렇게 하여야 병사들은 감동하여 함께 죽기를 맹세하고 싸울 수 있게 된다. 다시 말하면 장수가 진정으로 사랑하기 때문에 병사들은 마음속으로 따르고 그 때문에 목숨을 바칠 결의를

하게 되는 것이다. 표면적으로 보이는 위엄만으로는 병사들을 진심으로 따르게 할 수 없다. 오직 거짓 없는 애정만이 그들의 마음을 감동시킬 수 있을 뿐이다. 그러나 많은 수의 병사들을 통솔하는데 있어서 깊은 사랑만으로는 규율을 바로 세울 수 없는 것이다. 후대함이 지나치면 부릴 수 없게 되고, 사랑함이 지나치면 명령할 수 없게 되며, 군기가 문란해져도 이를 벌주고 다스리지 못하게 되는 것이다. 비유를 하자면 방자한 자식 같아서 쓸 수 없게 된다는 것이다. 유사시에 이미 군대로서 존재할 가치가 없는 것이다.

한나라의 장수 이광(李廣)과 정불식(程不識)은 흉노족과 전쟁에서 많은 승리를 한 명장이었다. 그러나 부하를 통솔하는 방법은 극히 대조적이었다. 이광은 왕에게서 하사받은 돈을 고스란히 부하들에게 나누어주고, 음식도 항상 병사들과 똑같이 먹었다. 그래서 부하들은 마음으로부터 이광을 사모하여 어떤 명령에도 기꺼이 복종했다. 그러나 이광의 군대는 행군할 때에도 대오나 진형이 뒤죽박죽이었다. 풀밭에 나가면 병사들과 말을 쉬게 하여 자유로운 행동을 취하게 했다. 다만 척후병만은 멀리 세워 놓았기 때문에 적군의 습격을 받는 일이 없었다. 한편 정불식은 군대의 편성으로부터 대오나 진형에 이르기까지 일사불란하였고 밤에도 경계를 철저히 했다. 그래서 병사들은 숨을 돌릴 겨를조차 없었다. 정불식은 자신과 이광에 대한 차이점을 생각했다. 이광은 군대의 규율이 지나치게 해이하여 불의의 습격이라도 받는다면 큰일이다. 그러나 병사들은 행동이 유유하고 이광을 위해서라면 기꺼이 목숨을 바칠 병사들뿐이다. 이에 비교하여 나의 군대는 규율이 엄격하여 적군의 공격을 받아도 요지부동이다. 결국 이광의 방법과 정불식의 방법을 혼합하여 장단점을 보안한다면 손자의 병법에 가까워질 수 있을 것이다.

승리의 조건

知吾卒之可以擊 而不知敵之不可擊 勝之半也
지 오 졸 지 가 이 격　이 부 지 적 지 불 가 격　승 지 반 야

知敵之可擊 而不知吾卒之不可以擊 勝之半也
지 적 지 가 격　이 부 지 오 졸 지 부 가 이 격　승 자 반 야

知敵之可擊 知吾卒之可以擊 而不知地形之不可以戰 勝之半也
지 적 지 가 격　지 오 졸 지 가 이 격　이 부 지 지 형 지 불 가 이 전　승 지 반 야

아군의 군사들이 공격할 수 있다는 것만을 알고, 적군에게 이를 막아 낼 능력이 있다는 것을 알지 못하면 승리의 확률은 반이다. 적군들이 공격할 수 있다는 것을 알지만, 아군의 군사가 이를 공격할 능력이 없다는 것을 알지 못하면 승리의 확률은 반이다. 적군이 공격할 때를 알고, 아군의 군사들이 공격이 가능하다는 것을 알지만, 지형이 불리하여 공격하기에 불가능 하다는 것을 모르면 승리의 확률은 반이다.

장수는 싸움에 있어 아군의 형세와 적군의 형세를 잘 파악하는 것이 승리의 조건이 된다. 그래서 아군에게 불리한 지형을 멀리하고, 유리한 곳에서 싸운다면 승리할 수 있는 것이다. 지형이 전투에 적합한지 아니면 불리한지를 파악하지 못한다면 결코 승리를 장담할 수 없다는 것이다.

잦은 왜구의 침략으로 조선의 수군은 전력 분석에 능숙하였고, 이순신 장군은 꾸준히 남해안의 지형을 살펴서 해안선의 지형과 암초의 위치를 정확하게 알 수가 있었다. 그러나 이러한 전략이 갖추어졌다 하더

라도 조건이 맞추어주지 않으면 전력에 손실이 올 것이다. 그래서 지형은 마음대로 만들 수 없는 조건이다. 완벽한 승리를 할 수 있다는 것은 현재의 전력과 지형의 변화에 대하여 잘 알고 전력을 보강해야만 완벽한 승리를 얻을 수 있는 것이다.

적을 알고 나를 알면 승리한다

❖

故, 知兵者 動而不迷 擧而不窮 故曰, 知彼知己
고, 지 병 자 동 이 불 미 거 이 불 궁 고 왈, 지 피 지 기

勝乃不殆 知天知地 勝乃可全
승 내 불 태 지 천 지 지 승 내 가 전

그러므로 전쟁을 잘 아는 자는 군대를 이동시킬 때 주저함이 없고, 군사를 일으켜도 궁지에 몰리지 않는다. 그러므로 적을 알고 나를 알면 승리는 위태롭지 않고, 하늘을 알고 땅을 알면 승리는 언제나 온전할 것이다.

손자가 말하는 병법론의 핵심은 지피지기(彼知己), 지천지지(知天知地)이다. 지(知)란 지형에만 제한된 것이 아니라 전쟁터의 지형과 상황, 주변 나라의 정황과 적군의 장수에 대한 심리까지 포괄하는 것으로, 전쟁터를 둘러싼 모든 상황을 알아야 한다는 것이다.

일에는 모두 때가 있는 법이다. 때를 놓치면 될 수 있는 일도 안 된다. 그래서 일을 아는 사람은 움직임에 망설이지 않고 거침없이 추진하

는 것이다. 그러나 일에는 때가 있다는 것을 알면서도 사람들은 고민과 고민을 계속한다. 판단이 어렵기 때문이다. 그래서 판단을 갖고 있으면서도 책임을 회피하기 위해 눈치를 보면서 시간을 끄는 것이다. 그것은 바로 상사의 눈치를 보는 것이다. 이러한 고민의 결과는 일에 대한 진행이 되지 못하는 결과만 나타나게 되는 것이다. 반대로 대표는 고민 끝은 결정한 사항을 쉽게 드러내 보이지 않는다. 직원들은 대표의 눈치를 보면서 이런저런 방안들을 제시하고, 대표는 자신이 결정한 사항과 일치하는 방안이 나올 때까지 시간을 끌다가 기다리는 방안이 나오면 못이기는 척 받아 들여 결정한다. 그러나 그 방안의 결과가 잘못되면, 모든 책임은 방안을 제시한 직원이 책임을 지는 것이다. 그래서 대표의 생각을 알아내어 나의 생각을 맞출 수 있는 것이 중요하다.

🏢 기업 경영에 준하여

적을 안다는 것은 상대편의 모든 것을 살핀다는 것이므로 매우 어려운 것이다. 그러나 이것만 안다면 싸워서 이기지 못하는 법이 없다. 취직시험의 면접 때에 시험관의 기분을 알 수 있느냐 없느냐가 당락을 결정하는 열쇠라 해도 과언이 아니다. 무역회사의 예를 들어보면, 면접시험 때 지원자는 반드시 이런 질문을 받는다. "우리 회사를 선택한 이유는 무엇인가?" 그런데 이에 대한 대답은 한결 같다.

"예, 저는 경제계의 발전과 더불어 귀사의 해외 진출을 위하여…… 등등 이 방면에 큰 관심을 가지고 있기 때문입니다."

"저는 무역이야말로 국가경제에 이바지되고 남아로서 평생을 바쳐 일할 수 있는 곳이라 생각합니다."라는 말은 시험관이 아니라도 누구나 거짓말을 하고 있다고 생각하지 않을 수 없을 것이다. 이 말이 진정이 아니라는 증거로는 그들이 무역회사뿐 아니라 은행이나 신문사나 기타 회사에도 몇 군데씩 이력서를 내고 있다는 것이 틀림없기 때문이다.

"예, 저는 이 사업이야말로 우리나라 경제(혹은 문화, 학술 등)의 근간이라 믿으며 이의 발전과 향상을 위하여 최선을 다해서 일하겠습니다." 이런 대답은 장소에 따라 사업이 문화사업도 되고 경제사업도 혹은 금융 사업으로 바뀌어 질수 있는 것이다. 그저 그때그때의 회사 이름이나 사업 종류를 바꾸어 말하면 되는 것이다. 하지만 이것은 수험자만이 잘못되었다라고 말할 수 없다. 예전 같으면 평생을 바칠 정열로서 자기의 길을 선택할 수가 있었지만 지금은 어쨌든 우선 취직한다는 것이 선결 문제이므로 사업의 종류를 헤아리고 어쩌고 할 시대가 못되기 때문이다. 그러나 이러한 한결같은 여러 수험자들로부터 듣는 시험관으로서는 마음에 들지 않는 것도 무리가 아니다. 그 중 한 사람쯤은

"실은 이 회사에 들어가기 위해 어떤 포부를 가진 것은 없습니다. 다만 취직이 되었으면 하는 생각입니다. 다른 회사도 몇 군데 지원해 보았습니다만 되지를 않았습니다. 그래서 부득이 여기로 지원하게 되었는데, 입사만 할 수 있다면 월급을 받는 몸으로서 열심히 일하겠습니다. 또 빨리 승진과 출세를 하고 싶은 생각이므로 정열을 기울이겠습니다. 저는 회사를 위하기보다는 저 자신을 위해서 우선 열심히 일할 것입니다." 이와 같은 솔직한 대답을 하는 사람이 있다면 어떨까? 아니 그것이 진실일 것이다.

미국 군인들은 나라를 위해서가 아니라 자기 자신을 위해서 싸운다고 한다. 나라가 보전되지 못하면 자기나 처자식들도 보전할 수 없다. 그러므로 나를 사랑하는 사람을 위해서 죽음터로 가는 것이라고 말한다. 참으로 순수하고 명쾌한 개인주의. 그러나 이 이기적인 개인주의는 국가주의적인 애국심보다 훨씬 뛰어났던 것이다. 이 애국심이 국가를 위하여 일본제국이나 나치스 독일, 그리고 파시즘 이탈리아를 격파했던 것이다.

샐러리맨의 기질도 이와 마찬가지이다. 회사를 위하여 분골쇄신할 사람이 누가 있겠는가? 모두가 자기 자신을 위함이다. 자기를 아끼는 까닭은 처자식을 먹여 살리기 위해서, 빨리 출세하기 위해서, 한 푼이라도 더 받기 위해서 무슨 일이고 열심히 일하는 것이다. 그러나 그것이 결국은 회사를 위한다는 것이 된다. 자기

자신을 위하는 것이 결국 국가를 위하는 것과 같이 되는 결과가 되는 것이다. 이것이 샐러리맨의 본심이다. 이러한 진실을 토로하는 수험자가 그 많은 지원자 가운데 한 사람쯤 있다면 시험관은 오히려 기특하게 여겨 채용해 줄지도 모른다. 그렇지만 시험관의 호감을 사기 위해서, 그것이 곧 합격여부와 관계되므로 일시적인 임기응변을 늘어놓았다 해도 별로 흥미를 느끼지 못할 것이다. 이것이 곧 적을 알고 임하라는 말이다. 자기 존재를 특색있게 나타내는 술책, 그 솔직한 표현이 옳게 평가 받게 되다면 행운을 얻는다. 적을 안다는 것은 매우 중요한 일이다. 적을 모르므로 덤빌 때는 패배의 고배를 마시게 된다. 적을 안다는 것은 싸움의 전 국면을 지배하는 요소이다.

11

구지편
九地篇

구지편(九地篇)에서는 그 지역의 특성에 따라 적절한 작전 변화의 원칙에 의해 공격 작전을 중심으로 산지(散地), 경지(輕地), 쟁지(爭地), 교지(交地), 구지(衢地), 중지(重地), 비지(圮地), 위지(圍地), 사지(死地)의 아홉 가지 지형으로 구분했다.

지형에 따라 전략 전술을 펼쳐라

———— ❖ ————

孫子曰, 用兵之法 有散地 有輕地 有爭地 有交地 有衢地
손 자 왈, 용 병 지 법 유 산 지 유 경 지 유 쟁 지 유 교 지 유 구 지

有重地 有圮地 有圍地 有死地
유 중 지 유 비 지 유 위 지 유 사 지

諸侯自戰其地 爲散地 入人之地不深者 爲輕地
제 후 자 전 기 지 위 산 지 입 인 지 지 불 심 자 위 경 지

我得則利 彼得亦利者 爲爭地
아 득 즉 리 피 득 역 리 자 위 쟁 지

我可以往 彼可以來者 爲交地 諸侯之地三屬
아 가 이 왕 파 가 이 래 자 위 교 지 제 후 지 지 삼 속

先至而得天下之衆者 爲衢地
선 지 이 득 천 하 지 중 자 위 구 지

入人之地深 背城邑多者 爲重地 行山林險阻沮澤
입 인 지 지 심 배 성 읍 다 자 위 중 지 행 산 림 험 조 저 택

凡難行之道者 爲圮地
범 난 행 지 도 자 위 비 지

所從由入者隘 所從歸者迂 彼寡可以擊我之衆者 爲圍地
소 종 유 입 자 애 소 종 귀 자 우 피 과 가 이 격 오 지 중 자 위 위 지

疾戰則存 不疾戰則亡者 爲死地 是故, 散地則無戰 輕地則無止
질 전 즉 존 부 질 전 즉 망 자 위 사 지 시 고, 산 지 즉 무 전 경 지 즉 무 지

爭地則無攻 交地則無絶 衢地則合交
쟁 지 즉 무 공 교 지 즉 무 절 구 지 즉 합 교

重地則掠 圮地則行 圍地則謀 死地則戰
중 지 즉 략 비 지 즉 행 위 지 즉 모 사 지 즉 전

손자가 말하길, 용병하는 방법에는 산지(散地), 경지(輕地), 쟁지(爭地), 교지(交地), 구지(衢地), 중지(重地), 비지(圮地), 위지(圍地), 사지(死地)의 지형이 있다.

제후가 자국의 땅에서 싸우는 것을 산지라 한다. 적의 땅을 공격하지만 깊이 들어가 있지 않은 경우를 경지라 한다. 아군이 점령하면 이득이 있고, 적군이 점령하면 적군에게 이득이 있는 지형을 쟁지라 한다. 아군이 갈 수도 있고, 적군이 올 수도 있는 곳이 교지다. 제후의 땅이 여러 나라가 인접해 있어 먼저 이르면 천하의 백성들을 얻을 수 있는 곳을 구지라 한다. 적국의 땅에 깊숙이 쳐들어가 많은 성과 고을을 등지는 곳을 중지라 한다. 높은 산과 숲속, 험하고 늪이 많은 택지로써 행군하기 곤란한 지역을 비지라 한다. 들어가는 길이 좁아 돌아올 때에는 우회해야 하며, 적군이 작은 군사로 아군의 많은 군사를 공격할 수 있는 곳을 위지라 한다. 빨리 싸우면 생존하고, 빨리 싸우지 않는다면 섬멸당하는 곳이 사지라 한다. 그러므로 산지에서는 싸우지 말고, 경지에서는 주둔하지 말며, 쟁기에서는 공격하지 말아야 한다. 교지에서는 부대 간의 연락이 끊어져서는 안 되며, 구지에서는 제3국과 외교를 돈독히 하고, 중지에서는 침략하여 군수물자를 현지에서 조달한다. 비지에서는 즉시 행군하여 통과하고, 위지에서는 계략을 써서 벗어나며, 사지에서는 오직 싸워야 한다.

지형에 따라 용병하는 방식이 있으니, 즉 산지(散地), 경지(輕地), 쟁지(爭地), 교지(交地), 구지(衢地), 중지(重地), 비지(圮地), 위지(圍地), 사지(死地)등이 있다.

산지는 자기 영토이다. 자신의 영토이니 모든 지형을 알고 있어서 전투에서 유리하다고 생각하지만 그것은 착각일 수도 있다. 유리하다고 자만심에 빠져 실수를 하게 되고, 가족과 전쟁에서 일어나는 피해 또한 고스란히 자신들의 몫이기 때문에 전투를 할 만한 곳이 못되는 것이다.

경지는 적의 영토이지만 국경이 인접해있는 곳이다. 전투를 하다가 국경을 넘어 돌아오기 쉬운 지역이라서 전투에 불리하면 도망가기 유리하므로 목숨을 걸고 싸우지 않기 때문에 전투에서 승리란 있을 수 없는 곳이다.

쟁지는 아군과 적군이 서로 탐하는 유리한 곳이다. 사람들의 보는 눈과 마음이 거의 비슷하여 내가 가지고 싶은 땅도 남도 가지고 싶은 것이다. 그래서 쟁지에서는 아군과 적군이 탐하는 지역이므로 전투가 빈번하게 일어난다. 먼저 점령하여 해와 높은 산을 등지고 진을 친다면 적군은 불리한 전투를 하게 되는 것이다.

교지는 아군이 진격하기에도 편리하고 적이 공격하기에도 편리한 전략적 가치가 있는 곳이다. 하지만 사방이 뚫려있어서 적에게 쉽게 노출이 되어 공격을 받을 수 있다. 그래서 교지에서는 부대 간의 연락이 끊어져서는 안 되며, 상호 협력하여 전투를 해야 한다.

구지는 제3국과 국경을 맞대고 있기 때문에 점령하면 천하를 얻을 수 있는 곳을 말한다. 내 힘이 강하면, 제3국에 영향력을 행사할 수 있지만, 그렇지 못하면 제3국에게 휘둘릴 수가 있으므로 외교 관계를 잘 맺어야 한다.

중지는 적국의 영토에 깊숙이 들어가 있기 때문에 손쉽게 돌아올 수 없는 곳을 말한다. 적군의 영토에 있기 때문에 도저히 외부로부터 도움을 받을 수 없기 때문에 모든 것을 자체적으로 해결해야 한다. 매우 어려움이 겹쳐 있는 곳이므로 모든 군수물자를 현지에서 해결해야 한다.

비지는 산림, 험준한 지형, 늪지대 등 행군하기 어려운 곳으로, 나아가기도 어렵고, 돌아오기도 어려운 불모지이므로 오래 머물 이유가 없다는 것이다

위지는 길이 좁고, 험한 산길로 적에게 쉽게 당할 수 있는 곳이다. 이런 지형에서는 들어가지 않는 것이 좋지만, 들어갔다면 신속하게 빠져나와야 한다.

사지는 죽음의 땅이다. 살고 싶으면 죽을힘을 다해 싸워 이기든가 해야 하는 곳이다. 싸우다 패배해도 죽고, 가만히 있어도 죽는 곳이기 때문에 살겠다는 희망을 가지고 마지막 힘을 다하여 싸운다면 목숨을 부지할 가능성도 있다.

그러므로 장수는 지형과 군사들의 심리적 움직임의 상관관계를 잘 살펴 전투력 발휘에 차질이 없도록 해야 할 것이다.

적군을 분열시켜라

所謂古之善用兵者 能使敵人

소 위 고 지 선 용 병 자 능 사 적 인

前後不相及 衆寡不相恃 貴賤不相救

전 후 불 상 급 중 과 불 상 시 귀 천 불 상 구

上下不相收 卒離而不集 兵合而不齊 合於利而動 不合於利而止

상 하 불 상 수 졸 리 이 부 집 병 합 이 부 제 합 어 리 이 동 불 합 어 리 이 지

이른바 고대부터 전쟁을 잘하는 자는, 적군의 전후방의 부대가 서로

연락하여 도울 수 없게 하고, 대부대와 소부대가 서로 지원하지 못하게 하며, 상급자와 하급자가 서로 지원 할 수 없게 하고, 장수와 군사가 서로 돕지 못하게 하며, 군사들을 모이지 못하게 흩어지게 하며, 적군의 군사들이 집합하더라도 이를 통제할 수 없게 하여야 한다. 그리고 유리하면 움직이고, 불리하면 움직이지 않는다.

적군의 힘이 한쪽으로 집중되어 있다면 그 힘을 발휘하지 못하도록 분산시켜야 한다는 것이다. 어떻게 하면 적군의 힘을 분산시키느냐가 승리의 관건인 것이다. 심리적으로 적군을 이간시켜 내부의 분열을 유도하는 것도 하나의 방법이며, 부대와 부대사이의 연락할 수 없도록 만들어 상호 협조하지 못하게 하는 것이다. 일종의 분열공작을 말하는 것이다. 그 목표는 적은 분산시키고, 아군은 집중 공격하여 각개격파 하는데 있다. 그리고 전쟁에서 유리함과 불리함에 대하여 분석하여 유리하다고 판단되면 지체 없이 움직이고, 불리하다고 판단되면 자중하여 꼼짝도 하지 않는 태세를 잘 구분하여 명령을 내려야 하는 것이다.

신속하게 움직여 허점을 공격하라

❖

敢問, 敵衆整而將來 待之若何? 曰, 先奪其所愛 則聽矣

감 문, 적 중 정 이 장 래 대 지 약 하? 왈, 선 탈 기 소 애 즉 청 의

兵之情主速 乘人之不及 由不虞之道 攻其所不戒也

병 지 정 주 속 승 인 지 불 급 유 불 우 지 도 공 기 소 불 계 야

감히 묻기를, "적군이 대열을 정비하고 장차 공격해 온다면 어떻게 대적 하겠는가?" 대답하기를, "적군이 가장 중요시하는 것을 먼저 빼앗고 반응을 보면 된다." 군대의 정세는 신속한 것이 우선이니, 적군이 대비하지 못한 빈틈을 타서, 미처 예상하지 못한 길을 따라 적군이 경계하지 않는 곳을 공격하는 것이다.

정돈된 적군이 공격해 오려고 하는데 어떻게 대적하는 것이 적절한 방어일까? 그러나 상대하는 아군은 적군이 중요시하는 전략적 요충지, 군수물자 등을 공격하여 탈취하여 기선을 제압하라는 것이다. 전략적인 가치보다는 정신적인 충격을 주어 상대를 심리적으로 동요시키는 것이 목적이다. 적군에게 동요가 생기면 아무리 완벽한 상태라 하여도 빈틈이 생기는 것이니, 그 빈틈을 신곡하게 파고들어가 적군에게 혼란을 줄 수가 있다.

죽음 앞에 군사는 강해진다

凡爲客之道 深入則專 主人不克 掠於饒野 三軍足食
범 위 객 지 도 심 입 즉 전 주 인 불 극 약 어 요 야 삼 군 족 식

謹養而勿勞 併氣積力 運兵計謀 爲不可測 投之無所往 死且不北
근 양 이 물 노 병 기 적 력 운 병 계 모 위 부 가 측 투 지 무 소 왕 사 차 불 패

死焉不得士人盡力? 兵士甚陷則不懼
사 언 부 득 사 인 진 력? 병 사 심 함 즉 불 구

無所往則固 深入則拘 不得已則鬪
무 소 왕 즉 고 심 입 즉 구 부 득 이 즉 투

是故, 其兵不修而戒 不求而得 不約而親
시 고, 기 병 불 수 이 계 불 구 이 득 불 약 이 친

不令而信 禁祥去疑 至死無所之
불 령 이 신 금 상 거 의 지 사 무 소 지

吾士無余財 非惡貨也 無余命 非惡壽也
오 사 무 여 재 비 오 화 야 무 여 명 비 오 수 야

令發之日 士卒坐者涕沾襟 偃臥者涕交頤
영 발 지 일 사 졸 좌 자 체 점 금 언 와 자 체 교 이

投之無所往者 諸劌之勇也
투 지 무 소 왕 자 제 귀 지 용 야

무릇 적군의 영토에 진입하였을 때는 깊이 침입하여 싸움에 전념하
므로 적군이 이기지 못한다. 풍요로운 야전에서 적의 식량을 약탈하면,
전부대가 먹을 식량이 충족하여 휴양시켜 피로하지 않게 하고, 사기를
높이며 그 힘을 축적한다. 군사들을 움직이고 계략을 세워 적군이 예측
하지 못하게 하고, 갈 곳이 없는 곳으로 몰아넣으면, 싸우다 죽더라도

달아나지 않는다. 죽게 될 상황에 처해 있다면 군사들이 전력을 다하여 싸우지 않겠는가? 군사들이 위험에 빠지게 되면 오히려 두려워하지 않고, 달아날 데가 없으면 서로 굳게 단결하고, 적지에 깊이 들어가면 투지가 일어나 부득이 싸울 수밖에 없는 것이다. 이런 까닭으로 군사들은 훈련을 하지 않아도 스스로를 경계하고, 요구하지 않아도 이득을 얻게 되고, 단속하지 않아도 서로 친근해지며, 명령하지 않아도 서로 신뢰가 생긴다. 미신을 금지하고, 의심을 버리게 하면, 죽음에 이르러도 갈 곳이 없게 된다. 아군의 군사들이 재물에 욕심이 없는 것은 재물이 싫어서가 아니고, 목숨을 아끼지 아니함은 살기를 싫어하기 때문은 아니다. 전투 명령이 내리는 날에는 군사들은 앉아 눈물로 옷깃을 적시고 누운 자는 눈물을 턱에까지 흘리게 된다. 그러나 군사들이 더 이상 갈 곳이 없는 곳으로 투입하면, 모두가 전제(傳諸)와 조귀(曹劌)처럼 용감하게 결사적으로 싸우게 되는 것이다.

평상시 사이가 아무리 나쁜 군사들이라도 적의 대군에 포위되었거나, 죽음에 이르는 막다른 골목에 이르면 반드시 일치단결하여 전력을 다하는 것이다. 그러므로 일치하지 못한 군대는 될 수 있으면 이것을 사지에 몰아넣으라는 것이다. 언뜻 생각하기에는 참혹하고 비인도적인 말 같지만, 손자의 병법은 도덕교본이나 예절교본이 아니다. 어떻게 하면 적에게 이길 수 있을까하는 방법론이며, 심리학인 것이다.

전제(傳諸)는 춘추시대 말엽 오나라의 협객이었다. 기원전 515년, 의형제를 맺은 오자서의 밀명을 받아 당시 오나라의 왕 요(僚)를 암살하기로 결심하였다. 그리하여 연회석에 생선요리를 바치면서 생선 뱃속에 감추었던 단검을 꺼내 요를 죽이고 현장에서 호위병에게 죽임을 당하였다. 이후 오자서는 공자(公子) 광(光)을 추대하여 왕위에 오르게 되었다. 이 왕이 바로 오왕 합려이며, 오나라왕 합려는 손자를 등용하여 마침내 강대국으로 일으켜 세웠다.

조귀(曹劌)는 춘추시대 노나라 사람이다. 기원전 684년, 장작(長勺)전투에서 제나라를 부수고 승리를 거둔 인물이다. 노나라는 제나라 환공(桓公)의 군대를 맞아 세 번이나 패하는 바람에 많은 땅을 잃고 말았다. 노나라 장공(莊公)이 수(遂) 땅을 바치며, 제나라와 화친을 맺고자 회담을 하고 있을 때, 조귀가 갑자기 칼을 들고 회담장 위로 뛰어 올라가 환공을 위협하면서 환공이 노나라로부터 빼앗은 땅을 모두 돌려줄 것을 요구하자, 환공은 할 수 없이 그 요구를 들어주게 되었고, 노나라는 잃은 땅을 모두 되찾게 되었다. 나중에 환공이 그를 죽이려 하자 관중(管仲)이 말려 목숨을 구했다.

전제나 조귀는 모두 벗어날 길이 없는 전쟁터에 던져지거나, 반드시 죽을 줄 아는 적진에서 적장의 목에 칼을 들이대고 용맹하게 싸운 인물의 예로 꼽힌다.

적도 동지가 된다

故, 善用兵者 譬如率然 率然者 常山之蛇也

고, 선 용 병 자 비 여 솔 연 솔 연 자 상 산 지 사 야

擊其首則尾至 擊其尾則首至 擊其中則首尾俱至

격 기 수 즉 미 지 격 기 수 즉 수 지 격 기 중 즉 수 미 구 지

敢問, 兵可使如率然乎?

감 문, 병 가 사 여 솔 연 호?

曰可, 夫吳人與越人相惡也

왈 가, 부 오 인 여 월 인 상 오 야

當其同舟而濟 遇風 其相救也 如左右手

당 기 동 주 이 제 우 풍 기 상 구 야 여 좌 우 수

그러므로 용병을 잘하는 장수를 비유하면 솔연과 같다. 솔연이란 상산에 사는 뱀을 말하는데, 머리를 치면 꼬리가 덤비고, 꼬리를 치면 머리가 덤벼든다. 가운데 허리를 치면 머리와 꼬리로 덤벼든다. 감히 묻기를, 군사를 솔연과 같이 부릴 수 있는가? 대답하여 말하길, "가능하다." 오나라와 월나라는 서로 미워하는 사이지만, 두 나라 사람이 같은 배를 타고 강을 건너다가 폭풍우를 만난다면, 좌우의 손처럼 서로를 구하려고 할 것이다.

솔연은 상산에 사는 뱀으로 크고 난폭하지만, 동작이 매우 빠른 것으로 유명하다. 머리를 치면 꼬리가 덤비고, 꼬리를 치면 머리가 덤벼든다. 가운데 허리를 치면 머리와 꼬리로 덤빈다라는 말은 군사들의 인화단결을 강조하고 있는 것이다.

오나라 사람과 월나라 사람은 원래 서로 미워하는 사이였다. 그러한 그들은 한 배를 타고 강을 건너다가 풍랑을 만나자 좌우의 손처럼 서로 도와 살아났던 것이다. 그래서 '오월동주'란 말이 생겨났다.

상생이라는 말이 어느 때보다 필요한 시대가 현대사회이다. 과거 어느 시대를 막론하고 상생은 지상 과제와도 같은 중요한 것이었다. 탐욕에 가득한 이들이 자본주의 사상에 어긋난다고하여 상생이라는 틀이 깨지고 말았다. 자신만 잘살면 그만이라는 이기적인 생각을 버리지 않는 한, 상생은 어쩌면 문자로만 가치를 유지할 뿐 실제에서는 무의미하게 되고 만다. 어려운 입장에 처하거나 공동의 이익을 위해서는 함께할 수밖에 없다. 혼자 할 수 없는 일이라면 어찌되었든 협력해야만 한다는 것이다.

일치단결은 장수의 지도력이다

是故, 方馬埋輪 未足恃也 齊勇如一
시 고, 방 마 매 륜 미 족 시 야 제 용 여 일

政之道也 剛柔皆得 地之理也
정 지 도 야 강 유 개 득 지 지 리 야

故, 善用兵者 携手若使一人 不得已也
고, 선 용 병 자 휴 수 약 사 일 인 부 득 이 야

그런 까닭에, 타고 되돌아갈 말을 사방에 묶어놓고, 싣고 돌아갈 수레바퀴를 땅에 묻어 놓아도 믿을 것이 못된다. 용맹을 가지런히 하여

하나같이 하는 것은 군대를 다스리는 방법이고, 강한 자와 약한 자가 사력을 다하여 싸우게 만드는 것은 지형의 이치를 살피는 것이다. 그러므로 용병을 잘하는 자는 마치 한명의 군사를 수족처럼 부리는 것은 부득이하게 그렇게 아니할 수 없기 때문이다.

군마를 일렬로 세워서 고삐를 서로 묶어놓는다거나, 수레의 바퀴를 땅에 묻어서 멋대로 움직이지 못하게 하는 것처럼 강압적인 형태로 안심할 수 있는 성격이 아니다. 용감한 사람은 앞으로 나아가고, 약한 사람은 꽁무니를 빼는 것을 없애고, 전체를 한 몸같이 만드는 것은 오로지 군정의 힘이다. 아군이 하나가 되어 응집하는 것은 적군을 흩어지게 하며 승리하는 전제가 된다. 이런 심리적인 문제를 고려하는 장수만이 전쟁을 승리로 이끌 수 있다.

장수의 계획을 모르게 하라

---❖---

將軍之事 靜以幽 正以治 能愚士卒之耳目
장군지사 정이유 정이치 능우사졸지이목

使之無知 易其事 革其謀 使人無識
사지무지 역기사 혁기모 사인무식

易其居 迂其途 使人不得慮 帥與之期 如登高而去其梯
역기거 우기도 사인부득려 수여지기 여등고이거기제

帥與之期 如登高而去其梯 帥與之深入諸侯之地
수여지기 여등고이거기제 수여지심입제후지지

而發其機 焚舟破釜 若驅群羊
이발기기 분주파부 약구군양

驅而往 驅而來 莫知所之 聚三軍之衆 投之於險 此將軍之事也
구이왕 구이래 막지소지 취삼군지중 투지어험 차장군지사야

九地之變 屈伸之利 人情之理 不可不察也
구지지변 굴신지리 인정지리 불가불찰야

장수로서 해야 할 일은 침착하고 그윽하게 해야 하고, 올바르게 다스려야 한다. 군사들의 눈과 귀를 어리석게 만들어 그들로 하여금 아는 것이 없게 하며, 계략의 변경을 군사들로 하여금 알지 못하게 한다. 주둔지를 바꾸고 길을 돌아갈 때에도 군사들이 알게 해서는 안 된다. 장수가 군사들과 결전을 벌이고자 한다면 마치 높은 곳에 올라가게 하고서 그 사다리를 치워버리는 것처럼 해야 하며, 장수가 군사들과 적군의 영토에 깊숙이 들어가면 화살을 발사하듯이 빠르게 움직이고, 배를 불사르고 가마를 파괴하듯이, 마치 군집한 양떼를 몰아 갈라지듯이 하여

적군의 지형에 몰려가서 전진과 후퇴를 하면서 군사들이 뒤따르기만 할 뿐 어디로 가는지 알지 못하게 해야 한다. 삼군의 군사들을 모아서 위험한 곳에 투입하는 것이 장수의 전략이다. 아홉 가지 지형의 변화에 따라 후퇴하는 것과 진형을 펼쳐서 공격하는 것에 따른 이익을 알고, 군사들의 정서와 심리를 세심히 파악해야 한다.

완벽하고 치밀한 작전 계획을 세우더라도 사전에 누설된다면 아무런 쓸모가 없어진다. 따라서 장수는 작전계획의 보안을 유지하는 능력을 지녀야 한다. 그래서 군사들의 눈과 귀를 엄폐시켜 작전계획에 대하여 방향을 알지 못하여 따르게 될 것이다. 군사들이 앞으로 나아갈 위치의 위험을 미리 알면 군사들의 마음에 동요와 불안을 가져오게 되므로 사전에 알려서는 안 된다. 작전의 기밀은 아군일지라도 사전에 알릴 수 없는 것이다. 처음부터 알리지 않을 뿐만 아니라, 도중에 상황이 바뀌어 작전이 변경되어도 알 수 없게 하고, 먼 길을 돌아가더라도 군사들이 미처 생각할 수 없게 한다. 그리고 군사들이 도망칠 수 없는 곳으로 몰아넣은 후 결사적으로 싸우도록 유도하여 신속하고 과감한 용병술로 적군을 몰아쳐야 하는 것이다. 또한 장수는 항상 지형에 대한 정확한 정보와 지식, 전진과 후퇴에 따르는 이익과 손실, 그리고 군사들의 신리에 대하여 예리한 통찰력을 지녀야 할 것이다. 이 모든 것은 전쟁에서 승리하기 위한 하나의 수단일 뿐이다.

전쟁터의 상황에 따라 싸워라

———— ❖ ————

凡爲客之道 深則專 淺則散 去國越境而師者
범 위 객 지 도 심 즉 전 천 즉 산 거 국 월 경 이 사 자

絶地也 四達者 衢地也
절 지 야 사 달 자 구 지 야

入深者 重地也 入淺者 輕地也 背固前隘者
입 심 자 중 지 야 입 천 자 경 지 야 배 고 전 애 자

圍地也 無所往者 死地也
위 지 야 무 소 왕 자 사 지 야

是故, 散地 吾將一其志 輕地, 吾將使之屬 爭地, 吾將趨其後
시 고, 산 지 오 장 일 기 지 경 지 오 장 사 지 속 쟁 지, 오 장 추 기 후

交地, 吾將謹其守 衢地, 吾將固其結 重地,
교 지, 오 장 근 기 수 구 지, 오 장 고 기 결 중 지,

吾將繼其食 비地, 吾將進其途
오 장 계 기 식 비 지, 오 장 진 기 도

圍地, 吾將塞其闕 死地, 吾將示之以不活
위 지, 오 장 색 기 궐 사 지 오 장 시 지 이 불 활

故, 兵之情 圍則御 不得已則鬪 過則從
고, 병 지 정 위 즉 어 부 득 이 즉 투 과 즉 종

무릇 적국에 침입했을 경우는 아군이 깊이 침략하면 전투에 전념하지만, 얕게 들어가면 단결이 분산되어 흐트러진다. 국경을 넘어 들어가서 싸우는 것이 절지(絶地)이고, 사방으로 통하는 곳이 구지(衢地)이고, 적지에 깊이 들어가면 중지(重地)이고, 얕게 들어가면 경지(輕地)이고, 험한 곳을 등지고 좁은 길이 놓여 있으면 위지(圍地)요, 도망할 길이 없

으면 사지(死地)이다. 이런 까닭으로 산지(散地)에서는 군사들의 의지를 하나로 만들고, 경지(輕地)에서는 아군끼리 연락을 긴밀히 하고, 쟁지(爭地)에서는 적군의 배후에서 공격하고, 교지(交地)에서는 수비에 허점이 없도록 하고, 구지(衢地)에서는 제3국과의 외교관계를 견고히 하고, 중지(重地)에서는 군량 보급이 이어지도록 하고, 비지(圮地)에서는 아군의 행군을 재촉하며, 위지(圍地)에서는 도주할 틈을 막아야 하고, 사지(死地)에서는 군사들에게 살 수 없음을 보이고, 필사적으로 싸워 이기게 해야 한다. 그러므로 군사들의 심리는 포위를 당하면 방어에 전력을 다하게 되고, 상황이 절박하면 용감히 전투를 하게 되며, 위기에 몰리게 되면 명령을 따르는 것이다.

산지는 자신의 영토에서 싸우는 것이므로 불안감을 해소하고 군사들의 마음을 일치단결시키는데 힘써야 한다. 그리고 오랜 시간 전쟁터에서 싸우다 보면 군사들은 고향이 그립고, 고향에 있는 처자식이 그리워져 마음이 산란해지기 때문이다.

경지에서는 적지에 깊숙이 들어가지 않는 곳이라 군사들을 주둔시키지 말고 신속히 행군을 하여 이동해야 하는데, 이것은 군사들이 전쟁을 두려워할 가능성과 사기가 떨어질 우려가 있기 때문이다.

쟁지는 전쟁에서 반드시 차지해야 하는 곳으로 적군의 뒤쪽으로 돌아가서 후방을 공격하거나 교란시키는 것이 중요하다.

교지에서는 수비를 견고하게 하는 것이 중요하고, 중지에서는 식량 등 군수물자를 확보하는 것이 중요하다.

비지에서는 신속히 이동하여 벗어나야 한다.

위지에서는 퇴로가 없다는 생각으로 죽음을 각오하고 필사적으로 싸우도록 해야 한다.

그리고 손자가 가장 중요하게 생각하는 사지에서는 적군을 전멸시키지 않으면 모두 죽는다는 상황을 인식시켜 필사적으로 싸우게 해야 한다. 군사들이 죽기를 각오하고 싸운다면 승리할 수 있기 때문이다.

초나라 패왕 항우는 자신의 숙부인 항량을 죽인 진나라 장수 장한과 싸웠다. 그는 장한의 군대와 싸우기에는 전력이 턱없이 부족함을 깨닫고 극단의 조치를 취하기로 했다. 항우는 먼저 병사들을 이끌고 장하(暲河)강을 건넌 뒤 타고 온 배를 모두 부수라고 명령했다. 또 한 사람씩 3일치 식량만 챙기게 한 뒤 솥을 모두 깨뜨리라고 했다. 돌아갈 수도 없고 밥을 해 먹을 수도 없게 된 군사들은 자신들이 살 길은 죽음을 각오하고 싸워 이기는 수밖에 없다는 생각에 목숨을 다해 싸웠다. 이 싸움은 소수로 다수를 이긴 역사적인 전투로 기록되었다. 이 내용은 기본적으로 군사들의 심리를 활용한 용병술이다.

무적의 군대가 되어라

---❦---

是故, 不知諸侯之謀者 不能預交
시 고, 부 지 제 후 지 모 자 부 능 예 교

不知山林險阻沮澤之形者 不能行軍
부 지 산 림 험 조 저 택 지 형 자 불 능 행 군

不用鄕導者 不能得地利 四五者 不知一 非霸王之兵也
불 용 향 도 자 불 능 득 지 리 사 오 자 부 지 일 비 패 왕 지 병 야

夫霸王之兵 伐大國 則其衆不得聚 威加於敵 則其交不得合
부 패 왕 지 병 벌 대 국 즉 기 중 부 득 취 위 가 어 적 즉 기 교 부 득 합

是故, 不爭天下之交 不養天下之權 信己之私 威加於敵
시 고, 부 쟁 천 하 지 교 불 양 천 하 지 권 신 기 지 사 위 가 어 적

故, 其城可拔 其國可墮也
고, 기 성 가 발 기 국 가 휴 야

이런 까닭으로 주변국 제후들의 계략을 알지 못하는 자는 미리 외교를 맺지 못하고, 산림과 험난한 곳과 습지의 지형을 알지 못하면 행군을 할 수 없고, 그 지역을 잘 아는 안내인을 활용하지 않으면 지형의 이로움을 얻을 수 없다. 이 아홉 가지 지형 중에 하나라도 알지 못하면 패왕의 군대가 아닌 것이다. 패왕의 군대가 강대국을 정벌할 때는 그 적국이 군사들을 동원하지 못하고, 적군에게 위압을 가하면 다른 나라와 외교를 맺지 못하게 만든다. 그런 까닭으로, 천하 제후들과 외교를 다투지 않고, 천하의 권력을 장악하려 하지 않으며, 자신만의 소신을 펼쳐 적에게 위세를 가하는 것이다. 그러므로 적의 성을 함락시킬 수 있고, 그 나라를 무너뜨릴 수도 있는 것이다.

전략 전술을 계획할 때 가장 중요한 것은 지형에 대한 지식이다. 그래서 그 지역에 대하여 잘 알고 있는 사람을 고용하여 안내인으로 활용하는 것이 전쟁에서 승리할 수 있는 필요조건인 것이다. 그리고 외교 관계라는 것은 서로 뜻이 맞아 협력하는 동맹관계인 것이다. 서로 상대방의 입장을 생각하고 서로의 이익을 추구하는 것이므로, 이익과 이익의 결합인 것이다. 주변국의 전략과 그 형세 및 외교 관계 등을 알아야 하고, 특히 지형에 대한 세부적인 파악과 전략 전술이 패왕이 되기 위한 것임을 말하고 있다.

패왕지병(覇王之兵)이란 패자와 왕자의 군대를 의미한 것으로, 패자(覇者)는 무력으로 천하 백성을 다스리는 군주이고, 왕자(王者)는 덕으로 천하 백성을 복종하게 만드는 군주를 의미한다. 패왕은 다른 나라들이 협력하여 주기 때문에 다른 나라의 협력을 얻기 위하여 외교적인 교섭을 하려 하지 않고, 천하의 권세가 저절로 들어오기 때문에 굳이 강국의 세력을 증강시키려고도 하지 않는다. 왜냐면 적군의 모든 정세를 알고 이익이 되는 곳을 먼저 장악하여, 적군의 전략을 계산하여 치밀하게 공격을 하기 때문이고, 무력으로 위압하여도 적국은 다른 제3국과의 외교를 맺을 수 없기 때문에 미리 스스로 패왕에게 외교를 맺고 있기 때문이다.

장수는 군사를 잘 이용하라

❖

施無法之賞 懸無政之令 犯三軍之衆 若使一人
시 무 법 지 상 현 무 정 지 령 범 삼 군 지 중 약 사 일 인

犯之以事 勿告以言 犯之以利 勿告以害
범 지 이 사 물 고 이 언 범 지 이 리 물 고 이 해

投之亡地然後存 陷之死地然後生 夫衆陷於害 然後能爲勝敗
투 지 망 지 연 후 존 함 지 사 지 연 후 생 부 중 함 어 해 연 후 능 위 승 패

故, 爲兵之事 在於順祥敵之意 幷敵一向
고, 위 병 지 사 재 어 순 상 적 지 의 병 적 일 향

千里殺將 是謂巧能成事者也
천 리 살 장 시 위 교 능 성 사 자 야

법에도 없는 상을 베풀고, 정사에 없는 명령을 내리고, 삼군의 군사를 한 사람을 부리듯 움직이게 한다. 군사들을 움직이기를 일로써 하고, 말로써 고하지 말아야 하고, 이익으로써 움직이게 하고, 해로움으로써 고하지 말아야 한다. 군사들은 멸망할 지형에 투입된 연후에야 존재할 수 있고, 사지의 함정에 빠진 연후에야 살아남게 된다. 군대는 위험에 빠진 연후에 능히 승패를 결정하게 되는 것이다. 그러므로 전쟁이란, 적군의 뜻을 따르면서 자세히 살피는데 있으니 적군을 한 방향으로 유인하여 몰아넣으면, 천리 밖에 있는 적의 장수를 죽일 수 있다. 이것이 교묘한 능력으로 살해한다. 이것이 교묘하게 승리하는 전쟁을 하는 것이다.

전쟁터에는 평상시 사용하는 규정이 통하지 않는 경우가 있다. 그래

서 상황에 따라 군사들에게 규정이 없는 상을 내리고, 엄격한 명령을 내려야 모든 군사들을 마치 한사람을 움직이듯이 일사분란하게 지휘할 수 있다는 것이다. 전쟁터에서 이론상의 전투는 때로는 다르게 전투가 진행되는 경우가 발생한다. 설명이나 교훈만을 가지고 군사를 통제할 수 없으므로 바로 행동으로 실천하지 않으면 안 된다. 그리고 군사들에게는 전투에 유리한 것만 알고 있도록 하고, 손해나 불리한 상황을 일체 말하지 않는 것이다.

군대는 위험한 상황 속에 투입해야만 한마음으로 뭉쳐 싸우지 않으면 패배하고 말 것이라는 것을 알아 패배를 모면할 수 있고, 사지에 빠진 뒤라야 살아날 수 있는 것이다. 그러므로 군사들은 그러한 위험스러운 상황 속에서도 전력투구하여 승리할 수 있다. 이 같은 군사들의 심리를 이용하여 전쟁에 활용하지 않으면 안 되는 것이다. 용병술을 함에 있어서 중요한 일은 적군의 심리와 작전 계획 등을 자세히 파악하는 데 있다. 적군의 작전에 맞추어 아군의 작전 계획을 세워 싸운다면, 천리 밖에 있는 적군의 장수와 군사들을 사로잡거나 죽일 수 있는 것이다. 이것을 교묘한 용병이라 한다.

처녀처럼 행동하고 토끼처럼 빠르게 공격하라

是故, 政擧之日 夷關折符 無通其使 勵於廊廟之上 以誅其事

시 고, 정 거 지 일 이 관 절 부 무 통 기 사 여 어 낭 묘 지 상 이 주 기 사

敵人開闔 必亟入之 先其所愛 微與之期 踐墨隨敵 以決戰事

적 인 개 합 필 극 입 지 선 기 소 애 미 여 지 기 천 묵 수 적 이 결 전 사

是故, 始如處女 敵人開戶 後如脫兎 敵不及拒

시 고, 시 여 처 녀 적 인 개 호 후 여 탈 토 적 불 급 거

그런 까닭으로, 전쟁이 시작 되면 국경의 관문을 폐쇄하고, 통행증을 버리고, 적의 사신을 통과 시키지 않고, 조정에서는 군사회의를 열어 전쟁의 일에 대한 책임자를 결정한다. 적군이 관문을 개방할 때 필히 재빠르게 침입하여, 적군의 가장 소중한 것을 빼앗고, 적의 미세한 틈을 기다리고, 적군의 상황에 따라 전쟁의 승패를 결정 짓는다.

그런 까닭으로, 전쟁을 시작되면 처녀처럼 행동하여 적의 방심을 유도하고, 적군이 관문을 개방한 연후에는 탈출하는 토끼처럼 빠르게 움직여 적군이 항거할 수 없게 해야 한다.

조정에서는 전쟁을 하기로 결정을 내리는 즉시 관문을 통과하려는 사람의 통행증을 전부 꺾어 못 쓰게 하고, 양국 사신의 왕래를 금지함으로써 군사 기밀이 새어나가지 못하도록 한다. 또한 전쟁 수행을 위한 전략 전술을 계획하고, 각자 맡은 일에 책임을 지게 한다. 특히 최고 책임자인 장수를 임명하여야 한다. 그리고 적국에서 관문을 열고 닫을 때 간첩을 재빨리 침투시켜 적군이 가장 소중하게 여기는 급소를 찾아

내어 은밀히 그것을 습격할 계획을 세워야 한다. 이는 처음에는 수줍은 처녀처럼 조용히 행동하다가 적군의 빈틈이 보이면 덫에서 빠져나와 달아나는 토끼처럼 재빠르게 공격하여 적군이 방어할 기회를 주지 않는 것이므로, 기만술과 속도술이 드러나는 것이다.

기원전 284년에 제나라는 연나라의 장수 악의(樂毅)가 이끄는 군대의 공격을 받아 거의 전 국토가 빼앗기고, 겨우 즉묵(卽墨)을 지키고 남아 있을 뿐이었다. 이때 전단이 즉묵의 사령관으로 임명되었다. 처음에 전단은 적의 대군을 앞에 놓고도 움직이지 않고 계속 첩자만 내보내어 적의 실정을 파악하게 했다. 이때 연나라에서는 소왕이 죽고, 그의 아들 혜왕이 왕위에 올랐다. 혜왕은 태자 시절부터 장군인 악의와는 사이가 좋지 않았다는 정보를 수집하고, 전단은 즉시 연나라로 첩자를 잠입시켜 악의가 두 마음을 품고 있다는 유언비어를 퍼트렸다. 혜왕은 허위 정보를 믿고 악의를 파직시켰다. 악의는 연나라에서는 가장 뛰어난 명장으로 군사들의 신뢰도 두터웠다. 연나라의 군사들은 이 소식을 듣고 울면서 애석해 했다. 전단은 다시 연나라로 첩자를 보내어, 성안에 있는 제나라의 군사들은 적군이 조상의 산소를 파헤치면 어떻게 하냐라고 걱정을 하고 있다는 소문을 퍼트렸다. 이 소문을 들은 연나라 군대는 성 밖에 있는 무덤이란 무덤은 모조리 파헤쳤다. 이것을 멀리서 바라본 성안에 있던 사람들은 적군에 대한 증오심이 불타오르고 서로 복수할 것을 맹세했다. 이리하여 적군의 내부를 이간시키고, 아군의 사기를 환기시키는데 성공한 전단은 총공격을 하기 전에 적군에게 항복할 것을 권하여 다시 한 번 적군의 사기를 꺾었다. 한편 전단은 성안에 있는 황금을 모아 그것을 즉묵의 부호들을 통하여 연나라 장수에게 보내면서, 만일 즉묵이 항복하더라도 우리 집안의 안전을 보장해 달라는 뇌

물을 바쳤다. 연나라 장수들은 기뻐하며 흔쾌히 승낙하고 경계심을 완전히 풀고 있었다. 수줍은 처녀와 같이 행동하면서, 이와 같은 준비공작을 다 끝마친 전단은 소의 꼬리에 기름을 먹인 갈대를 묶어 불을 붙이고 소떼를 앞세워 성문을 열고 일제히 공격에 하였다. 허를 찔린 연나라 군대는 대항할 겨를도 없이 패주하고 말았다. 사기(史記)를 편찬한 사마천(司馬遷)은 전쟁이란 정공법으로 적을 상대하고, 기책으로서 기묘한 전략을 만들어내어 정공법과 기공법을 교묘하게 엮어서 싸운다. 처음에는 수줍은 처녀와 같이 행동하여 적의 민심을 유인하고, 뒤에는 벗어난 토끼와 같이 습격하여 적으로 하여금 수비할 여유를 주지 않았다. 전단의 용병술은 최고라고 칭찬하였다.

🏢 기업 경영에 준하여

기업경영에 있어서는 국제정세와 변화뿐만 아니라 시장조사와 소비자의 선호도, 다른 경쟁회사의 제품 등을 수시로 조사하고 연구 검토하여 시시각각으로 변화해가는 정세에 맞추어 나가야 한다. 한편 조직을 정비하여 각 부서간의 유기적인 관련성을 지니도록 도모하고, 간부와 사원들 사이의 친목을 도모하고, 사원들의 대우를 충분히 함으로써 전 사원들의 사기를 북돋우고 태세를 갖추어야 한다. 그리하여 마치 상산의 솔연이라는 뱀처럼 머리를 치면 꼬리가 덤벼들고, 꼬리를 치면 머리가 덤벼들고, 중간을 치면 머리와 꼬리가 한꺼번에 덤벼들도록 만들어야 한다. 원수끼리도 같은 배를 타고 풍랑을 만나면 서로 협조하여 위기를 극복한다고 한다. 그러므로 태세가 잘 갖추어진 회사의 사원들이 굳게 단결한다면 놀라운 위력이 발휘하게 되는 것이다. 그러므로 회사의 수뇌부에서는 냉정함속에서도 침착성을 잃지 말고, 새로운 계획과 전략을 세워야 하며, 언제나 조직적인 체계를 정비하여 총력을 길러 나가기에 힘써야 한다. 또 객관적인 정세의 변화를 민감하게 포착함과 동시에 사원들의 심리를 잘 이용하는 것도 매우 중요하다.

평소의 대우는 물론이고 수시로 특별상여금이나 특별휴가를 제공한다면 사원들은 자발적으로 일할 의욕이 솟아오르게 된다. 사원들의 심리는 명령이나 억압적인 수단보다는 자진해서 스스로 일하려는 의욕을 북돋아주는 것이 중요하다. 이론적인 설명으로는 통하지 않는다. 사장이나 상사들이 평소에 행동이나 태도로써 사원들의 마음을 사로잡도록 하는 것이 원칙이다. 이와 같이 한다면 설령 회사가 어려운 상황이 닥칠지라도 사원들이 자발적으로 회사를 위하여 열심히 일하려 하기 때문에 능히 그 난관을 극복할 수 있는 것이다.

기업에 있어서도 기밀을 지켜야 할 필요가 있다. 마음속에 강한 투지를 간직한 체, 모든 계획을 신중히 세운다음, 그 계획을 실천으로 옮길 때는 타오르는 불길처럼 강력하게 밀고 나가야 한다. 기업도 일종의 전쟁이다. 현대기업은 하나의 경쟁이다. 경쟁에서 이기기 위해서는 무엇보다도 선제권을 장악하는 것이 매우 중요하다. 항상 다른 사람의 꽁무니만 따라다닌다면 큰 발전은 기대하기 어렵다.

화공편
火攻篇

화공편이란 불로 적을 공격하는 것이다. 고대의 전투에서 무척 중요 시하고 활용도가 높은 불이기도 하다. 불로 공격하는 방법을 5가지로 나누고, 시행 방법과 필수 조건을 언급했다. 또한 마지막 부분에서는 화공과는 관계없는 명군(明君)과 양장(良將)들의 감정적인 행동을 경 계하고 있다. 그래서 전쟁이나 전투는 한때의 감정이나 흥분으로 시 작되는 것이 아니라 국가의 존망이 달려있는 중대사라는 것을 언제 나 생각해야 한다.

5가지 형태의 화공법으로 싸워라

孫子曰, 凡火攻有五 一曰火人
손 자 왈, 범 화 공 유 오 일 왈 화 인

二曰火積 三曰火輜 四曰火庫 五曰火隊
이 왈 화 적 삼 왈 화 치 사 왈 화 고 오 왈 화 대

行火必有因 煙火必素具 發火有時 起火有日
행 화 필 유 인 연 화 필 소 구 발 화 유 시 기 화 유 일

時者, 天之燥也 日者, 月在箕壁翼軫也 凡此四宿者 風起之日也
시 자, 천 지 조 야 일 자, 월 재 기 벽 익 진 야 범 차 사 숙 자 풍 기 지 일 야

　　손자가 말하길, 무릇 불로 공격에는 다섯 가지가 있다. 첫째는 적의
군사를 불태우는 것이고, 둘째는 쌓아놓은 적군의 양식을 불태우는 것
이고, 셋째는 적군의 수송차량을 불태우는 것이고, 넷째는 적군의 창고
를 불태우는 것이고, 다섯째는 적군의 부대와 진영을 불태우는 것이다.
화공법을 사용할 때는 필히 일정한 조건이 있으니, 불을 붙이는 재료는
반드시 평소에 갖추어야 하고, 불을 붙일 때는 적당한 시간이 있고, 불
이 일어나는 데는 적절한 날이 있다. 적절한 때란 날씨가 건조할 때이
고, 적절한 날이란 달이 기성(箕星), 벽성(壁星), 익성(翼星), 진성(軫星)의
별자리에 존재하는 날이다. 이 네 별자리는 바람이 크게 일어날 수 있
는 날이다.

　　불을 가지고 공격하여 승리를 얻는다는 것은 전쟁에 있어서 마땅히
있을 수 있는 전술이라 할 수 있다. 인류가 처음 불을 만들어 사용했을

때는 따뜻하게 온기를 얻기 위한 것이었고, 점차 불의 사용 용도가 변화하여 날것을 먹던 것보다 불에 익혀 먹었을 때가 맛있다는 것을 알고 고기를 익혀 먹기 시작했을 것이다. 인간은 배가 부르면 모든 것이 행복하다고 느끼고, 그 행복하게 살아가기 위해서 노력하는 것이다. 그래서 전쟁도 마찬가지로 더 많이 구하여 먹고 살기 위해서 하는 것이다. 따라서 살려고 하는 의지를 방해하는 것이 있으면 수단방법을 가리지 않고 모조리 없애야 한다. 그래서 전쟁에서도 적군을 이기기 위한 하나의 수단으로 불을 사용하는 전술인 것이다. 이러한 전술은 인류가 처음 불을 이용했을 때부터 비롯됐다고 볼 수 있다. 손자는 불을 사용하여 전쟁을 하는 5가지 형태의 전술이 있다고 말하고, 먼저 사람을 불로 죽인다는 방법을 열거하고 있지만, 이것은 전쟁의 본성을 척결하고 있지 않았는가? 생각되는 것이다. 현대 전쟁의 성격을 보면 명확해질 것이다. 사람을 불로 죽이는 가장 발전된 형태는 핵무기 체계의 위력을 보면 알 수 있다. 재래식 무기와 비교해 보면, 불과 열의 그 파괴력은 상상을 초월하고, 건물이나 시설을 부수는 시간이 단축되고, 쉽게 방어할 수단이 적고, 그 피해는 적군이든 아군이든 서로 발생한다. 그리고 핵무기는 그 보유량에 따라 전력이 반드시 정비례하지 않는다. 이러한 핵무기의 위력을 통해서 우리가 알 수 있는 것은 한마디로 사람을 불과 열로 죽인다고 하는 열전의 극한인 것이다.

중국의 전쟁사 중에서 화공법으로 가장 극적인 승리를 거둔 것은 208년의 적벽대전이었다. 북부 중국에서 패권을 확립한 조조는 8년 뒤에 군대를 일으켜 형주와 강동만 정복한다면 천하 전국 통일의 대업을 이룩하려 하였다. 형주는 조조의 대군이 남하하고 있다는 것에 겁을 먹고 비밀리에 사자를 모내 조조에게 항복을 하였다. 유비는 군사의 요충지며 병력과 물자의 중요한 보급기지가 있는 강릉(江陵)을 향해 퇴각하였다. 조조는 5천의 기병을 거느리고 추격하여 장판파(長坂坡)에서 싸워 승리했다. 이때 유비는 처자를 버리고 도망치는 곤욕을 치렀다. 이때 노숙을 만나 오나라 손권의 군사와 연합하여 조조에게 대항하기로 하였다. 조조의 군대는 80만의 대군세로 양자강을 내려왔다. 이에 대항하는 손권은 유비 등 여러 문부백관과 회의를 했지만 항복하자는 목소리만 나올 뿐 아무런 대책이 없었다. 노숙의 권유로 수군장수인 주유에게 의견을 듣게 하였다. 주유는 지금 적군의 수는 많고 아군의 수는 적어 지구전이 치른다면 불리합니다. 그러나 조조군은 육지에서는 강하지만 강에서는 익숙하지 못합니다. 그들의 단점과 아군의 장점으로 싸운다면 승리를 장담할 수 있다고 말하였다. 조조와의 결전을 앞두고 손권은 주유를 대도독으로 임명하고, 유비의 수상 부대와 공동작전을 펼치게 하였다. 이때 조조군의 군사들은 북방출신으로 남방의 풍토에 맞지 않아 병과 뱃멀미로 고통을 받아 사기가 떨어지고 있었다. 그래서 조조군은 배를 서로 연결하고, 널빤지를 깔아 연화선을 만들어 배가 움직이지 못하도록 만들었다. 이때 주유의 부장 황개(黃蓋)가 주유에게 계책을 올렸다.

"적군의 함선을 살펴보면 배의 머리와 꼬리가 서로 연결되어 있습니다. 화공법의 계책이 상책으로 생각됩니다." 주유는 황개의 계책을 받아들여 즉시 쾌속정 10척에 마른 풀을 가득 싣고 그 위에 기름을 부어 외부에서 보이지 않도록 포장을 덮고 그 위에 깃발을 달았다. 그리고 후미에는 쾌속선이 따르게 하였다. 모든 준비가 되어 황개는 우선 조조에게 거짓으로 항복하겠다는 서신을 보냈다. 그런데 화공법을 쓰려면 바람이 불어야 한다. 삼국지에 의하면 이때 유비의 군사인 제갈량은 언덕위에 칠성단을 만들고 바람이 불어주기를 하늘에 빌었다고 한다. 그들의 간절한 소원이 하늘을 감동시켰는지, 다음날 아침부터 동남풍이 불어오기 시작했다. 황개는 곧 진군할 것을 명하여 10척의 함대가 북쪽을 향하여 출발했다. 조조의 군사들은 황개의 전선을 보고 저마다 소리를 질렀다.

"저기를 봐라! 황개가 항복하러 온다!." 조조의 수근 진영에 가까이 접근했을 때, 황개는 신호를 올려 배에 불을 질렀다. 때마침 동남풍이 불어, 조조의 함대는 꼼짝 못하게 연결해 놓은 조조의 함대는 도망치려 해도 움직일 수가 없었다. 삽시간에 불길에 싸여 강 언덕의 석벽까지도 온통 붉게 물들이며 천지가 불바다로 변했다. 조조군은 물에 빠져 죽는 자, 불에 타죽는 자가 그 수를 헤아릴 수 없었다. 적벽 일대는 아비규환의 생지옥으로 변해버렸다. 이틈을 타 주유의 부장들이 정예 기병을 거느리고 마구 무찔러대니 진군의 북소리는 천지를 진동하였고 조조군의 목은 추풍낙엽처럼 떨어져 나갔다. 조조도 겨우 목숨을 보전하여 허창으로 도망쳤다. 적군에게 안겨주려 했던 치명적인 타격이 사소한 외부의 요인으로 나에게 돌아올 수 있다는 것이다. 한 겨울에는 북서풍이 불어야 하는 바람이 잠시 동남풍이 부는 바람에 조조군은 패배하게 된 것이며 순간의 방심이 화를 부른 것이다.

5가지 화공의 변화에 따라 대응하라

凡火攻 必因五火之變而應之 火發於內 則早應之於外
범 화 공 필 인 오 화 지 변 이 응 지 화 발 어 내 즉 조 응 지 어 외

火發而其兵靜者 待而勿攻
화 발 이 기 병 정 자 대 이 물 공

極其火力 可從而從之 不可從而止
극 기 화 력 가 종 이 종 지 불 가 종 이 지

火可發於外 無待於內 以時發之
화 가 발 어 외 무 대 어 내 이 시 발 지

火發上風 無攻下風 晝風久 夜風止
화 발 지 풍 무 공 하 풍 주 풍 구 야 풍 지

凡軍, 必知有五火之變, 以數守之
범 군, 필 지 유 오 화 지 변 이 삭 수 지

故, 以火佐攻者明 以水佐攻者强 水可以絶 不可以奪
고, 이 화 좌 공 자 명 이 수 좌 공 자 강 수 가 이 절 불 가 이 탈

화공은 반드시 다섯 가지 불의 변화에 따라 적절하게 대응해야 한다. 불이 적진 안에서 일어나면 즉시 밖에서 공격하고, 불이 났는데도 적군의 군사들이 조용하면 때를 기다리며 공격하지 말아야 하고, 불길이 가장 치열했을 때는 공격이 가능한 상황이면 공격하고, 공격이 불가능한 상황이면 공격을 하지 말아야 하고, 불을 밖에서 지를 수 있다면, 적진 안에서 불이 일어나기를 기다리지 말고 적당한 때에 불을 지르고, 바람이 부는 위쪽에서 불이 일어날 때는, 바람 아래쪽에서 공격해서는 안되고, 주간에 바람이 오래 불면, 야간에 이르러 바람이 멎게 된다. 무릇

군대는 반드시 다섯 가지 불의 변화를 파악하고, 불의 조건이 맞을 때까지 수비하며 기다릴 수 있어야 한다. 그러므로 화공으로써 공격을 도우려면 슬기로워야 하고, 수공으로써 공격을 도우려면 강인해야 한다. 수공으로는 적을 차단할 수 있지만 빼앗을 수는 없다.

화공은 다섯으로 나누어 그 불길이 올랐을 때 적군의 진영에 생기는 변화를 잘보고 현명하게 대응하지 않으면 안 된다.

첫째, 불이 적군의 진중에서 불길이 올랐다면, 이것은 적중에 아군의 첩자가 있어 공격을 시작하라는 것이므로 바로 외부에서 공격을 해야 한다는 것이다.

둘째, 불이 났는데도 적군이 떠들거나 당황하는 기색이 없는 행동이 보이지 않는다면 섣불리 공격하지 말고 잠시 정황을 살펴보고 대기하고 있다가 불길이 세차게 오르느냐 또는 가라앉느냐에 따라 공격하거나 공격을 중지해야 한다.

셋째, 적진 밖에서 불을 지르는 것이 좋은 계책이라 판단되면 적진에서 불길이 일어나기를 기다릴 것 없이 시각과 풍향 등을 판단하여 불을 지르는 것이다.

넷째, 바람이 불어오는 방향에서 불이 일어날 때에는 바람을 받으면서 공격을 하면 안 된다는 것이다. 불이라는 것은 바람의 방향에 따라 타오르기 때문에 바람을 맞으며 공격하는 것은 오히려 아군의 피해가 많이 입어 위험한 것이다.

다섯째, 바람이 낮 동안에 오래 불면 밤에 바람이 멈춘다는 것이다.

군대는 불을 가지고 공격하는 다섯 가지 방법이 있으니 상황을 헤아려 화공에 대처해야 한다. 또한 아군도 적군의 화공 작전에 공격당할 수도 있다는 것을 알고, 상황에 맞게 활용하여 만전의 경계를 갖추어야 한다. 불로써 공격을 하는 것은 총명한 지혜가 필요하고, 물로 공격을 하는 것은 강력한 병력이 필요한 것이다. 그리고 물로써 공격 하는 것은 적의 교통을 절단하여 병참을 끊을 수는 있지만, 적군이 가지고 있는 군수물자 등을 활용하지 못하는 것이므로 화공과 수공의 다른 점이다.

전쟁은 감정이 아닌 이익 때문이다

夫戰勝攻取 而不修其功者凶 命曰費留
부 전 승 공 취 이 불 수 기 공 자 흉 명 왈 비 류

故曰, 明主慮之 良將修之
고 왈, 명 주 려 지 양 장 수 지

非利不動 非得不用 非危不戰
비 리 부 동 비 득 불 용 비 위 부 전

主不可以怒而興師 將不可以慍而致戰
주 불 가 이 노 이 흥 사 장 불 가 이 온 이 치 전

合於利而動 不合於利而止 怒可以復喜 慍可以復悅
합 어 리 이 동 불 합 어 리 이 지 노 가 이 부 희 온 가 이 부 열

亡國不可以復存 死者不可以復生
망 국 불 가 이 부 존 사 자 불 가 이 부 생

故, 明君愼之 良將警之 此安國全軍之道也
고, 명 군 신 지 양 장 경 지 차 안 국 전 군 지 도 야

싸워서 이기고, 공격하여 빼앗아도 얻는 이익이 없다면 흉한 것이니,

이를 이름 붙여 비류(費留)라 한다. 따라서 현명한 군주는 이것을 생각하고, 훌륭한 장수는 이것을 닦는다. 이익이 없으면 움직이지 않고, 얻는 것이 없으면 병력을 사용하지 않고, 위태롭지 않으면 싸우지 않는다. 군주는 노여움 때문에 군대를 일으키지 말아야 하고, 장수는 화가 난다고 싸움을 해서는 안 된다. 노여움은 다시 기쁨이 될 수 있고, 성냄은 다시 바뀌어 즐거움이 될 수 있지만, 망한 나라는 다시 존재할 수 없고, 죽은 자는 다시 살아날 수 없다. 그러므로 현명한 군주는 전쟁을 신중히 결정하고, 훌륭한 장수는 전쟁을 경계한다. 이것이 나라를 안전하게 하고, 군대를 보존하는 길인 것이다.

도대체 전쟁은 무엇 때문에 하는가? 에 대한 손자의 대답은 이익을 얻는 것이 그 목적이라고 했다. 그래서 전쟁에 승리할 경우에는 전쟁의 목적을 달성하여 충분한 이익을 획득하지 않는다면 그것은 낭비라고 말하게 된 것이지만, 손자는 거듭 유리하지 않으면 전쟁을 하지 않으며, 국가에 이익 될 것이 없으면 군대를 사용하지 않고, 국가가 위기에 서지 않으면 싸우지 않는다. 라고 말하고 있다. 그래서 총명한 군주는 그 점을 깊이 생각하여 용병을 결정해야 한다. 그러므로 싸우기 전에 반드시 정확한 계산을 하여 불리하면 전쟁을 해서는 안 되고, 무엇인가 얻는 것이 없어 보이면 군사력을 동원해서는 안 되는 것이다. 다만 침략을 당하는 등 부득이한 경우가 아니면 싸우지 말라고 하는 것이다. 울료자 병담편(兵談篇)에도 전쟁은 국가의 대사이므로 한때의 감정으로 달리는 것은 엄하게 삼가야 한다. 냉정하게 상황을 판단하여 아군에게 승산이 있으면 일으키고, 이익이 없으면 물러나는 마음가짐이 필요하다고 말하고 있다.

군주는 한 때의 노여움 때문에 전쟁을 해서는 안 되며, 장수도 분노 때문에 전투를 해서는 안 된다. 국가의 이익에 합치하면 행동하고, 이익에 합치하지 않으면 전쟁을 해서는 안 된다. 노여움은 해소되어 다시 기뻐질 수 있고 분노는 다시 즐거워질 수 있지만, 한 번 멸망한 국가는 다시 소생할 수 없고, 죽은 자는 다시 살아날 수 없기 때문이다. 그러므로 총명한 군주는 전쟁을 일으키는 것을 삼가며, 훌륭한 장수는 전쟁을 경계한다. 그것이 국가를 안전하게 하고 군대를 보전하는 방법인 것이다.

유비가 촉한이라는 나라를 세우고 황제에 올랐을 때, 관우에게 형주 지방을 맡겼다. 형주는 위나라와 오나라의 두 나라와 국경선이 접해져 있어 촉한으로서는 공격과 수비의 요충 지대였다. 그런데 관우는 용기 있는 장수이기는 했지만, 정치성이 결여되어 있었다. 그래서 오나라 손권의 계략에 빠져 목숨을 잃었을 뿐 아니라 형주까지 빼앗기고 말았다. 이 소식을 들은 유비는 몹시 슬퍼했다. 형주를 빼앗긴 것보다 형제와 마찬가지인 관우의 죽음에 대하여 화가 치밀어 올랐다. 유비는 분노를 참지 못하고 곧 손권을 토벌하는 군대를 일으키려 했다. 그러나 이 일에 대하여는 촉한의 모든 신하들이 반대했다. 왜냐하면 위나라를 타도하고, 한나라의 왕조를 세우는 것이 촉한의 목적이므로, 이 목적으로 보면 손권을 토벌하여 관우에 대한 원한을 씻는다는 것은, 유비 자신의 사사로운 정 이외에 아무것도 아니었기 때문이다. 그러나 유비는 여러 신하들의 반대를 물리치고 손권 토벌의 군대를 일으켰지만 대패를 맛보게 되었다. 이 패전으로 인하여 촉한은 큰 타격을 받았고, 드디어는 유비 자신도 마음의 고달픔이 겹쳐서 죽음을 빨리 재촉하는 결과가 되었다. 유비의 실패는 개인적인 감정에 의한 군사행동에 그 원인이 있다고 말할 수 있을 것이다.

🏢 기업 경영에 준하여

　기업은 체계적으로 조직이 잘 이루어져 있어야 하고, 작업의 지시나 명령의 계통이 확립되어 있어야 하고, 모든 직원들이 이에 따라 일할 의욕을 잃지 않고 있어야 한다. 이와 같은 회사라야 비로소 완전한 태세를 갖추었다고 말할 수 있으며, 아무리 힘들고 어려운 일이 닥쳐와도 능히 이를 극복하여 회사의 발전에 기여할 수 있는 것이다. 그러나 조직이나 명령계통에 조그만 혼란이 있어도 간부들 사이에 내분이 일어나게 된다. 이런 일은 시일이 오래되면 고질화되기 쉬운 경향이 있다. 그리고 내분이 있는 회사는 하나로 단결되어 총력을 발휘하기가 어렵다. 그러므로 사장이나 간부는 항상 이와 같은 내분이 일어나지 않도록 주의를 기울여야 하며, 조직의 정비와 명령계통의 확립을 도모해야 한다. 회사내에 내분이 일어난다면, 사장은 침착하고 냉철하게 내분에 대한 원인을 분석 파악하여 신속히 처리해야 한다. 시간을 끌다보면 내분은 서로의 신뢰가 잃어버려 상호간의 협력이 어려울 뿐 아니라 태세와 총력이 분산되어 그만큼 힘이 약화되기 마련이다. 또 기업경영은 언제나 평탄한 발전만을 계속해 나갈 수는 없다. 때때로 바람이 일어나기 마련이다. 그것은 객관적인 정세의 변화에서 오는 경우도 있고, 회사의 기획에 잘못이 있어 일어나는 경우도 있다. 갑자기 밀어닥친 불경기는 어느 회사나 다같이 당하는 고통이라고 할 수 있지만, 그래도 소극적인 경영방법을 채택하여 슬기롭게 불경기를 극복하는 방법은 있을 수 있다. 그러나 회사의 기획 자체에 잘못이 있는 경우에는 손실이 클

뿐 아니라, 때로는 위험에 처해질 수도 있다. 그러므로 기획 자체는 신중을 기해야 한다. 정보를 수집하고, 소비자의 선호 패턴 구조 등을 조사하여 분석하고 또 검토하여 정확하고 철저한 기획을 세우도록 신중을 기해야만 한다.

기업을 경영함에 있어서는 감정을 앞세워서는 안 된다. 특히 분노의 감정은 가장 해롭다. 어디까지나 얼음과 같은 냉철함을 잃지 말아야 한다. 이것은 의식적인 노력에 따라 이루어질 수 있다. 사장이나 간부들도 감정을 지닌 하나의 인간이다. 대인관계에서 풍부한 인간성을 드러내는 것이 좋지만, 그러나 경영면에서까지 감정의 지배를 받아서는 안 된다. 요컨대 기업은 영리를 추구하는데 그 목적이 있다. 그러므로 항상 타산적인 면을 무시할수가 없는 것이다. 원대한 안목으로 정세의 대국적인 면을 냉철하게 바라볼 줄 알아야 한다.

용간편
用間篇

적을 아는 것이 승리의 전제조건으로 삼을 만큼 용간(用間)편에서는
첩자의 종류와 역할 등 정보활동의 가치와 첩자를 이용하는 방법을
말하고 있다. 손자병법 13편의 핵심은 지피지기(知彼知己)로서 정보
가 첫째이다.

사람이 미래의 재산이다

孫子曰, 凡興師十萬 出征千里 百姓之費 公家之奉 日費千金
손 자 왈, 범 흥 사 십 만 출 정 천 리 백 성 지 비 공 가 지 봉 일 비 천 금

內外騷動 怠於道路 不得操事者 七十萬家
내 외 소 동 태 어 도 로 부 득 조 사 자 칠 십 만 가

相守數年 以爭一日之勝 而愛爵祿百金 不知敵之情者 不仁之至也
상 수 수 년 이 쟁 일 일 지 승 이 애 작 녹 백 금 부 지 적 지 정 자 불 인 지 지 야

非人之將也 非主之佐也 非勝之主也
비 인 지 장 야 비 주 지 좌 야 비 승 지 주 야

故, 明君賢將 所以動而勝人 成功出於衆者 先知也
고, 명 군 현 장 소 이 동 이 승 인 성 공 출 어 중 자 선 지 야

先知者 不可取於鬼神 不可象於事
선 지 자 불 가 취 어 귀 신 불 가 상 어 사

不可驗於度 必取於人 知敵之情者也
불 가 험 어 도 필 어 취 인 지 적 지 정 자 야

손자가 말하길, 무릇 10만 군사를 동원하여 천리를 원정하자면, 백성이 부담하는 비용과 나라의 군사비가 하루에 천금이 소비되며, 나라의 안팎에 소동이 일어나며, 전쟁 물자의 수송에 동원된 백성이 도로를 메우고, 이로 인해 생업에 종사하지 못하는 집이 70만호에 이르게 된다. 서로 지키기를 수년 동안 전쟁에 대비하여도, 전쟁의 승패는 하루아침에 결정된다. 그럼에도 불구하고 벼슬, 봉록, 백금을 아끼어 적군의 정보를 수집하는데 소홀하다면, 매우 어질지 못한 짓이다. 이런 사람은 장수의 그릇이 못되고, 군주를 보좌하기에 충분한 자도 아니고, 승리

의 주역도 될 수도 없다. 그러므로 명석한 군주와 현명한 장수가 군대를 움직이면 반드시 승리하고, 남보다 뛰어나게 공을 세우는 것은 적군의 실정을 먼저 알기 때문이다. 적군의 실정을 먼저 안다는 것은, 귀신에게 물어서 될 일도 아니고, 옛 사례에서 본받을 수 있는 것도 아니며, 어떤 법칙의 경험에서 알 수 있는 것도 아니다. 오직 사람에게서 적의 실정을 아는 것이다.

10만 명의 군사를 동원하여 전쟁에 나가려면, 군대에 지급할 무기를 비롯한 그 밖의 군수물자에 소요되는 경비가 지출된다. 물론 경비는 국민의 조세에 의한 국가의 군사비에서 지출되기 마련인 것이다. 그리고 군수물자 수송이며, 추가적으로 징집되는 군사들로 인하여 70만 가호의 생업이 어려워지게 되는 것이다. 고대 중국에서는 정전법(井田法)에 따라 여덟 가호 가운데서 한 사람의 장정을 출정하게 하고, 나머지 일곱 가호에 7명의 장정을 징발하는 규정이 있어서 10만의 군대를 동원하자면, 70만 가호의 장정이 동시에 징발된다. 따라서 그에 해당된 집에서는 노동력이 부족하여 농사를 할 수 없게 되는 것이다. 이와 같이 국민이 총동원되어 적과 전쟁을 몇 해씩이나 하게 되는데, 전 국민이 그러한 고역을 치렀음에도 불구하고 최후의 결전은 단 하루에 마치게 되는 것이다. 어처구니없는 노릇이다. 그러나 그것도 승리를 했다면 또 이해가 된다. 그런데 만약에 패배했을 경우를 생각하면 전쟁을 일으킨 군 수뇌부나 국가 원수의 책임이 얼마나 중대한 것인가를 알 수 있는 것이다. 그러함에도 불구하고 그러한 책임자들 가운데는 불과 얼마되지 않는 예산을 아껴 첩자를 이용하여 적정을 파악하려 하지 않는다. 손자는 그러한 장수를 총명하지 못한 소치라고 비판한다. 적국이나 적군의 실정을 정확하게 파악하지 않고, 다만 전투에만 열중한다는 것은 국민을 위한 장수라 할 수 없고, 군주를 보좌하고 있지도 않으며, 승리의 주체가 될 수도 없는 것이다. 첩보는 때로 국가의 운명을 좌우하는 경우가 있기 때문이다.

전쟁은 이미 첩보전에서 승패가 좌우된다고 해도 과언이 아닐 것이다. 그래서 강대국일수록 첩보활동에 심혈을 기울이고, 첩보활동에 소비되는 비용을 아끼지 않는다. 첩보원이 입수한 정보는 전쟁 시 수많은 아군의 생명을 구할 수도 있고, 수십만의 원군 못지않은 위력을 지닐 수도 있다. 역사상 유명한 장수들의 승리도 첩보활동에 의존하는 경우가 많았다.

첩자의 다섯 가지 종류

故, 用間有五. 有鄕間 有內間 有反間, 有死間 有生間
고, 용 간 유 오 유 향 간 유 내 간 유 반 간 유 사 간 유 생 간

五間俱起 莫知其道 是謂神紀 人君之寶也
오 간 구 기 막 지 기 도 시 위 신 기 인 군 지 보 야

鄕間者 因其鄕人而用之 內間者 因其官人而用之
향 간 자 인 기 향 인 이 용 지 내 간 자 인 기 관 인 이 용 지

反間者 因其敵間而用之
반 간 자 인 기 적 간 이 용 지

死間者 爲誑事於外 令吾間知之 而傳於敵間也 生間者 反報也
사 간 자 위 광 사 어 외 영 오 간 지 지 이 전 어 적 간 야 생 간 자 반 보 야

그러므로 첩자를 이용하는 다섯 가지가 있으니 향간(鄕間), 내간(內間), 반간(反間), 사간(死間), 생간(生間)이 있다. 이런 다섯 가지 유형의 첩자를 한꺼번에 활동을 해도 적군은 그 사실을 알지 못하니, 이를 신묘해서 예측하기 어려운 도라고 하며, 이것이 군주의 보배라고 하는 것이다. 향간은 적국의 사람을 유인하여 활용함이고, 내간은 적국의 관리를 포섭하여 이를 활용함이며, 반간은 적의 첩자를 포섭하여 이중첩자로 활용함이고, 사간은 허위 사실을 아군의 첩자에게 믿게 하고, 그것을 적의 첩자에게 전달하는 것이고, 생간은 적국에 잠입하여 첩보활동을 하고 돌아와 그 결과를 보고하는 것이다.

첩자의 종류는 향간, 내간, 반간, 사간, 생간, 이 다섯 가지가 있다.

향간(鄕間)은 적지에 사는 평범한 주민을 말한다. 그래서 전문적인 첩자가 아니라 적국의 중요한 문서의 기밀 등 큰 정보는 기대하기 어려운 것이다. 그러나 전쟁이 일어났을 때는 상당히 이용가치가 높은 존재다. 적군의 군대배치, 지형, 그 밖의 민심 동향에 이르기까지 누구보다도 잘 알고 있는 그 지역의 주민을 자연스럽게 이용하는 것이다. 적국에서 볼 때는 매국노가 된다. 아군은 적의 상황을 탐색하는데 있어 의심을 받을 필요가 없는 그러한 조그만 매국노를 즐겨 애용하고 있었다.

임진왜란 당시에도 민간인 가운데는 그러한 매국노가 많았다. 일본 군의 고니시(小西行長)가 평양을 점령하고 그곳을 수비하기 위해서 향간을 이용했다는 기록이 있다. 조선 출신의 이 첩자들은 침략군에게 매수되어 그들의 앞잡이가 된 것이다. 그 결과 일본군은 명군(明軍)의 배치상황을 비롯하여 그 밖의 동태를 손바닥 들여다보듯 소상하게 파악할 수 있었고, 그리하여 일본군은 명군을 평양성 아래까지 유인하여 소

택지를 배후로 포위되어 큰 타격을 입혔다. 일본군이 이 전투에서 승리를 거둔 것은 향간들의 활동이 큰 영향을 주었기 때문이었다.

내간(內間)은 적국의 공직자를 매수하는 경우다. 그는 직무와 관련된 기밀을 알고 있으므로 그 정보 가치가 매우 높다. 또한 그가 고위급 관리라면, 적국의 정책을 아군에게 유리하도록 시행할 수도 있을 것이다.

1941년 만주에서 일본의 고위 간부들은 시베리아 공격을 추진하는 북진정책을 도모하고 있었다. 그러나 동경에서는 고노의 수상 측근인 오자기 등 비밀 공산주의자들이 북진을 저지하기 위해 공작을 펼치고 있었다. 독일의 소련공격 계획과 시베리아 작전 시 국력소모로 미국이 공격할 가능성 등 논쟁을 했다. 그래서 마침내 남진으로 확정하였다. 그 다음날 소련은 유럽 전선으로 군사를 이동시켰다. 이에 놀란 독일은 일본이 소련에게 어떤 보상의 의문점을 제기했었다. 소련의 스파이 고르게는 독일 프랑크푸르트 차이퉁지 기자의 신분의 신문기자이지만, 실제로 일본에서 독일에 관련된 정보를 수집하여 소련으로 보낸 독일인 출신 소련 스파이이고, 그의 하수인은 일본인 오자기였던 것이다. 그리하여 소련은 유럽전선에 전력을 집중시켜 독일을 패배시키고, 일본을 패배시켜 2차 대전에서 승리를 거두었다.

소련은 전후 1964년 9월 4일 프라우다 신문에서 조르게(1941년 10월 일본에서 체포되어 사형됨)를 예찬하는 기사를 대대적으로 게재한 것을 보아도 그의 공적이 얼마나 지대하였던가를 말해주고 있다. 조르게는 물론 이제는 전설적인 스파이로 역사에 남아 있다. 하지만 조르게의 활약 뒤에는 오자기 등을 비롯한 일부 공산주의자들이 있었던 것이다. 즉 조르게는 내간을 교묘히 이용했다고 볼 수 있다.

반간(反間)은 적군이 보낸 첩자를 역이용하는 경우로 이중첩자를 말한다. 아군의 정보를 적군에게 보고하는 일이지만, 거짓 정보를 첩자에게 알려주어 적군이 속게 만드는 것이다. 적군을 속이기에는 좋은 방법이지만, 배신은 성격이고 습관이다. 돈에 팔려 아군의 첩자가 되었다가, 대가를 더 주면 주저 없이 적국의 첩자가 될 가능성이 크며, 반간을 활용할 때는 배신자라는 사실을 알고 활용해야 하는 것이다.

한고조 유방의 참모 진평(陳平)은 전략의 명수로 항우의 충신인 범증(范增)과 종리매(鐘離昧)를 황금으로 매수하고, 그리고 초나라에 범증과 종리매에 대한 허위사실을 유포하여 항우의 신뢰를 깨트렸다. 진평의 반간공작(反間工作)으로 말미암아 군신관계가 산산조각이 난 항우의 군대는, 이때부터 패색이 짙어져 이윽고 유방에게 멸망당하고 말았던 것이다.

사간(死間)은 죽음을 각오하고 적지에 깊숙이 들어가 첩보활동을 하는 것이다. 허위정보를 전달하고 적군이 믿도록 하고, 적지에서 오랫동안 활동을 하면서 적을 교란시키기도 한다. 남녀가 구별이 없으므로 때로는 미인계를 사용하는 경우도 있다.

생간(生間)은 적국에 잠입하여 정보를 수집한 후 살아 돌아와 이를 보고하는 것이다.

몽골의 칭기즈칸은 서역의 상인들을 정보원으로 이용하였다. 이들은 장사를 빙자하여 적국에 잠입한 후 돌아와 수집한 정보를 몽골군에게 제공하였다. 칭기즈칸의 위대한 무훈도 생간의 활약에 크게 의존한 것이다.

첩자를 이용할 줄 알아야 한다

———— ❖ ————

故, 三軍之事 莫親於間 賞莫厚於間 事莫密於間
고, 삼 군 지 사 막 친 어 간 상 막 후 어 간 사 막 밀 어 간

非聖智不能用間 非仁義不能使間 非微妙不能得間之實
비 성 지 불 능 용 간 비 인 의 불 능 사 간 비 미 묘 불 능 득 간 지 실

微哉微哉 無所不用間也 間事未發 而先聞者 間與所告者皆死
미 재 미 재 무 소 불 용 간 야 간 사 미 발 이 선 문 자 간 여 소 고 자 개 사

그러므로 삼군의 일에는 첩자와의 관계가 친밀해야 하고, 첩자에게 주는 포상은 후해야 하고, 일은 첩자의 그것보다 더 비밀스러운 것이 없다. 사람을 알아보는 뛰어난 지혜가 없으면 첩자를 이용할 수 없고, 어질고 의롭지 못하면 첩자를 부릴 수 없고, 미묘하지 않으면 첩자의 진실을 분간하여 얻을 수 없으니, 미묘하고도 미묘한 것이다. 전쟁에서 첩자를 이용하지 않는 곳이 없다. 그러나 첩보활동의 비밀이 미리 새어 나가버리면, 그 첩자와 알린 자는 함께 모두 죽게 된다.

적군의 상황을 정탐하는 일에는 희생이 따르기 마련이다. 따라서 첩보활동에 참여하는 사람들이 사명감을 가지고 보람을 느낄 수 있도록 하고, 그 책임자는 지원과 배려를 아끼지 말아야 한다. 그와 의논하는 모든 일은 누구보다도 가장 기밀에 속하는 것이어야 한다. 이렇게 친근함과 우대와 비밀은 장수된 자가 첩자를 대하는 기본 방침이므로 소홀하게 다룰 수는 없다. 그리고 중요한 문제는 첩자를 어떠한 사람을 어떻게 선택하고 어떠한 방법으로 활용할 것인가가 가장 어렵지만, 또한

뛰어난 지혜가 없으면 첩자를 활용할 수 없다는 것이다. 첩자를 활용함에 있어서 이득과 위엄으로 이용한다면, 그들의 정확한 정보를 일시적으로 받을 수는 있지만 오래 지속되기를 기대할 수는 없다. 만일 적군이 더 큰 이익을 주고, 더욱 좋은 대우로 유인하면 하루아침에 변심해 버릴 수 있기 때문이다. 따라서 첩자로 하여금 무엇보다도 장수의 인격과 처사에 감복할 수 있도록 만들어야 한다. 그들을 다루는 처사는 정당하고 공정하고 마땅한 바를 지켜야 그들의 임무가 비록 고통스럽고 힘든 것일지라도 불평하지 않고 당연히 하여야 하는 것으로 받아들일 것이다. 그리고 장수는 일의 진실과 허위, 옳고 그른 것을 판단하는 명철한 지혜를 갖지 않으면 안 된다. 이러한 판단력이 없이는 첩보의 진실을 파악할 수 없는 것이다. 첩자의 정보를 무조건 믿는 것은 어리석은 짓이다. 왜냐하면 첩자의 판단이 잘못된 것, 적의 허위 정보에 속은 것, 간첩이 이중간첩인 경우 등등 허점이 많기 때문이다. 그러므로 간첩의 정보는 하나하나 검토하고 분석하여 옳고 그른 것을 가려내야 한다. 그리고 적군에 대한 정보활동이 사전에 누설될 경우에 그것을 들은 사람과 말한 사람은 모두 다 사형에 처하여야 한다. 말한 자를 죽이는 것은 누설한 죄로 다스리는 것이고, 들은 자를 죽이는 것은 그 말이 다시 전파되는 것을 막기 위한 것이다.

적군의 인적사항을 자세하게 알아내라

---❦---

凡軍之所欲擊 城之所欲攻 人之所欲殺 必先知其守將

범 군 지 소 욕 격 성 지 소 욕 공 인 지 소 욕 살 필 선 지 기 수 장

左右 謁者 門者 舍人之姓名 令吾間必索知之

좌 우 알 자 문 자 사 인 지 성 명 영 오 간 필 색 지 지

무릇 군대가 적군을 공격하고자 하는 욕심이 생기거나, 적의 성을 공격하려는 욕망이 생기고, 적군을 살해하고자 하는 욕심이 생긴다면, 필히 우선적으로 그 수비하는 장수와 좌우에서 보좌하는 측근과 고급정보를 전달하는 자, 성문을 지키는 수문장등의 성명을 먼저 알아야 하며, 아군의 첩자에게 반드시 탐색하도록 하여 정보를 수집하도록 명령을 해야 한다.

공격해야 할 상대가 정해진다면, 그 상대에 대한 모든 것을 정확하고 세밀하게 알아내야 한다. 적의 성을 공격하고자 할 때에는 장소, 시간, 공격방법 등을 체계적으로 전략전술을 구상하고, 성에 대한 정보를 수집하여 공격한다면 승리할 수 있을 것이다. 또한 적국의 중요한 인물을 제거할 경우에는, 대상 목표의 주변인물의 신상파악은 물론 보좌하는 자, 심부름꾼, 문지기, 호위병 등의 이름까지도 알아내는 것은 그만큼 사소한 정보도 놓치지 않아야 목표대상을 제거할 수 있는 것이다.

첩자에게 후대하라

——— ❀ ———

必索敵人之間來間我者 因而利之 導而舍之
필 색 적 인 지 간 래 간 아 자 인 이 리 지 도 이 사 지

故, 反間可得而用也 因是而知之
고, 반 간 가 득 이 용 야 인 시 이 지 지

故, 鄕間 內間可得而使也 因是而知之
고, 향 간 내 간 가 득 이 사 야 인 시 이 지 지

故, 死間爲誑事可使告敵 因是而知之
고, 사 간 위 광 사 가 사 고 적 인 시 이 지 지

故, 生間 可使如期 五間之事 君必知之 知之必在於反間
고, 생 간 가 사 여 기 오 간 지 사 군 필 지 지 지 지 필 재 어 반 간

故, 反間不可不厚也
고, 반 간 불 가 불 후 야

반드시 적국의 첩자로 아군의 정보를 수집하려는 사람을 찾아내고, 더 큰 이득으로써 유인하여 포섭하고, 잘 인도하여 적군의 막사로 놓아 보내야 반간을 얻어 이용할 수 있다. 그러므로 반간으로 인하여 적국의 상황을 알 수 있으므로 향간, 내간 또한 얻어 이용할 수 있는 것이다. 그러므로 적국의 여러 가지 일을 알 수 있으므로, 사간을 이용하여 허위 정보를 주어 적에게 정보를 전할 수 있다. 반간으로 인하여 적군의 상황을 알 수 있으므로, 생간을 기약한 대로 부릴 수가 있다. 이 다섯 가지 첩자에 대한 일은 군주가 반드시 알고 있어야 한다. 적군의 상황을 미리 알 수 있는 것은, 반드시 반간의 존재에 달려 있으므로, 반간은 후하게 대우하지 않으면 안 된다.

손자는 반간을 이용하라고 적극 권하고 있다. 물론 이용하려면 그를 파견한 적국보다 유리한 조건을 제시할 필요가 있을 것이지만, 이 반간은 적정을 잘 알고 있을 뿐 아니라 나아가서는 적국의 요인까지도 파악할 수 있고, 또 향간까지도 그를 통해서 용이하게 이용할 수 있기 때문이다. 그리고 요인 따위를 유인하여 이용할 수 있는 기회를 마련할 수도 있는 것이다. 또 반간을 교묘하게 이용함으로써 사간도 등장시킬 수 있다. 이것은 허위사실을 유포시켜 적국을 오인하도록 하기 위해서이다. 이 밖에 반간을 쓰는 이유는 적정을 잘 알고 있기 때문에 여러 가지 면에서 그를 활용할 수 있는데 있다. 그 때문에 각별한 처우를 해야 한다는 것이다.

유럽 정보기관의 원조(元組)라고 불리고 있는 나폴레옹 1세의 첩보기관은 치데릿슈 고흘데이다. 카타리나 황후가 그 지휘자며, 궁중여관(宮中女官)으로 편성되어 있었다. 그녀들은 스파이의 앞잡이가 되어 각종 사교장과 교우관계, 친척, 남편 등으로부터 많은 서류를 훔쳐내고, 담화를 도청하는 등 여러 가지 수단을 사용하여 정보의 수집에 노력했다. 이 기관을 위해 나폴레옹이 사용한 경비는 1812년 3월 10일 ~1월 22일의 11개월간에 533만 1천 5백 프랑이나 된다고 한다. 세상 사람들은 나폴레옹의 혁혁한 전승의 원인을 그 자신의 위대한 전략적 능력, 영웅적 자질과 두뇌의 명석함도 있지만, 그의 측근자들의 정보활동이 매우 큰 역할을 했다는 것을 알 수 있다.

일본의 외교 전보의 암호를 해독한 윌리암 F. 프리드먼은 그 공적으로 세 가지 상을 수상했다. 하나는 민간인 특별공로상이며, 그것은 국가기관에 일하고 있는 사람으로서의 최고의 상이다. 전쟁 말기의 1944년에 수령했는데, 그 때 아무런 공적에 대한 발표가 없었다. 전후 트르만 대통령으로부터 최고공로상을, 덜레스 중앙정보부장으로부터 국가 안전보장을 받았다. 민간인으로 이 세 가지 상을 받은 사람은 아무도 없다. 더욱이 1956년 미 의회는 의회에서 인정된 최초의 공로금 10만 달러를 보내어 그의 공적을 높이 치하했다.

현명한 자는 첩자를 활용한다

────────❈────────

昔殷之興也 伊摯在夏 周之興也 呂牙在殷
석 은 지 흥 야 이 지 재 하 주 지 흥 야 여 아 재 은

故, 惟明君賢將 能以上智爲間者 必成大功
고, 유 명 군 현 장 능 이 상 지 위 간 자 필 성 대 공

此, 兵之要 三軍之所恃而動也
차, 병 지 요 삼 군 지 소 시 이 동 야

옛날에, 은나라가 일어날 때는 이지(伊摯)가 첩자로써 하(夏)나라에 잠입하였고, 주나라가 일어날 때는 여아(呂牙)가 첩자로써 은에 잠입한 것이다. 그러므로 총명한 군주와 유능한 장수는 뛰어난 지혜로써 첩자를 이용하여 필히 큰 공을 이룰 수 있었다. 이것이 중요한 용병술이고, 삼군이 지도자를 믿고 움직이게 되는 것이다.

고대 중국에서 은(殷)나라가 일어날 때 탕왕(湯王)은 하(夏)나라에서 밭을 갈고 있던 이지(伊摯)를 맞이하여 하나라의 폭군인 걸왕(桀王)을 토벌하였고, 또한 주(周)나라가 일어날 때 무왕(武王)도 은(殷)나라의 여

아(呂牙)가 있었기 때문에 폭군인 주왕을 쫓아낼 수 있었다. 이지(伊摯)는 바로 이윤(伊尹)이다. 그는 세 번이나 걸(桀)의 신하로서 벼슬에 나갔으나 걸은 그를 크게 중용하지 않았다. 그는 마침내 탕왕을 도와 걸왕을 쳐서 멸망시켰다. 특히 탕왕은 그를 세 번씩이나 찾아가 마침내 그의 도움을 얻게 되었고, 그를 높여 아형(阿衡), 영상(領相)으로 삼았다. 여아(呂牙)는 곧 여상(呂尙)으로 자는 자아(子牙)이며 성은 강(姜)이니 그는 바로 유명한 강태공(姜太公)의 이름이다. 본래 위수(渭水)에서 낚시하며 세월을 보내다가 주의 문왕이 사냥을 나갔다가 그를 맞이하여 재상으로 삼았으며, 그의 도움으로 무왕 대에는 은의 주왕을 쳐서 천하를 평정하였다. 그러므로 오직 현명한 임금과 장수만이 뛰어난 지혜를 갖고 있는 인물을 내 사람으로 만들어 큰 성공을 거두는 것이다. 상지(上智)란 최상의 지혜를 가진 인물로 성인(聖人)을 의미한다. 손자는 바로 이윤이나 여상과 같은 인물을 뛰어난 지혜를 가진 첩자로 해석하고 있다. 그만큼 손자는 반간(反間)을 높이 평가하고 있는 것이다. 그리고 훌륭한 인물을 간자(間者)로 활용하는 것은, 군사상의 긴요한 기무(機務)이기도 하다. 전군이 간자의 정보에 의하여 이를 믿고 행동하게 되기 때문이다.

손자는 첩보활동의 성과가 전쟁을 좌우하고 있다고 보아도 과언이 아니지만, 이 첩보활동은 결코 전쟁에 있어서만 중요한 기능을 담당하고 있는 것이 아니라, 인간의 인체에 거미줄처럼 신경조직이 연결되어 있듯이 인생의 삶속에서 영원히 움직이고 있는 것이다.

🏢 기업 경영에 준하여

기업을 경영함에 있어서 가장 중요한 것은 우선 그 분야의 일에 정통하여야 한다. 상품의 기획 및 활용도와 상품 생산의 모든 과정을 정확히 인지하고, 객관적인 정세의 변화에 민감해야 하며, 시장이나 유통과정에도 막히는 것이 없어야 한다. 그리고 중요한 것은 조직과 태세를 완전히 갖추는 일이며, 여러 가지의 기초조사와 통계를 분석한 자료가 중요하다. 조사 자료가 없으면 정확한 판단은 하는데 어려움을 겪게 될 것이다. 현대기업은 각 분야마다 경쟁이 무척 치열하기 때문에 사업의 운영을 육감만으로는 해 나갈 수가 없다. 충분한 자료를 토대로 신중하게 계획을 세워야만 비로소 기대에 어긋나지 않는 성과를 올릴 수 있는 것이다.

'손자병법' 인생의 지침서

지난날의 역사가 그러하듯 인간은 좋든 싫든 간에 밤낮을 가리지 않고, 싸움 속에서 살아가고 있다. 크게는 전쟁으로부터 작게는 기업의 경쟁에 이르기까지 눈에 보이는 싸움, 눈에 보이지 않는 경쟁 속에서 살아가야만 하는 것이다.

그 결과 필연적으로 생기게 되는 승자와 패자의 엇갈리는 결과는 너무나도 엄청나다. 이런 싸움의 추태를 자아내지 않고 이기는 비결은 없는 것일까?

병법서 "손자"는 한마디로 말해서 '싸우지 않고 이기는 비결'이다. 그러기에 "만고불역(萬古不易)이요, 천하제일(天下第一)"의 병법서인 것이다.

당(唐)의 태종(太宗)은,

"나는 여러 병법서를 읽어 보았지만 손자에 버금가는 병법서는 없다."고 높이 평가하였으며,

명(明)의 모원의(茅元儀)는,

"손자 이전의 병서는 손자에 영향을 미치지 못하였고, 손자 이후의 것은 주석(註釋)에 불과하여 이를 능가하지 못하고 있다. 따라서 손자 일편(孫子一篇)으로 병가지도(兵家之道)는 달성된다."

손자병법에 대한 평가는 다만 중국에서만 그 명성을 차지하는 것이 아니다. 나폴레옹의 애독서였고, 독일 황제 빌헬름 2세로 하여금 제1차 세계대전의 패전 후 "손자"를 읽고, "20년 전에 읽었어야 할 책이었다."고 술회하였고, 2차 대전 후 일본의 저명한 장군도, "우리들이 빠르게 '손자'를 알고 있었더라면, 이렇게 비참한 패전을 당하지 않았을 것이다."라고 하였다.

뿐만 아니라, 1950년 세계의 군사고전(軍事古典) 5권을 모은 "전략(戰略)의 기원"의 편저자인 필립스 장군은,

"기원전 500년에 저술된 손자병법은 지금까지 존재하는 병법서 가운데 가장 오래된 것이며, 또 아마도 가장 훌륭한 것이리라. ……(중략) 손자병법의 원리를 현대전쟁에 적용할 수 있는 군사학도에게는 저술된 지 2,500여년이 지난 오늘날에 있어서도 그것은 전쟁수행에 있어서 가장 새롭고 또한 가치 있는 지침서이다."라고 하였다.

그리고 영국의 저명한 군사평론가이며, 20세기의 클라우제비츠라고 불렸던 리델 하트는,

"손자병법에는 내가 저술한 20권 이상의 저서에서 다루어둔 전략 및 전술의 근본문제를 거의 포함하고 있다."고 높이 평가하였다.

이 도서의 국립중앙도서관 출판예정도서목록(CIP)은 서지정보유통지원시스템 홈페이지
(seoji.nl.go.kr)와 국가자료 공동목록시스템(www.nl.go.kr/kolisnet)에서 이용하실 수
있습니다. (CIP제어번호 : CIP2020006296)

중년에 읽는 손자병법

1판 1쇄 발행 2020년 3월 15일

지은이 | 손자
엮은이 | 우신
펴낸이 | 이병우
펴낸곳 | 화담출판사(출판등록 제 395-251002011000050호)
주　소 | 경기도 고양시 덕양구 명봉산로6번길 67
전　화 | 031-957-3413
팩　스 | 031-957-3414
메　일 | hwadambooks@hanmail.net

ISBN 978-89-87835-93-8 (03190)

ⓒ 화담출판사

화담출판사는 세상의 아름다움을 널리 알리는 그릇입니다.
그 아름다움을 함께할 작가를 모읍니다.